新疆电视台40年

CHINA XINJIANG TELEVISION STATION

发展史

主编：杨洪新

人民出版社

《新疆电视台 40 年·发展史》编委会

主　　任　杨洪新

编　　委　李玉新　哈那提·毛林拜　木拉提·吾布力哈生木

　　　　　高天山　霍延敏　张铁龙

《新疆电视台 40 年·发展史》编辑部

责任编辑　朱江风　肖　江　赵武军

编　　辑　田　园　赵会勤　王　勇　姚立军

　　　　　贺志梅　赵　莎

序
以史为镜 面向未来

李　屹

新疆电视台建台40周年之际，一部编年体的历史记载即将面世。很高兴，我能和所有关心新疆电视事业发展的同道共同享受这份愉悦。

这是首部以新疆电视事业40年发展轨迹为纬线，以当年发生的有关电视媒体和电视人的各类事件为经线，编织出的一部较为完整的史料性图书。透过其惜墨如金的描述性文字，可谓见证了新疆几代电视人矢志不渝的奉献，见证了新疆电视事业从无到有、从小到大的艰辛而又辉煌的发展历程。"以史为镜，可知未来"，这正是编辑出版《新疆电视台40年·发展史》的目的和价值所在。

电视传播作为新兴媒体，其飞速发展当与改革开放30余年同步。电视媒体既是新时期改革开放辉煌历程的忠实记录者，又充分得益于改革开放提供的发展环境和技术创新。几代新疆电视人可谓与时代脉搏一起律动的弄潮儿，镜头和影像始终聚焦新疆的建设、改革、发展的辉煌历程，始终聚焦新疆各族人民保卫边疆、开发边疆、建设边疆的奋进足迹，可谓忠实履行了时代见证者和记录者的职责。光影再现，时光荏苒，每一个关注新疆电视事业发展的人，都会由衷地为电视创业的艰难而感动，为电视事业的飞速发展而自豪，为新疆电视人的奉献精神喝彩。

当下，我们已进入了一个信息化、网络化的全新时代，文化与科技如影随形，比翼齐飞，新闻宣传和舆论引导也随着新兴科技的进步而被赋予更大的传播力、影响力和发展机遇。相较于平面媒体而言，电视既是新兴主流媒体，又面临着互联网为主的全新传播手段的挑战。站在新的历史起点上，电视媒体的舆论引导责任更加凸显。面向未来，新疆电视事业的发展如何抓住机遇，应对挑战，更好地发挥新闻舆论喉舌作用和提升文化传播影响力，更加自觉、更加主动地服务于自治区跨越式发展和长治久安大局，是摆在各族电视工作者面前的重大课题与责任。可喜的是，新疆电视台正致力于探索和谋划"做强做优"的路径和蓝图，其理念、科学态度和指向都是值得鼓励的。

值此机会，祝新疆电视台生日快乐，祝广大电视工作者前程似锦，祝新疆电视事业发展再创新的辉煌。

（李屹　新疆维吾尔自治区党委常委、宣传部部长）

新疆电视台40 YEARS **目 录**
XINJIANG TELEVISION STATION 发展史

新疆电视台 **40** YEARS | 发展史 |
XINJIANG TELEVISION STATION

1970-1979

1970 年

新疆的电视事业始于 1960 年。早在 1959 年，新疆维吾尔自治区广播事业局就保送李宗国、侯玉林、叶桂兰等技术人员和刘百川、傅暾、徐迅等采编人员赴北京电影学院学习电视发射和电视摄影。这批人员回疆后，开始了新疆的电视事业建设。当时，职工们发扬自力更生、艰苦奋斗的精神，自制组装摄像、播控中心、发射机等一整套设备，调试播出黑白电视图像。1961 年，因国民经济调整，新疆的电视事业停办。1970 年又重新筹建新疆的电视事业。

3 月 2 日

新疆维吾尔自治区广播事业管理局（台）革命领导小组决定成立电视筹备小组并开始上报新疆实验电视台筹建计划。筹建计划的主要内容是：

1. 建立新疆实验电视台，争取 1970 年 8 月底整修出 60 年代停建电视台的旧设备，在国庆节正式播出。主要整修设备有：摄像机 2 部、同步机 1 部、1000 瓦图像发射机 1 部、500 瓦伴音发射机 1 部。

2. 人员组成和设备构成：从新疆维吾尔自治区广播事业管理局及编播部门抽调一部分学过电视技术、电视摄影和影视采编的同志组成班子。物力方面：利用 523 台基建办公室设备加工车间的车、钳设备及技术人员，保证一般的部件都能制作。同时利用局库房存放的 60 年代购置的一套黑白电视设备和技术资料。

3. 主要措施：实行领导、技术人员、工人三结合的筹建班子，用最短的时间、最快的速度建设新疆实验电视台。

新疆维吾尔自治区广播事业管理局（台）革命领导小组决定由卢克明、吴布力哈斯木·霍加艾合买提（维吾尔族）、刘清江、侯玉林、徐迅、王启梅（女）、王细李、许振东等组成实验台筹备小组。

4 月 1 日

上报关于电视设备装配、整修任务的安排。任务是基建办公室、传音科、广播网科完成一部 500 瓦伴音发射机的安装和两部摄像机、一部同步机、一部发射机的整修任务；523 台完成 1000 瓦图像发射机的安装任务。以上各项设备的安装调试工作，从任务下达之日起，争取两个半月内完成。

4 月 6 日
制定并上报《新疆维吾尔自治区电视发展规划和 1970 年电视发展计划》。

6 月底
新疆实验电视台设备安装完毕进入调试阶段。汉语节目开始试播。

7 月 1 日
新疆实验电视台维吾尔语节目试播。

7 月 21 日
制定并上报《新疆实验电视台节目宣传和人员编制设想方案》。

9 月 4 日
新疆维吾尔自治区广播事业管理局（台）革命领导小组确定了新疆实验电视台的人员编制：编辑人员（含文艺编辑）15 人，调机人员 20 人。

10 月 1 日
新疆实验电视台使用自制的设备正式开始试播，实验调试播出黑白电视图像。汉语、维吾尔语电视节目共同使用一个频道（5 频道）轮换播出，每周播出黑白电视节目两次，其中维吾尔语、汉语节目各 1 次，每次 2 小时左右。第一次分时段播出乌鲁木齐市各族群众庆祝中华人民共和国成立 21 周年活动的新闻图片，结束了新疆没有电视的历史。当时没有摄影机，只配备了 5 部照相机，一大早，新疆实验电视台的首批记者徐迅、吴布力哈斯木·霍加艾合买提、王政才、盛振亚、方馥生就来到人民广场，采访庆祝活动。当天 5 名记者拍摄了 100 多张照片，当晚的新疆图片新闻就播放了 50 多张。新闻图片播出时，采编人员把照片一张一张地钉在墙上，再用电子管摄像机轮换着把视频信号直接传送到导播控制室，导播坐在控制室里不断地切换两部摄像机传来的信号。

12 月底

新疆维吾尔自治区广播事业管理局（台）军管会上报为新疆实验电视台设立岗哨的报告。

同年

○ 新疆维吾尔自治区广播事业管理局（台）革命领导小组决定成立电视筹备小组后，派王细李、许振东等 5 人去北京、天津等地学习电视设备技术。随后，新疆维吾尔自治区广播事业管理局（台）专门又从局内抽调数名工程技术人员，在极其艰苦的条件下，进行创业大会战。他们采购来各种器材，自制组装1000 瓦黑白电视发射机 1 台，电视伴音机 1 台，功率 500 瓦，三讯道电子管黑白电视播出中心 1 套，购置电影放映机 1 部和电视幻灯机 1 部。这就是新疆最早的电视设备和电视台雏形。

参加新疆实验电视台创业大会战的人员有：李宗国（技术指导）、石昭生、吴洪元、许振东、李天章、张婉珠（女）、马春兰（女）、康英（女）、阮文富、岳瑞祥、徐楚雄、杨家霖、谢云辉、赵庆忠、王启梅（女）、王细李。

1971 年

2 月 21 日

新疆维吾尔自治区广播事业管理局（台）军管会、革命领导小组上报请示报告：因局（台）办公大楼要翻修，请求将新疆实验电视台搬迁到自治区人民政府院内楼上。

7 月 1 日

新疆实验电视台正式开播。分配频道为五频道，每周汉语、维吾尔语各播出 1 次，每次 3 小时左右。

同月

○ 借用乌鲁木齐市中山路自治区革命委员会生产办公室西侧一座被大火烧剩的二层楼房作为临时台址，条件十分简陋，摄像机安装在一间由会议室改装的、面积仅有30平方米的小演播室里；其他中心设备和切换开关安装在与演播室相邻的一间办公室里；发射机安装在同一层楼的另一间办公室里；二层蝙蝠翼型发射天线架在院内的一根36米高的简易拉线木杆上，其覆盖半径为30公里，可覆盖乌鲁木齐市的部分地区，清晰度较差。

同年

○ 建台初期，编播人员少，节目来源困难，节目主要为新华总社提供的图片新闻，其中少量为自拍；由北京电视台（现中央电视台）提供的电视专题片；由自治区电影发行放映公司提供的电影故事片、新闻电影纪录片；自制的少量小型文艺节目，包括独唱、小合唱、单人舞、双人舞等以及电视讲话。

1972 年

2 月 10 日

新疆广播事业管理局（台）党的基层组织在"文革"期间停止活动长达6年之久，经过整党后，党的组织又逐步恢复起来。经上级批准，新疆实验电视台成立第一届党支部，党支部书记由杜慎学担任。

杜慎学，汉族，1966年4月—1966年9月任新疆维吾尔自治区广播事业管理局（台）政治部主任，1966年9月—1967年3月任新疆维吾尔自治区广播事业管理局（台）临时党委副书记，1972年11月—1977年8月任新疆维吾尔自治区广播事业管理局（台）革命领导小组副组长，1972年—1975年8月为新疆电视台负责人。

7 月 1 日

新疆实验电视台正式改名为新疆电视台。每周播出维吾尔语和汉语黑白电视节目各1次，每次3小时左右。

9 月 22 日

新疆电视台党支部上报《给新疆电视台增派警卫人员的报告》。

12 月 22 日

新疆电视台下发《国家关于职工探亲、病假、事假等有关规定》。

同月

○ 购进鞍山广播器材厂生产的晶体管黑白电视电影机 1 套和飞点扫描幻灯设备 1 套，用于字幕和静止图像的播出，节目播出的技术质量有所改善。

同年

○ 新疆实验电视台正式改名为新疆电视台后，先后购进两部 16 毫米电影摄影机，胶片使用简单、原始的设备，用手工冲洗、晾干、剪辑，制成新闻拷贝，再通过电视电影放映机播出。为播放电影，在小演播室里安装了放映机，对面墙上挂一块小白幕布，电影放映机把影片放映到白幕布上，再用两部笨重的摄像机直接摄转播放。电视台自制了一些新闻片和电视讲话，其数量很少，大都是为了配合一些节日和重大政治活动的宣传。开办的一些文艺性节目，只是重复播出旧电影故事片和几个"革命样板戏"。这些节目的画面和声音不够清晰，时效性不强，电视宣传形式单调，内容贫乏，缺少电视本性和特点，舆论影响力不大，这种状况一直延续到"文化大革命"结束。

○ 新疆实验电视台成立新闻组，组长由方馥生担任。

1973 年

7 月

新疆电视台记者吴布力哈斯木·霍加艾合买提、卢克明用一个月时间外出采访，深入到博尔塔拉蒙古自治州的农村牧区，用 16 毫米摄影机，拍摄出专题片《繁荣的博尔塔拉草原》。

1974 年

2 月 5 日

新疆电视台上报《关于电视中心台基本建设的报告》。

5 月 10 日

新疆电视台上报《1975 年向国外订货计划》。

6 月 10 日

新疆电视台上报《1975 年无线电整机（部、配件）申请计划》。

6 月 25 日

新疆电视台上报《1975 年电影工业产品需要计划表》。

7 月

新疆电视台杜慎学、朱鹏赴北京、天津、西安、石家庄等地，参观、考察电视台组织机构、人员编制、节目设置等情况。

9 月 4 日

新疆维吾尔自治区广播事业管理局(台)临时党委向自治区党委宣传部报告，请求宣传部与文化局和电影译制厂商量承担电视台过渡时期的洗印任务，同时派电视台人员学习印片工作。

12 月 23 日

新疆维吾尔自治区广播事业管理局（台）上报《关于新疆电视台电视节目审查制度的请示报告》，规范了新疆电视台各类节目的审查权限。

同日

○ 新疆电视台蒙古族放映员铁克其因拾金不昧，受到新疆维吾尔自治区广播事业管理局（台）的通报表扬。铁克其所拾物品为 3 张现金支票，面值 7 万多元。

1975 年

2 月

新疆电视台维吾尔语每周译制播出 2 次北京电视台（现中央电视台）的新闻节目。

5 月

新疆电视台记者吴布力哈斯木·霍加艾合买提和王政才用一年的时间，几上天池，拍出了专题片《天山明珠——天池》。

6 月

新疆电视台成立了第二届党支部，书记由周毅担任。

8 月

新疆电视台新组建新闻组。这一时期新闻节目采制播出逐步增加，开始用黑白摄像机采录新闻，新闻节目开始采用动态图像。

同月

○ 经新疆维吾尔自治区广播事业局（台）讨论决定，任命艾兴同志兼任新疆电视台负责人。周毅、龙固球任电视台负责人。

艾兴，汉族，1930 年生，陕西米脂人，毕业于中央党校新闻班。1972 年 2 月任新疆维吾尔自治区广播事业局（台）党的核心小组成员，宣传组负责人、总编室主任。1975 年任新疆电视台负责人，1981 年任新疆维吾尔自治区广播事业局副局长兼新疆电视台台长。1983 年 7 月任新疆广播电影电视厅副厅长、副总编辑、新疆电视台台长。1991年8月评为高级编辑。中国电视艺术家协会第一届主席团成员、中国电视学研究会副主任、新疆电视艺术家协会主席、名誉主席。中国百佳老电视艺术工作者。

8月26日

新疆电视台发函北京电视台（现中央电视台），请求对新疆继续提供节目支持。

11月4日

新疆维吾尔自治区广播事业管理局(台) 撤销"文化大革命"期间建立的宣传、事业、政工、办事4个大组，恢复科室建制。其中新疆电视台下设编播组、新闻组、技术组。

同年

○ 到年底新疆电视台共有工作人员43人，其中技术人员18人，采编播人员25人。节目播出每周3次，其中汉语2次，维吾尔语1次。

1976年

1月

制定《新疆电视台1976—1985年事业发展规划》。

1月8日

周恩来总理逝世，新疆电视台根据自治区党委宣传部的意见，停播音乐节目3天。之后，播出北京电视台（现中央电视台）航寄来的电视新闻片《首都人民向周总理遗体告别》、《首都人民沉痛悼念周恩来总理》、《首都人民大会堂隆重举行周恩来总理追悼大会》、《十里长街万民挥泪送总理》。

2月16日

新疆电视台上报增加节目播出次数的报告，要求将原来每周播出3次改为每周播出 4 次，即：每周汉语 2 次，维吾尔语 2 次，每次 3 小时。同时要求增加一批人员和设备。

8 月

北京电视台（现中央电视台）将参加过 1958 年国庆阅兵式现场直播的中国第一辆转播车赠送新疆电视台。该车系电子管四讯道黑白电视转播车，有 4 路摄像机、1 套中心切换系统和 2 路微波传输系统。

9 月 9 日

毛泽东主席逝世，新疆电视台根据自治区党委宣传部的意见，停播音乐节目 3 天。

9 月 12 日

新疆电视台用电视转播车拍摄播出了乌鲁木齐市人民广场《毛泽东主席追悼大会》实况。之后，播出北京电视台（现中央电视台）提供的电视新闻片《首都人民举行悼念仪式　瞻仰毛主席遗容》、《首都人民哀悼毛泽东主席逝世》、《全国各族人民深切悼念毛主席逝世》、《首都举行毛泽东主席追悼会》。

10 月 6 日

党中央一举粉碎“四人帮”反革命集团，新疆电视台及时播出北京电视台（现中央电视台）提供的电视新闻片《北京 150 万军民举行游行庆祝粉碎“四人帮”反党集团篡党夺权阴谋的伟大胜利》、《首都百万群众在天安门广场举行庆祝粉碎“四人帮”伟大胜利》实况。

11 月 29 日

新疆电视台选出第三届党支部。党支部书记由艾兴担任；党支部副书记由周毅、龙固球担任。

12 月 9 日

经新疆维吾尔自治区广播事业管理局（台）临时党委批准：同意新疆电视台第三届党支部委员会由艾兴、周毅、龙固球、胡玉宁四人组成（所缺一名委员待后再补）。

同月

○ 新疆电视台新购进 1 台由上海客车厂改装车体、北京电视设备厂组装设备的四讯道晶体管黑白电视转播车。新增的这辆转播车，拓展了现场节目的转播录制能力，丰富了节目内容，使大量的体育比赛、大型群众活动、大型文艺晚会都能更快地和电视观众见面。

同年

○ 这一年，新疆电视台曾有过三次较大影响的电视宣传：周恩来总理逝世；毛泽东主席逝世；党中央一举粉碎"四人帮"反革命集团。新疆电视台及时播出了由北京电视台（现中央电视台）航寄来的有关首都人民举行各种活动的电视新闻片。这三次电视播出，在乌鲁木齐各族人民中引起强烈反响，许多观众不断给电视台打来电话，一再要求重播。

○ 据统计：1976 年新疆电视台共播出新闻 198 条，其中北京电视台（现中央电视台）提供 167 条，占 81%，自拍 31 条，占 19%；图片新闻 70 张，其中新华社总社、新疆日报社供 67 张，自拍 3 张；电视专题片 129 部（全为北京电视台（现中央电视台））提供；新闻电影纪录片 15 部，由自治区电影发行放映公司提供；自制电视讲话 6 次、少儿节目 4 次、卫生知识节目 1 次、每次 10—15 分钟。当年播出文艺性节目 183 次，其中 160 次为电影故事片，其余 23 次是自制的小型独唱、舞蹈、诗歌朗诵等。

1977 年

1 月

新疆电视台事业组成立，事业组履行办公室的职能。组长由石昭生担任。

同月

○ 新疆维吾尔自治区广播事业管理局（台）赠送新疆电视台一辆苏联产 69

型越野吉普车。

5月
新疆电视台开始使用黑白录像设备转录北京电视台（现中央电视台）节目，同时正式自办新闻节目和专题节目。

同月
○ 新疆电视台开始派人常驻北京，转录北京电视台（现中央电视台）节目，航运乌鲁木齐，连同新疆电视台少量的自办节目综合编排后播出。同时新疆各地、州派人常驻乌鲁木齐，转录这些节目，再发往各地、州、县（市）播出，从而打破了原来三板块式（图片新闻、胶片新闻、电影）电视节目结构形式，初步改变了节目单调的局面，节目来源增加，播出质量明显改善，电视宣传面貌一新。当时，录转播出北京电视台（现中央电视台）的节目有：《电视新闻》、《国际新闻》、《新闻联播》、《祖国各地》、《世界各地》、《世界见闻》、《兄弟民族》、《文化生活》、《人民子弟兵》、《动物世界》、《科学与技术》、《为您服务》、《体育之窗》、《少儿节目》等。

8月
新疆电视台购进鞍山广播器材厂生产的黑白电视发射机1部，功率1000瓦，取代了自制设备。同时购置1台国产微波机为电视中心机房（当时在自治区人民政府院内）向位于广播局大院内微波塔上的发射机房传送信号。

11月1日
新疆维吾尔自治区广播事业管理局（台）下发《广播、电视稿费、演播费试行条例》，第一次制定了稿费和演播费标准。

同年
○ 这一年，新疆维吾尔自治区广播事业管理局（台）决定自力更生、修旧利废，充分利用积压的电视发射设备，借助广播局海拔制高优势，将三层蝙蝠翼型天线装在88米高的院内微波塔顶上，初步改善了电视收视状况。原1000瓦的发射机，经改造测试，发射功率可达1200瓦，这项成果荣获1978年度自治区科技成果三等奖。

○ 新疆电视台引进 2 台日本 SONY 公司的 3670 黑白摄像机和 4 台 4600 黑白录像机，这些设备的使用，丰富了节目内容，开始用磁带录像机录制保存节目，并开始进行电视节目交换，开始了现代化电子技术设备的新进程。

○ 1977 年，新疆电视台共拍摄各类电视片 72 条，其中，新闻片 33 条、会议报道 25 条、典型报道 14 条，为北京电视台（现中央电视台）选送 5 条，开创了为北京电视台（现中央电视台）供片的先河。1977 年开始自制专题节目，录制有《著名数学家华罗庚讲优选法》、《自治区工业学大庆会议》、《自治区财贸系统学大庆》、《新疆部队"三学"大会专题》等五个专题节目。

1978 年

2 月 18 日

新疆维吾尔自治区广播事业管理局（台）临时党委上报申请新疆电视台台址的报告。

同月

○ 新疆电视台使用单机或多机（黑白）录像转播剧场戏剧、歌舞晚会等节目。

3 月

新疆电视台录制了电视专题节目《周总理永远活在我们心里》。节目采用演播室录像，请当年周总理在石河子接见的上海知青代表杨永青当嘉宾，回忆当年周总理接见时的情景和她们的心情以及对她们成长的影响和今天的怀念，其间插入相关照片、报道等。

同月

○ 录播《纪念周恩来逝世 2 周年文艺晚会》实况（黑白）。

4 月

录播自治区"工业学大庆农业学大寨"大会的开幕式和闭幕式实况（黑白）。

8月·4日

日本电视人持永只仁由中央广播事业局的同志陪同到达乌鲁木齐，新疆电视台进行了接待，随后协助其在乌鲁木齐、吐鲁番、石河子等地20多个点进行了拍摄活动。拍摄毛片9000尺，内容涉及风光，建设成就，维吾尔族、哈萨克族人民生活，文物古迹等。新疆电视台还为其提供了部分新疆音乐资料。

同月

○ 新疆电视台用三部单管摄像机、一台切换机在乌鲁木齐地毯厂会客厅（主场地）和车间（辅助场地）拍摄出第一部彩色电视专题片《新疆地毯》。摄制人员在设备简陋的情况下，将会客厅和车间的多个织毯场景通过切换一次成片。专题片现场切换：壮春雨，编辑：杨生辉，摄像：孟欣、努尔等。

9月10日

在乌鲁木齐人民剧场录制了大型维吾尔族歌舞剧《人民公社万岁》（黑白）。

9月25日

新疆电视台开办第一个固定播出的栏目《新疆新闻》，每星期汉、维吾尔语各播出一次，每次5—6分钟。主要反映自治区的重大时政等新闻。

10月1日

新疆电视台开办《广告》和《下周节目预告》等服务性节目。

10月3日

由新疆电视台摄制的彩色电视专题片《新疆地毯》在中央电视台播出。

12月29日

新疆维吾尔自治区教育局、自治区广播事业管理局（台）上报《关于开办新疆广播电视大学的请示报告》。

同月

○ 录像播出《第四届全运会排球赛新疆赛区决赛》实况（黑白）。

同年

○ 这一年，新疆电视台反映自治区的重大时政等新闻，新闻条数逐步增加，全年共播出新闻130条，比1977年增加60条；拍摄了《在自治区公安战线上》、《纪念毛主席诞辰85周年》等13个专题片，比上一年增加8个专题片。同时录转播出国产、外国影片近百部，文艺晚会53台，以及中央电视台《电视教育讲座》、中央广播电视大学全科和单科课程、《英语教学课程》、《跟我学》和各种社会服务讲座》等节目。

○ 录制了《艾里甫与赛乃姆》、《帕尔哈德与亚林》等歌舞剧。

○ 1978年新疆电视台的电视宣传从内容到形式，从数量到质量，都有了较大改善，荧屏出现新面貌。电视，这个自治区新闻宣传舆论阵地上崛起的新军，在各族人民心目中的影响有所加强。这一时期，新疆电视台的宣传工作也步入到了一个新时期，电视台明确提出："切实把主要精力放在宣传上，特别是要做好民族语言节目的宣传工作。"对搞好电视宣传工作，提出四项要求：1. 一定要办好新闻节目；2. 精办专题节目；3. 认真录制文艺性节目；4. 抓好服务性节目。

1979 年

1月1日

新疆电视台开办《天气预报》和《生活常识》节目，《天气预报》节目安排在每天的综合节目中播出，每次配用3幅图像，预告未来24小时内的天气情况。

1月9日

新疆广播电视大学正式成立。自治区副主席巴岱兼任校长，自治区教育厅副厅长胡赛因、新疆电视台台长艾兴兼任副校长。

2月17日

新疆广播电视大学开学，录播中央电视台播出课程，设理工、文学、经济类专业。当时广播电视大学教学节目的播出时间占新疆电视台总播出时间的50%。

4月

新疆电视台财务工作独立并建立账户。

5月

新疆电视台拍摄出专题片《戈壁明珠石河子》。编导、摄影：施生田。

同月

○ 新疆电视台使用北京广播器材厂生产的五讯道晶体管黑白电视中心设备，淘汰了自制的简易中心设备，播出质量有了基本保证，播出主要技术指标达到部颁标准。

同月

○ 新疆电视台用200p摄像机和2860录像机在喀什拍摄彩色电视专题片《新疆维吾尔医》。

6月19日

新疆电视台录制在乌鲁木齐召开的《中越自卫还击作战英雄报告会》，当晚23：50在《新疆新闻》栏目中播出，第一次实现新闻当天摄制当天播出。

同月

○ 新疆电视台与中央电视台、甘肃电视台开始联合摄制4集电视系列片《中国哈萨克》。系列片编导、摄像由新疆电视台记者施生田和甘肃电视台的两名记者担任。

8月4日

新疆维吾尔自治区广播事业管理局（台）上报《关于申请增加警卫的报告》，

请东疆军区司令部作训科再为新疆电视台增加一个哨位。

8 月 15 日

新疆电视台经无记名投票选举出新疆电视台第四届党支部，党支部书记由艾兴担任，副书记由周毅、龙固球担任。

9 月 8 日

新疆电视台艾兴、周毅、龙固球、朱鹏、吴洪元、王政才、石昭生、杨生辉等同志出席了首届局机关党代会。

同日

○ 经新疆维吾尔自治区广播事业管理局党组讨论决定，同意新疆电视台实行局党组领导下的台长负责制，建立台长办公会议和台务会议。艾兴同志、龙固球同志主抓台务工作，不再参加支委会。周毅同志担任党支部书记。

9 月 15 日

根据新疆维吾尔自治区广播事业局党组建议，经新疆电视台 9 月 15 日党支部大会无记名投票选举，补选朱鹏、胡玉宁为支部委员会委员。

9 月底

新疆电视台新增添的 8 频道开始调机试播。

10 月 12 日

华国锋总理出访西欧四国，途经乌鲁木齐。新疆电视台摄制播出了新闻片《华总理到达乌鲁木齐》、《华总理在乌鲁木齐出席文艺晚会》、《华总理离开乌鲁木齐前往巴黎》等。

10 月 13 日

新疆电视台向新疆维吾尔自治区广播事业管理局上报《新疆电视台调整机构的报告》。

10 月 16 日

新疆电视台开始编撰第一期宣传业务简报《电视观众反映》。

11 月 3 日

新疆维吾尔自治区广播事业管理局上报《关于选配电视播音员的报告》(新广局字〔1979〕038号)。由于电视台增加一个频道（即8频道），两个频道同时播放。为了办好电视节目，提高质量，亟需选配电视播音员。根据实际情况，需选配汉语播音员男、女各2名，维吾尔语播音员男、女各1名，共6名，请自治区编委批准增加播音员编制。

11 月 6 日

新疆电视台的台标和《节目预告》的飞点美工牌，改用录像播出，使节目播出开始程序化、规范化。

11 月 8 日

华国锋访问欧洲诸国归来途经乌鲁木齐时为新疆电视台题写新台标。

11 月 30 日

经新疆维吾尔自治区广播事业管理局(台)党组会议讨论决定(新广政〔1979〕127号文)，周毅任新疆电视台行政科科长；龙固球任新疆电视台办公室主任；傅暾任办公室副主任兼播出科科长；阿不拉尤夫任播出科副科长；徐迅为新闻科科长；王政才、吴布力哈斯木·霍加艾合买提任新闻科副科长；壮春雨任政教科科长；朱鹏任文艺科科长兼制作科代科长；石昭生、申海兰任制作科副科长；吴鸿元任技术科科长；马寿泉、刘铁山任技术科副科长。

同月

○ 新疆维吾尔自治区广播事业管理局（台）在报纸上登招考广告，经严格的专业考试、聘用程序，招汉语播音员男、女各2名，维吾尔语播音员男、女各1名。赵宁、胡晓丽、王蔚、白光军、米赫古丽·莫明、古丽鲜·阿不都热依木、阿里木·阿布里米提7名同志走进新疆电视台的播音主持队伍。

12 月 5 日

新疆电视台新建的 250 平方米彩色电视发射机房落成。增开北京广播器材厂生产的 8 频道彩色电视发射机，每星期三晚上和星期日中午各播出汉语节目 1 次，每次 3 小时。

12 月 7 日

新疆维吾尔自治区广播事业管理局上报《关于开设广告服务工作的报告》，提出新疆人民广播电台、新疆电视台拟从 1980 年 1 月 1 日起，开设广告服务节目。广告内容：一切有利于"四个现代化"建设的通告、启示、产品、文体展览等。收费标准：电视广告按时间长短计算收费，黑白电视广告按每秒钟 1 元收费，彩色电视广告按每秒钟 1 元 5 角收费。

12 月 17 日

为适应彩色电视节目制作的需要，新疆电视台向新疆广播事业管理局党组提交《关于在上海加工彩色录像车的报告》，要求在上海广播器材厂加工改装 1 部彩色录像车，所需车辆已购到，所需设备已由日本订货，设备及加工费用 18.1 万。

同月

○ 新疆电视台购进 SONY 公司生产的第一批彩色盒式录像机和编辑机。

同年

○ 12 月新疆电视台新建的 250 平方米彩色电视发射机房落成后，购置了 1 台北京广播器材厂为新疆生产的第一台双通道 8 频道 1 千瓦彩色电视发射机，首次播放彩色电视节目，当时没有彩色电视中心设备，就用录像机输出的信号直接输入发射机的方式试播新疆最初的彩色电视信号。

新疆电视台40 YEARS | 发展史 |
XINJIANG TELEVISION STATION

1980-1989

1980 年

1 月 1 日

新疆电视台启用新台标。新台标是华国锋 1979 年 11 月 8 日访问欧洲诸国归来途经乌鲁木齐时为新疆电视台题写的。当年 12 月 30 日停用。

同日

○ 新疆电视台邀请新疆维吾尔自治区主席司马义·艾买提在元旦专题节目里作电视讲话《展望一九八零年》。这是自治区领导同志首次在屏幕上直接向广大观众发表电视讲话。

1 月 20 日

经新疆维吾尔自治区编制委员会批准，自治区广播事业管理局与新疆人民广播电台实行局台合一的领导体制，一套班子，两块牌子，内设 24 个处级单位。新疆电视台是直属事业单位。

同月

○ 新疆广播电视少儿合唱团成立。

○ 经新疆电视台领导 1979 年 12 月 20 日会议讨论决定（新视发 [1980] 1 号文），翟平为台办公室秘书，王政才兼电视台新闻科记者组组长，吴布力兼电视台新闻科记者组副组长，徐迅兼电视台新闻科制片组组长，陈修贤为电视台新闻科制片组副组长，阿不拉尤夫兼电视台播出科编译组组长，穆合买提为电视台播出科编译组副组长，茹斯坦为电视台播出科播出组副组长，刘铁山兼电视台技术科中小组组长，张婉珠、兰瑞庭、王淑兰为电视台技术科中小组副组长，贾序伦为电视台技术科微波组组长，李海存为电视台技术科发射组组长，岳邦宁为电视台技术科转播车组组长，付友山为电视台制作科录制组组长，胡玉宁为电视台制作科录制组副组长，潘军为电视台行政科总务组组长，王荣珍为电视台行政科计财组组长，壮春雨兼专题科综合组组长，孟欣为电视台专题科少儿组组长。

4月5日

新疆电视台增设中央电视台某月某日《国际新闻》，每晚在5频道播出一次。

4月12日

新疆电视台新闻科出台并施行《采访拍片超额稿酬条例》，贯彻多劳多得原则，对超额完成任务的记者以及新闻科内同制片有关的同志，发给超额稿酬。

4月15日

新疆电视台将原来的《电视新闻》节目改为中央电视台某月某日《新闻联播》节目，在5频道每晚播出一次。

4月22日

经自治区党委组织部批准（组字[1980] 182号文），艾兴任新疆电视台台长，周毅、龙固球、朱鹏、马寿泉任副台长。

5月1日

新疆电视台正式出台并施行《新疆电视台广告业务试行条例》。

5月5日

新疆电视台8频道的综合节目试播，每星期五晚上增加了1次播出。

5月6日

新疆电视台领导成员开会，研究讨论了台领导的具体分工：艾兴同志负责电视台的全面工作；周毅同志负责行政方面的工作，主管行政科的工作；龙固球同志负责电视宣传工作，主管新闻、专题、播出和办公室的工作；朱鹏同志协助龙固球同志抓电视宣传工作，主管文艺科、制作科的工作，在周毅同志不在期间，协助艾兴同志负责行政工作；马寿泉同志负责电视技术工作，主管技术科及制作科的技术工作，目前主要抓基建及发射工作；吴洪元同志目前仍继续抓技术科的工作，特别是播出工作，马寿泉同志基建完工后，再办正式移交工作。在本次会议上做出两项规定：1.建立台长办公会议制度，每周召开一次。2.建立台领导民主生活会制度，每季度至少召开一次。

5 月 13 日

新疆电视台播出专题新闻《华主席在我区视察工作》，反映了华国锋主席率领的我党政代表团从南斯拉夫回国途经新疆停留期间，在乌鲁木齐、吐鲁番等地视察工作的情况。

同月

○ 新疆电视台开办广告节目。当年共制作、播出 21 个节目，时间约为 1 小时 50 分钟。

6 月 20 日

新疆维吾尔自治区主席司马义·艾买提、副主席阿木冬·尼亚孜、自治区人大常委会副主任木沙也夫、伊尔哈里、马合苏提、吐尔逊阿地乌拉等领导同志到新疆电视台调研电视宣传工作情况。

同月

○ 新疆电视台摄制、播出邓颖超副委员长率人大代表团访问法国途经新疆，回到乌鲁木齐，访问石河子农工商联合企业、出席文艺晚会等新闻。

8 月 23 日

新疆电视台播出自制的第一部电视剧《心花》。

9 月 24 日

新疆维吾尔自治区副主席伊敏诺夫和自治区广播事业局领导到新疆电视台审看民语文艺节目，并对新疆电视台的电视节目提出改进意见。

11 月 23 日

中央电视台自 11 月 20 日开始播发《审判林彪江青反革命集团案》的专题新闻和专题报道。新疆电视台制定相关宣传计划，并提前向北京录像组提出要求。23 日，派专车专人从飞机场取回磁带，于当晚 20：43，用汉语播出了这组长达

1 小时 18 分的录像磁带，22 ： 01 又用维吾尔语译播了一遍。

12 月 25 日

全国第十次广播工作会议作出正式恢复集体记者工作的决定。新疆维吾尔自治区广播事业局分别设立中央人民广播电台、中央电视台新疆集体记者组后，经新疆电视台台务会议讨论通过，新疆电视台集体记者组正式成立，组长为傅暾。

同年

○ 新疆电视台全年共拍摄、播出新闻 205 条，《新疆新闻》节目平均每周一组、两次（维、汉语各一次），每组 3 至 4 条，每次 6—10 分钟；摄制新闻纪录片《戈壁明珠》、《艺苑新花》2 部；电视片《生命之歌》、《彭加木资料》2 部、专题节目 23 个（包括少儿节目 11 个）。全年录播广播电视大学课程和中等教育讲座 518 次。

○ 新疆电视台开办《天气预报》节目，固定在《新疆新闻》节目之后播出。

○ 新疆电视台改进了电视节目的预告宣传，如出播音员图像预告当天节目，以详细字幕预告一周节目，以介绍剧情片断的镜头组合预告节日节目等。

○ 新疆电视台增购了北京广播器材厂生产的 8 频道双通道 1 千瓦彩色电视发射机 1 台，作备机使用。

○ 新疆电视台购进日本索尼 DXC—1200 单管彩色摄像机、BVP—200 系列双管摄像机 2 台、BVU—100P 高带录像机 2 台，提高了节目录制质量。

○ 在 1980 年度全国优秀电视新闻评选会和经验交流会上，新疆电视台选送的新闻《新疆农科院研制出冬季瓜果贮藏新技术》获得全国优秀电视新闻三等奖。主创人员：施生田。

1981 年

1 月 1 日

新疆维吾尔自治区劳动局批复同意《新疆人民广播电台、电视台播音员营养补贴暂行条例》，新疆电视台时任播音员正式享受营养补贴。

1 月 28—30 日

25 日晚，中央电视台播出审判林彪江青反革命集团案专题报道《特别法庭对林彪江青反革命集团十名主犯进行宣判》。28 日晚，新疆电视台在 8 频道播出了录像。29、30 日用维吾尔语和汉语又各播出一次。

2 月 3—8 日

新疆电视台在 5、8 频道分别用汉语和维吾尔语播出新疆维吾尔自治区党委书记、自治区人大常委会主任铁木尔·达瓦买提的春节电视讲话。

4 月 25 日

新疆广播事业局党组根据党中央《关于当前报刊新闻广播宣传方针的决定》和第十次全国广播工作会议的精神，以搞好电视宣传为中心，就改进电视台的各项工作问题进行了讨论。这次会议是新疆电视台建台 10 年来，新疆广播事业局党组比较系统地讨论电视台工作的一次会议。

6 月 31 日

新疆电视台摄制、播出当天中午赵紫阳总理出国访问途中到达乌鲁木齐的新闻。

7 月 7 日

经自治区广播事业局党组研究决定（新广党发〔1981〕21 号文），任命吴布力哈斯木·霍加艾合买提为新疆电视台副台长。

8 月 4 日

新疆电视台正式签署《西南、西北地区专题节目、业务交流协定》。该协定是四川、云南、贵州、甘肃、青海、陕西、宁夏、新疆八个省（区）电视台为丰富各电视台专题节目内容于当年 5 月 28 日制定的。

8 月 17 日—24 日

新疆电视台开始从自治区人民政府西侧办公楼搬迁到团结路自治区广播事业局大院内新落成的过渡中心楼，20 日开始在过渡中心楼里播出，24 日正式开始在过渡中心楼里工作。新疆电视台过渡中心楼总面积 2650 平方米，其中有 470 平方米和 117 平方米大小演播室各 1 个，实现电视节目录像播出。

8 月 18 日

经自治区广播事业局党组会议研究决定（新广党发 [1981] 28 号文），自治区广播事业局总编室副主任高流同志兼任新疆电视台副台长（名列其他副台长之前）。

8 月 25 日

新疆电视台台长办公会议研究决定，台领导分工如下：台长艾兴同志负责电视台全面工作；副台长高流同志协助台长抓好电视台全面工作，并负责电视宣传工作，分管办公室、播出科、专题科；副台长周毅同志负责行政和政治思想工作，分管行政科；副台长龙固球同志协助高流同志负责电视宣传工作；副台长朱鹏同志负责文艺宣传工作，分管文艺科、制作科；副台长马寿泉同志负责技术和事业工作，分管技术科；副台长吴布力哈斯木·霍加艾合买提同志负责维语宣传工作，分管新闻科。

10 月 1 日

新疆电视台播出与中央电视台合拍的、也是自己译制的第一部维吾尔语电视剧《蓝色的项链》。

10 月 12 日

新疆电视台《新疆新闻》节目增加有男女播音员图像的口播新闻部分，丰富了内容，扩大了题材，加快了时效，成为整个节目的有机组成部分。

同月

○ 新疆电视台每周增加一次维吾尔语综合节目的播出。

○ 新疆少数民族广播电视少儿合唱团成立。

同年

○ 新疆电视台《新疆新闻》节目从每周 1 组、2 次（维、汉语各 1 次），增加至 3 组、6 次（维、汉语各 3 次），每次 5 分钟左右。《新疆新闻》全年拍摄、编播了 274 条新闻，自治区人代会等重要政治活动做到了当天拍摄录像，当天播出。全年摄制专题节目 28 个、汉语文艺节目 41 个、维语文艺节目 2320 分钟，录播广播电视大学理工科课程 537 次，中等教育讲座 151 次，录制、播出了 55 个广告节目。

维吾尔语、汉语综合节目每周的播出次数增加至 8 次（增加了 1 次维语、2 次汉语）。

○ 在 1981 年度全国优秀电视新闻评选会和经验交流会上，新疆电视台选送的新闻《军医孟向平运用针拨技术治疗白内障为少数民族群众服务》获得全国优秀电视新闻三等奖。主创人员：施生田。

○ 新疆电视台政教组更名为专题科。

○ 新疆电视台新闻采访设备配备了 DXC—1800 和 VO—4800P 摄像机，开始用电子设备采制新闻节目。

1982 年

2 月

新疆电视台购进上海广播器材厂生产的 CDZX—03 彩色电视中心设备，取代了原来的黑白中心设备，使新疆电视台整个播出系统符合国家中等台标准。

3 月 24 日

经自治区广播事业局党组会议决定（新广人字 [1982] 42 号文），阿不来克·阿不拉尤夫任新疆电视台编译科科长，免去播出科副科长职务，买买提·哈孜任副科长；杨泽民任电视台专题科副科长；木特拜尔任电视台文艺科副科长；岳邦宁任电视台技术一科（原技术科）副科长；付友山任电视台技术二科（原录制科）科长，胡玉宁任副科长；贾序伦任电视台事业科（原行政科）副科长。

5 月 26 日

新疆电视台正式实施《新疆电视台播出制度》。

6月1日

新疆电视台5频道黑白发射机停播,改用彩色电视设备播出,全部完成了黑白电视向彩色电视的过渡,并实现了维吾尔语和汉语两种语言彩色电视节目分频道播出。汉语使用5频道播出,每周播出综合节目6次;维吾尔语使用8频道播出,每周播出综合节目4次。新疆电视台成为全国第一家单独使用一个频道开办少数民族语言彩色电视节目的省级电视台。

6月7日

经自治区广播事业局党委会讨论同意,周毅同志担任新疆电视台党总支书记。

6月15日

经自治区广播事业局(台)技术职称领导小组批准(新广人字〔1982〕74号文),公布全局各处、室、台技术职称评定委员会名单。新疆电视台技术职称评定委员会主任:周毅,委员:马寿泉、李海存、付友山、岳邦宁。

7月1日

新疆电视台第一届党总支宣布成立。

7月12日

新疆电视台制定并实施《录制节目质量检验制度》(试行)。

7月19日

应广大电视观众的要求,新疆电视台改进节目编排方法,使之规范化。5频道的开播时间每周一至周六从原来的21:00提前到20:00。中央电视台《新闻联播》节目固定在21:00播出,《新疆新闻》则固定在21:30播出。8频道的《国内外新闻》和《新疆新闻》也分别固定在21:00和21:30左右开始播出。

同月

○ 新疆电视台制定并实施《电视播音员服装的暂行规定》。

8月1日

新疆电视台制定并实施《录像磁带管理制度》。

8月30日

由新疆教育厅和新疆电视台联合举办的新疆广播电视大学维吾尔语理工科课程开播。这在全国尚属首举。

8月31日

党的十二大开幕前夕，新疆电视台首次利用卫星传送手段，及时录制、播出当天中央电视台的《党的十二大预备会议新闻》和《新闻联播》节目，成为全国最早利用卫星传送新闻的省级电视台。

同月

○ 新疆电视台1千瓦彩色电视发射台续建项目（7810工程）通过验收。根据验收报告，该项目安装5、8频道1千瓦彩色电视发射机各1部。其中，1981年5月开始安装的5频道电视发射机于当年6月27日交付使用。1982年3月1日开始安装的8频道电视发射机及原8频道控制桌改造于5月3日安装调试完毕。

9月

在中国共产党第十二次全国代表大会召开期间，新疆电视台利用邮电部租用的国际通讯卫星，录制并在5频道播出当天中央电视台的《党的十二大专题新闻》、《新闻联播》和其他重要新闻节目（因时差不宜直接转播），使乌鲁木齐地区观众第一次收看到当天北京的重要新闻。8频道在星期一、三、五晚上各增加一次维吾尔语播出，并在每天译播前一天中央电视台的上述全部内容，高质、安全、无误地宣传了大会的实况。

在这期间，新疆电视台的《新疆新闻》节目开设了《欢庆十二大胜利召开》专栏。设置新闻节目专栏，进行主题报道，使题材更为集中、醒目，这在当时是一种创新。全月共摄制、播出155条新闻，其中，影片和录像新闻64条，口播新闻91条，连续报道了新疆维吾尔自治区各族人民热烈欢庆十二大胜利召开，认真学习十二大文件，以实际行动贯彻十二大精神的有关情况，以及党的十一届三中全会以来，自治区各条战线在建设社会主义物质文明和精神文明中所取得成就等，开创了新闻片数量多、时效高的新成绩。

同年
○ 新疆电视台维语译制科成立。
○ 新疆电视台汉语、维吾尔语《新疆新闻》节目由每周各播出 2 次增加至 4 次。全年拍摄、编播 533 条新闻。
○ 新疆电视台陆续购入进口摄录设备，逐步取代过去摄影胶片的节目制作方式。这些设备除部分供外出采访外，大部分安装在 470 平方米大演播室，提高了节目制作水平。470 平方米大演播室是新疆电视台第一座正规化、功能较全面的演播室。新疆电视台还利用这些设备，自行组装了 1 部三讯道彩色电视录像车。
○ 在 1982 年度全国优秀电视新闻评选会和经验交流会上，新疆电视台选送的新闻《吐鲁番开展春季植树造林活动》获得全国优秀电视新闻三等奖。主创人员：吴布力哈斯木·霍加艾合买提。
○ 新疆电视台秦岭、孟欣拍摄的专题片《和少儿朋友谈集邮》获全国少儿专题节目评比三等奖。

1983 年

2 月 10 日
新疆电视台正式制定并实施《录像车使用的暂行规定》。

3 月 7 日
为了杜绝电视宣传中的重大差错和事故，新疆电视台在 1982 年 7 月 12 日印发的节目质量检验制度的基础上，对审片制度再次作出《关于审片制度的补充规定》。

5 月 5 日
中共中央总书记胡耀邦出访罗马尼亚、南斯拉夫途径乌鲁木齐，新疆电视台进行了录像新闻报道。

5 月 16—20 日

中共中央总书记胡耀邦同志出国访问回到乌鲁木齐，看望了农六师、伊宁、克拉玛依、乌鲁木齐的各族干部群众，并在自治区党政军干部大会上作了重要讲话。新疆电视台及时进行了录像报道。

7 月 1 日

新疆电视台制定并正式施行《新疆电视台关于车辆管理补充规定和关于驾驶员行车守则的补充规定》。

同月

○ 新疆电视台重新修订《新疆电视台播出制度》。

8 月 23 日

新疆电视台在 5、8 频道的《新疆新闻》节目里，用汉语、维吾尔语两种语言同时播出国务院总理赵紫阳一行 8 月 8—22 日在新疆维吾尔自治区视察工作的情况。

8 月 30 日

新疆电视台正式开播《社会经济统计学原理电视讲座》。

9 月

新疆电视台副台长高流和专题部记者杨生辉赴北京参加全国电视台第一次对外宣传会议。

12 月 6—13 日

由新疆电视台承办的新疆维吾尔自治区第一次电视剧创作座谈会在乌鲁木齐市边疆宾馆举行。这次座谈会密切了电视台同自治区文艺界之间的联系，为发展和繁荣新疆维吾尔自治区电视剧创作事业起到了积极作用。

12 月 27 日

自治区编制委员会下发《关于广播电视厅内部机构设置问题的通知》，同意自治区广播电视厅机构设置。新疆电视台升格为相当于二级局的事业单位，台长由自治区广播电视厅 1 名副总编辑兼任，设有 4 位副台长（2 民、2 汉，均为正处级），1 名总工程师，2 名副总工程师。内部机构由厅审定，内部机构的级别比一级厅局的处低半格。下设 6 部 2 室：新闻部、专题部、文艺部、编译部、制作技术部、播出技术部、宣传办公室、行政办公室。

同日

○ 新疆电视台开办第一个固定专题栏目《雪莲花》，每月播出 1 次，每次 15—20 分钟。栏目负责人为孟欣。《雪莲花》栏目突出儿童特色，以 4 至 14 岁少年儿童为服务对象，对各族少年儿童进行德、智、体、美、劳的全面教育，寓教于乐，寓知识于可视的形象中。

12 月 29 日

为保证新疆电视台演播室的正常工作秩序，新疆电视台作出《关于使用大小演播室的若干规定》。

同年

○ 当年新疆电视台提出要实现两个"转变"，即《新疆新闻》节目从主要报道乌鲁木齐各地区转变为面向全疆，维吾尔语文艺节目从多数依靠录转中央电视台节目转变为自办节目为主（包括译制），这两个"转变"是为宣传面向全疆所采取的必要措施。

○ 全年新疆电视台 5、8 频道共播出综合节目 636 次，播出时间为 2068 小时；电大节目 681 次，播出时间为 2724 小时。

○ 为保证质量，新疆电视台汉语、维吾尔语《新疆新闻》节目仍保持每周各播出 4 次，到年底，每次《新疆新闻》节目有 4 条图像新闻。全年拍摄、编播了 848 条新闻，其中 52 条新闻被中央电视台采用。

○ 在 1983 年度全国优秀电视新闻评选会和经验交流会上，新疆电视台选送的新闻《乌鲁木齐一个民族团结大院》获得全国优秀电视新闻一等奖，同时获得全国好新闻奖（主创：施生田）；《新疆医学院积极培养少数民族医务人员》（主创人员：刘新荣）、《天山染织厂重视发挥技术人员作用　提拔重用科技人员》（主创人员：孙伯华）获得全国优秀电视新闻三等奖。

○ 新疆电视台杨生辉、施生田拍摄的专题片《明灯照边城》获中央电视台专栏节目二等奖。

○ 新疆电视台秦岭、孟欣拍摄的专题报道《攀登天山探奇景》获全国电视专题节目评比三等奖。

1984 年

2 月 15 日

经新疆维吾尔自治区劳动人事厅和自治区广播电视厅批准，新疆电视台在乌鲁木齐地区的机关、团体、企业和事业单位中公开招聘专业工作人员。经过文化考试和业务考核，共招聘了 32 人，其中记者 10 人、编辑 3 人、监听员 2 人、摄像员 1 人、技术员 1 人、翻译 3 人、电视剧译制人员 12 人。

4 月 17 日

4 月 8 日我国试验通讯卫星发射成功后，首次将中央电视台电视节目传送到乌鲁木齐。

4 月 18 日

上午 10 时，国防部部长张爱萍在北京通过试验通讯卫星与新疆维吾尔自治区党委第一书记王恩茂通话。当晚 20 时 30 分起，新疆电视台播出了通过试验通信卫星传送的中央电视台《新闻联播》节目和其他重要节目，用维吾尔语译制的《新闻联播》节目于次日播出，新闻时效比原来提早 4—7 天。

同月

○ 新疆电视台开办维吾尔语少儿栏目《雪莲花》，每月播出 1 次，每次 15 至 20 分钟。

5月3—9日

新疆电视台高流、王祖荫、杨泽民三位同志赴京参加在北京召开的全国第一次电视文艺和第二次文化生活节目座谈会。

5月

新疆电视台用维吾尔语、汉语播出《天气预报》节目时，增播新疆12个城镇24小时的预报，并配合播出有各城镇风貌的图片画面。

7月6日

经上级批准，新疆维吾尔自治区广播电视厅任命了87名处级干部，其中，新疆电视台工作部门15名。包括副台长吴钟谟、库尔班·艾力、朱琳甫、吴布力哈斯木·霍加艾合买提，调研员高流，总工程师马寿泉，副总工程师付友山、李海存，宣传办公室主任傅暾、新闻部主任徐迅、编译部主任阿不来克·阿不拉尤夫、专题部主任杨泽民、文艺部主任王祖荫、播出技术部主任岳邦宁、制作技术部主任胡玉宁。

7月10日

新疆电视台维吾尔语电视剧译制部成立，由新疆广播电视厅直接领导。

7月20日

经新疆维吾尔自治区广播电视厅党组会议讨论决定（新广人字［1984］75号文），郭吉茂、兰瑞庭同志任新疆电视台行政办公室副主任；努尔·吐尔地同志任新疆电视台宣传办公室副主任；再努拉、杨生辉同志任新疆电视台专题部副主任；安鹏寿、胡尔西丹·吾甫尔同志任新疆电视台文艺部副主任；贾马力丁·朵吉提、买合买提·哈孜同志任新疆电视台编译部副主任；张婉珠同志任新疆电视台播出部副主任；刘铁山、迪力夏提·哈斯木同志任新疆电视台制作技术部副主任。

7月24日

经自治区广播电视厅党组讨论决定（新广人字［1984］83号文），新疆电视台各部、室所属科、组的机构设置如下：1. 办公室，下设秘书科、财务科和总务科。2. 宣传办公室，下设宣传业务组、节目管理组、播音美工组和广告科。3. 新闻部，下设编辑组、政文组、经济组、照明组和洗印组。4. 专题部，下设《兄弟民族》节目组、少儿组和对外宣传组。5. 文艺部，下设维吾尔语文艺组、汉语文艺组和电视剧组。6. 编译部，下设地方组、国内外新闻组和编制组。7. 播出技术部，下设中心科和发射科。8. 制作技术部，下设采录科、录音科和制作科。9. 总工程师办公室。其中，播出技术部、制作技术部为新成立部室。

8月3日

经自治区广播电视厅党组讨论决定（新广人字〔1984〕85号文），任命新疆电视台刘新荣同志任新疆电视台新闻部政文组组长，阿里木·胡赛因同志任副组长；施生田同志任新疆电视台新闻部经济组组长；贾文科同志任新疆电视台新闻部照明组组长；陈修宪同志任新疆电视台新闻部洗印组组长；于聚义同志任新疆电视台专题部文化组组长；孟欣同志任新疆电视台专题部少儿组组长；杨生辉同志兼新疆电视台专题部对外宣传组组长；再努拉同志兼新疆电视台专题部《兄弟民族》节目组组长；帕尔哈提·色以提同志任新疆电视台编译部国内外新闻组组长、王小玲同志任副组长；吾斯满·买买提同志任新疆电视台编译部地方组组长；王锋毓同志任新疆电视台制作技术部制作科科长；姚南林同志任新疆电视台制作技术部录音科科长；迪里夏提·哈斯木同志兼新疆电视台制作技术部采录科科长；王淑兰同志任新疆电视台播出技术部中心科科长，袁振富同志任副科长；王振江同志任新疆电视台播出技术部发射科科长，薛守恭同志任副科长；胡尔西丹·吾甫尔同志兼新疆电视台文艺部维吾尔语文艺组组长，肉孜坦木·阿不列孜同志任副组长；安鹏寿同志兼新疆电视台文艺部电视剧组组长；艾里曼·阿不都克里木同志任新疆电视台宣传办公室播音美工组组长；梁建春同志任新疆电视台宣传办公室广告科科长；李靖同志任新疆电视台办公室秘书科科长；王荣珍同志任新疆电视台办公室财务科科长；王凤云同志任新疆电视台办公室总务科科长，吐尔逊·库尔班同志任副科长；付友山同志兼新疆电视台总工程师办公室主任。

8月9日

新疆维吾尔自治区广播电视厅、劳动人事厅、财政厅联合发出《广播电视播音员津贴暂行办法》。

8 月 14 日

新疆维吾尔自治区广播电视厅、劳动人事厅、财政厅联合转发国家广播电视部、国家劳动人事部、国家财政部《关于艰苦广播电视台站津贴的通知》和《关于艰苦广播电视台站津贴的暂行规定》。按照规定，新疆电视台的播音员，每人每月发给津贴 8 元。

8 月 20 日

新疆电视台调整电视节目，汉语频道每天通过卫星按时录播中央电视台当天的《新闻联播》（因时差，迟 1 小时 30 分播出），维吾尔语频道译制中央电视台的《新闻联播》，于次日播出，比原来提前了 6 天。

每周汉语综合节目播出增加至 8 次，每次 3 个多小时；维吾尔语综合节目播出从每周 4 次增加至 7 次，每次 2—3 小时；译播中央电视台《新闻联播》也由每周 4 次增加至 7 次。

10 月 3 日

新疆电视台为庆祝中华人民共和国成立 35 周年制作的大型电视艺术片《祖国啊！萨拉姆》在中央电视台播出，并在庆祝建国 35 周年全国电视节目展播中获优秀奖。这是新疆电视台录制并在全国获奖的第一部大型文艺晚会节目。

10 月 18 日

中国仪器进出口总公司 SONY 录像设备维修站招收第 9 批学员，进行为期一年的 SONY 录像设备维修技术学习。新疆电视台选派的贾全友同志通过考试，被录取。

10 月 25 日

经新疆维吾尔自治区和中央批准，新疆广播电视厅乌鲁木齐雅玛里克山广播电视传频台动工兴建。该台将设置 4、6、12 三个频道的电视发送设备，分别播出新疆电视台维吾尔语、汉语电视节目和中央电视台第一套节目。该台建成投入使用后，将较大改善乌鲁木齐市及周边地区电视和广播收看收听状况。

同月

○ 国庆期间，新疆电视台通过卫星录像转播了全国青年歌手大奖赛 18 台、中央电视台庆祝国庆 35 周年全国电视台展播节目 38 台，直接转播了中央电视台 9 月 30 日的国庆文艺晚会、10 月 1 日首都阅兵的实况和焰火晚会。这次国庆宣传，新疆电视台节目数量之大、反应之广、品种之多都超过以往。尤其是通过卫星传送、录像转播或直播如此多的中央电视台当天的节目，在新疆电视台的历史上也是第一次。

11 月 10 日

新疆电视台开办《一周节目掠影》节目，择录将要播出节目中的精彩画面组合预告一周节目，改变过去用字幕预告节目的方式。

11 月 19 日

为了提高 8 频道维吾尔语《新疆新闻》节目的时效，新疆电视台将原星期二、四、日播出的维语《新疆新闻》节目改为星期一、三、五、六播出，做到维吾尔语和汉语两种语言《新疆新闻》节目同步播出，改变了过去维吾尔语《新疆新闻》迟一天播出的状况。

11 月 22 日

新疆维吾尔自治区党委副书记贾那布尔、常委富文、宣传部副部长丁克等领导同志，在昆仑宾馆接见了出席全国优秀新闻工作者表彰大会的三位代表。新疆电视台的代表是记者孙伯华。

11 月 28—30 日

新中国成立 35 年来，第一次全国新闻工作者表彰大会在北京召开。新疆电视台记者孙伯华同志被评为全国优秀新闻工作者，受到表彰。

同月

○ 新疆电视台《新疆新闻》节目从每周 4 次增加到 6 次，做到了维吾尔语、汉语同日播出。

○ 新疆电视台选送的新疆军区文工团演员巴哈尔古丽获第一届全国青年歌手电视大奖赛优秀歌手。

12 月 13 日

新疆电视台中心机房失火。经查，失火原因是在自治区广播电视厅新建配电室与新疆电视台配电室联网送电过程中，由于火线与零线短接（将火线与零线对接错），致使电视台中心机房的第三机柜等被烧，造成一起严重的失火事故。这次事故，使新疆电视台正在播出的汉语电大课程停播 50 分钟，造成七万多元的经济损失。

同年

○ 在 1984 年全国优秀电视新闻节目评比中，新疆电视台选送的新闻《青海哈萨克族牧民返回新疆》获二等奖（主创人员：阿里木·胡赛因、再努拉）。

○ 新疆电视台与甘肃电视台联合摄制的专题片《中国哈萨克》获第三届全国优秀电视专题节目二等奖、第一届中央电视台《兄弟民族》优秀节目一等奖（主创人员：施生田、刘忻、赵群力）。

○ 新疆电视台秦岭、孟欣、李明拍摄的专题片《通往冰川王国的路》获全国优秀电视专题节目三等奖。

○ 新疆电视台杨泽民、于聚义拍摄的专题《新疆美景入画来——"新疆好"画展巡礼》获中央电视台《文化生活》栏目三等奖。

○ 新疆电视台《新疆新闻》节目以图像节目为主，全年共播出新闻 1580 条；专题节目逐步向栏目化发展，全年共播出 134 次；全年制作电视剧 4 部和大型文艺晚会 2 台。平均每天播出综合节目和电大教育节目达 11 小时以上。

○ 新疆电视台从西德 BOSCH 公司进口一部 FDL—60A 型电视电影机。为适应录制少数民族语言非标准磁还音影片的需要，新疆电视台技术部门与新疆电影机械厂合作，对该机部分部件和电路进行了改造，使标准与非标准的磁还音影片均可转录，为解决少数民族语言节目源短缺的问题起到了积极的作用。

1985 年

1 月 1 日

新疆电视台5、8频道汉语、维吾尔语《新疆新闻》节目由原来每周各播出4次（星期一、三、五、六）增加到6次（星期一至六），两种语言同步播出，每次10分钟，以图像新闻为主。

同日

○ 除原有的《开发建设新疆英雄谱》和《专题报道》外，新疆电视台新增办《天山南北》、《观众之友》、《雪莲花》3个固定栏目，使用汉语、维吾尔语分别播出，初步实现了栏目化、规范化。《天山南北》是一个地域性节目，着重展示了新疆的地理山川、风土人情、历史沿革、建设新貌等，是让世界了解新疆的一扇窗口。《观众之友》栏目融知识性、娱乐性、服务性于一体，贴近生活、贴近百姓，有一定的文化品位。

1 月 16 日

经新疆电视台台务会议决定（新视办字〔1985〕1号文），任命马成义同志任电视台车队队长（副科级），车队隶属办公室总务科。

1 月 18 日

自治区党委副书记贾那布尔、常委富文和宣传部负责同志冯大真、丁克等会见新疆电视台文艺部的部分同志，祝贺大型电视艺术片《祖国啊！萨拉姆》获全国电视台国庆节目展播优秀奖。

1 月 30 日

新疆电视台正式制定并实施《新疆电视台暂行安全制度》。

2 月 22 日

根据新编字〔1985〕27 号文件、自治区常委新党写字〔1985〕12 号文件批复广播电视厅"关于新疆电视台举办哈语电视节目的报告"精神,同意新疆电视台在现有 198 名事业编制的基础上增加事业编制 8 名,总数达 206 名。

2 月 28 日

在国家广播电视部和国家民委主持召开的全国《兄弟民族》优秀电视节目表彰大会上,新疆电视台和甘肃电视台合拍的 4 集电视系列片《中国的哈萨克》获一等奖。新疆电视台被评为《兄弟民族》专栏宣传先进集体。

3 月 1 日

新疆电视台在 5 频道开始录像转播中央电视台的《晚间新闻》节目。

同日

○ 新疆电视台职工孙伯华在 1984 年自治区优秀专业技术人员评奖活动中荣获二等奖。

4 月 13 日

经新疆电视台台长会议研究决定(新视办字〔1985〕6 号文),将编译部国内外组改为新闻组、地方新闻组改为专题组。同时,任命帕尔哈提·色以提等 5 位同志为正、副组长。

5 月 28 日

新疆广播电视厅副总编、新疆电视台台长艾兴等同志同苏联电视广播委员会顾问库里科夫、苏联驻华使馆二等秘书高雅士进行会谈。

6 月 1 日

新疆电视台启用新设计制作的台标。

7月

为庆祝新疆维吾尔自治区成立30周年，新疆电视台在《新疆新闻》节目中增辟了《光辉的三十年》专栏。

8月10日

新疆电视台、新疆广播电视学校、北京电视设备厂联合举办摄像机技术短训班。共学习10天，授课60小时，参加学习的主要来自十二个地、州、市、县电视台的工作人员，共计25名。

8月26—31日

日本索尼公司在乌鲁木齐举办首次技术交流会，带来录像机、摄像机、编辑机等二百多种展品进行展出。自治区党委书记宋汉良为交流会开幕式剪彩，自治区主席司马义·艾买提等自治区领导同志前往参观。

日本SONY公司设备展示会上的大部分产品被新疆电视台留购，使技术装备水平大大提高。留购产品包括新疆电视台技术设备的三个第一：第一台广播级1英寸录像机（BVH—2000PS）；第一套A/B卷切换编辑系统，即三机编辑；第一台微型电脑字幕机（SMC—70GP）。

9月13—18日

国务院赠送新疆5套6米卫星地面接收设备，分别安装在乌鲁木齐、伊宁、阿勒泰、喀什、和田5个地、州、市，于9月13日开通使用（除乌鲁木齐外）。至此，上述地区各地人民在电视屏幕上可以直接收看当天中央电视台节目，结束了这些地区以往由乌鲁木齐录像寄回播送的历史，提高了新闻的时效性。1985年9月13日，新疆广电厅高山广播电视传频台与卫星地面接收站接通，从9月18日起转播中央电视台第一套节目，新疆电视台转播中央电视台节目的问题得到全面解决。

9月22日

新疆电视台开办哈萨克语电视节目（试播），使用5频道每星期日晚播出一次综合节目，内容包括《一周国内外要闻》（30分钟）、《新疆新闻》（10分钟）

以及哈萨克语影片、电视剧、歌舞等，时间为 1 小时 30 分钟。新疆电视台开办哈萨克语节目后，除了供乌鲁木齐地区的哈萨克族观众收看外，还供伊犁、塔城、阿勒泰等地电视台通过录像向当地播出。

9 月 26 日

经新疆电视台 8 月 7 日台长会议研究决定（新视台 [1985] 14 号文），新闻部灯光组、洗印组合并为新闻部灯光洗印组。任命施生田同志为新闻部副主任（正科）、刘新荣等 7 位同志为新闻部正、副组长。

10 月 1 日

当晚，新疆电视台 5、8 频道分别播出了长达 70 分钟的自治区暨乌鲁木齐市各族人民庆祝建国 36 周年和自治区成立 30 周年大会和游行的实况录像剪辑，以及焰火晚会的实况录像。

10 月 17 日

新疆电视台召开庆祝建台 15 周年大会。新疆广播电视厅党组书记、厅长热介普·托乎提、副总编辑兼新疆电视台台长艾兴出席会议并讲话。

同月

○ 国庆期间（9 至 10 月），新疆电视台共播出有关大庆的新闻（含评论）182 条，其中除 5 条口播外，均为图像新闻。9 月 2 日至 10 月 13 日，每日播出本台自制节目达 1 小时 30 分左右，共播出包括新开办的《新疆在前进》以及《天山南北同欢庆》、《来自兄弟省区的祝贺》等专栏节目。《新疆新闻》节目也从每次 10 分钟增加至 15 分钟，还制作 36 个专题节目、12 台文艺节目，各类节目总长度达 60 个小时。

11 月 6 日

由中国电视艺术家协会、新疆电视台举办的电视音乐歌舞艺术片《天山交响曲》、《我爱祖国的新疆》观摩座谈会在北京召开。电视片《天山交响曲》中瑰丽的山川风景、浓郁的民族特色和迷人的诗情画意场面受到专家和领导的一致好评。全国人大副委员长赛福鼎·艾则孜出席了观摩座谈会。他说，《天山交响曲》

内容好、有时代气息，有鲜明的民族风格和地方特色。

11 月 7 日

全疆卫星电视接收站规划座谈会及录像片供管座谈会在乌鲁木齐博格达宾馆举行。新疆广播电视厅副总编、新疆电视台台长艾兴参加会议。

11 月 20 日—12 月 11 日

在新疆电视台台长艾兴的带领下，新疆电视台赴内地省区考察学习小组一行4 人赴广东、内蒙古和山西等省区的广播电视厅和电视台，就彩电中心的建设问题进行调研和取经，同时对电视台节目建设、管理体制改革和技术设备状况等问题进行广泛了解和考察。

12 月 21 日

新疆广播电视厅召开庆祝新疆维吾尔自治区成立 30 周年电视宣传表彰大会。新疆电视台的 18 个先进集体、69 个先进个人受到表彰。

12 月 24 日

新疆电视台举办《我爱祖国的新疆》征歌颁奖大会。这次征歌活动，共收到应征歌曲 1000 多首，获奖作品有 55 首，其中少数民族语言歌曲 25 首，汉语歌曲 30 首。所有获奖作品均演唱摄制成电视音乐片。少数民族语言音乐片名为《家乡的思念》（上、下两集），汉语片名为《我爱祖国的新疆》（共 3 集），还出版获奖歌曲集《天山红玫瑰》。

12 月 25 日

由新疆电视台、《塔里木花朵》编辑部、《新疆少年报》联合举办的"花朵奖智力竞赛"结束，举行颁奖大会。乌鲁木齐市 128 名少年儿童和中小学生参加这次智力竞赛。新疆维吾尔自治区领导王恩茂、铁木尔·达瓦买提为获奖少年儿童颁发奖品。

同日

〇 新疆电视台制定并实施《关于误餐、夜餐等补助的具体规定》。

同年

○《新疆新闻》节目全年共播出新闻 3086 条，其中图像新闻 2206 条。专题节目初步实现了栏目化、规范化，除原有的《开发建设新疆英雄谱》和《专题报道》外，新增办了《天山南北》、《观众之友》和《雪莲花》三个固定栏目；文艺节目共录制各类节目 42 小时，拍摄电视剧 3 部（7 集、318 分钟）；全年制作播出广告节目 389 条。全年播出电大维吾尔语、汉语课程 734 次，5266 小时。8 频道维吾尔语译播中央电视台《新闻联播》改原来只译播图像部分为全部译播，同时增大专题节目的译播量，并开始自采自制少量维语专题节目。

○ 作为向新疆维吾尔自治区成立 30 周年的献礼片，新疆电视台文艺部拍摄了大型电视艺术片《天山交响曲》（主创人员：马焰、伍继红、李威、潘涛、胡尔西丹、谭朝辉等）。《天山交响曲》采用大型交响曲的四个乐章结构串联，大胆地抛开晚会的形式，走专题文艺的路，突出新疆地域的民族特色，突出西部特点，使整部片子犹如一首庞大的交响曲，脉络分明，气势雄伟。该片获全国首届少数民族题材"骏马奖"电视艺术片一等奖，并由中央电视台国际部译制出口。

1986 年

1 月 25 日

新疆电视台拍摄的电视剧《请你参加审判》在 5 频道播出。该剧从 1985 年 3 月开始组织拍摄，由新疆电视台安鹏寿导演。

2 月 1 日

根据自治区人民政府通知，从 2 月 1 日起在全疆使用乌鲁木齐时间。经请示自治区党委宣传部同意，新疆电视台也同时使用乌鲁木齐时间播出，转播中央电视台第一套节目仍使用北京时间。

同日

○ 根据全国省级电视台节目交流会关于举办 1986 年全国省级电视台春节节

目联播的决定，新疆电视台开始连续播出辽宁、广东、陕西、浙江、天津、福建、北京、四川、江西、青海、湖南、上海、重庆、云南、山西等18个省、市、自治区的10台大型晚会、4部专题片、2部艺术片、10部25集电视剧，丰富了电视屏幕。

2月4日

经新疆电视台台长办公会议研究决定（新视台字〔1986〕12号文），宣传办公室所属科组调整如下：撤销宣传业务组，撤销播音美工组，分别成立播音组和美工组。同时任命曹鸣等9位同志为组长、副组长。

2月6日

新疆广播电视厅向自治区人民政府提交了《关于建设新疆电视节目制作译制中心的专题报告》（新广电厅〔1986〕11号文）。报告希望自治区能将这项工程列为专项投资重点项目，从1986年立项，1987年开始，逐年予以安排。

2月8日

自治区党委书记宋汉良，副书记贾那布尔，党委常委、宣传部部长冯大真，宣传部副部长丁克等领导与自治区广播电视厅党组成员一起看望慰问了新疆电视台除夕之夜值班的同志。

2月25日—3月6日

应香港现代电影电视器材公司的邀请，新疆广电厅副总编辑、新疆电视台台长艾兴等3人组成电视考察组，赴香港参观了香港无线电视台和亚洲电视台，并订购了有关设备。

3月1日

新疆电视台制定并实施新的《新疆电视台财务开支制度》。

3月20—29日

在河北石家庄召开的1985年全国优秀电视新闻节目评选会议上，新疆电视台选送的新闻《党中央国务院领导视察南疆地震重灾区》获一等奖（主创人员：施生田）。《喀什少数民族特需商品发展迅速》（主创人员：阿里木·胡赛因、吾买尔江)、《自治区三十周年大庆焰火晚会》（集体采制）获三等奖，《轮台县领导深入基层帮助农民脱困》（主创人员：王政）获优秀地方电视新闻节目奖。新疆电视台与中央电视台合拍的《中央代表团与新疆各族人民联欢》获优秀电视新闻一等奖。

4月2—4日

新疆维吾尔自治区政协文化组副组长、自治区文联主席牙生·胡大拜尔地等7位政协委员来新疆电视台进行调研。

4月11日

经自治区广播电视厅党组会议决定，成立新疆广播电视厅彩色电视制作、译制、播出中心建设领导小组。组长由李天德担任，副组长由艾兴、李宗国担任。成员有许振东、戴家文、王斌文、赵庆忠、张保成、崔吉祥、景万胜、乐德智。

4月22日

经自治区广播电视厅党组会议决定，增补吴布力哈斯木·霍加艾合买提、李海存为新疆广电厅彩色电视制作、译制、播出中心建设领导小组成员。

同日

○ 自治区人民政府召开首次军队转业干部和转业干部安置"双先"表彰大会。新疆电视台文艺部副主任胡尔西丹·吾甫尔被授予军队转业干部先进个人标兵。

4月24日

新疆电视台召开全体职工参加的评聘新闻专业职务动员大会。新疆电视台副台长、新闻专业职务评委会副主任吴钟谟传达了《中共中央国务院转发〈关于改革职称评定、实行专业技术职务聘任制度的报告〉的通知》。台长、台评委会主任艾兴作了动员报告，着重阐述了此次新疆电视台新闻专业职务评聘试点工作中应遵循的指导思想、与过去评职称的区别、工作的具体步骤和应注意的问题。

同日

○ 新疆电视台和新疆军区司令部训练处正式签订关于合拍电视连续剧《雪线》协议书。《雪线》是一部反映喀喇昆仑边防战士生活的电视连续剧，全剧分上、中、下三集，编剧唐栋。该剧在新疆电视台首播，并在中央电视台播出。

5月1日

新疆电视台拍摄的第一部维吾尔语电视剧《三青年》，在5频道和8频道分别用汉语和维吾尔语播出。

5月11日

在南疆视察工作的新疆维吾尔自治区党委副书记、自治区主席铁木尔·达瓦买提接见正在喀什拍摄电视剧《果园》的新疆电视台摄制组全体成员，对摄制组的工作人员给予鼓励，并要求喀什地委对摄制组工作给予支持和帮助。

6月5日

中国电视艺术家协会新疆分会第一次筹备会议召开。这次会议由中国电视艺术家协会主席团委员、新疆电视台台长艾兴和中国电视艺术家协会理事、新疆电视台文艺部导演穆塔拜尔同志发起，经新疆维吾尔自治区文联党组呈报自治区党委宣传部批准后召开。会议主要议题是在10月1日召开第一次代表大会，正式成立中国电视艺术家协会新疆分会。

6月9日

新疆电视台专题部主任杨泽民获全国广播电视系统优秀工作者称号。

6月12日

新疆维吾尔自治区乌鲁木齐市工商行政管理局根据国家有关规定对广告经营单位进行了整顿验收。新疆电视台广告科经验收合格。

6月18日

新疆电视台独立拍摄的第一部大型电视系列片《环游塔里木》（24集）开始拍摄，编导和摄像由杨生辉担任。

6月20日

新疆电视台和新疆军区政治部联络处正式签订关于摄制《伊犁河畔》电视片

协议。该片专供对台宣传用。

6月21日

在中央电视台举办的第二届全国青年歌手电视大奖赛中，新疆电视台选送的新疆军区文工团维吾尔族青年歌唱演员巴哈尔古丽获专业组民族唱法第二名，原新疆军区的殷春红获业余组民族唱法优秀歌手奖，新疆乐团的阿孜古丽获专业组美声唱法荧屏奖，新疆歌舞团的热西丹和乌恰县文工团的吐尔地阿洪等获专业组通俗唱法荧屏奖。新疆电视台获"伯乐奖"。

同月

○ 经自治区广播电视厅党组研究决定（新广党发［1986］18号文），许振东任自治区广播厅副总工程师、新疆电视台总工程师，免去其厅技术处处长职务。马寿泉同志因工作调动免去新疆电视台总工程师职务。

○ 根据新党办［1986］35号文件精神，按照自治区职称改革领导小组的统一部署，新疆电视台被列入新闻专业职务聘任制继续试点单位，试点工作从4月下旬正式开始，到6月底基本结束。经台评审委员会审核，在92名现职采编人员中，共评出助理编辑、助理记者32人，编辑、记者18人，主任编辑、主任记者10人。初、中级职务名单已确定，高级职务名单将上报审批。

7月1日

新疆电视台利用中央电视台每晚卫星转播电视结束后的空档，通过国家邮电部新疆米泉卫星上行站，传送新疆电视台用维吾尔语、哈萨克语译制的中央电视台和新疆电视台的节目。自此，凡能接收中央电视台一套节目的全疆、全国和亚太地区的各地面卫星接收站都能收到新疆电视台的节目，提高了新闻时效，丰富了全疆地州市电视台的节目。新疆电视台成为全国最早上星的省级电视台。

同日

○ 经自治区广播电视厅批准（新视台字［1986］16号文），新疆电视台原"宣传办公室"更名为"总编室"。

7月20日

新疆电视台开办了一期电视台记者培训班，学员40名。学习时间一个月。

8月7日

新疆广播电视厅和新疆军区政治部联合举行颁奖大会，表彰在第二届全国青年歌手电视大奖赛中，新疆军区歌舞团维吾尔族青年歌唱演员巴哈尔古丽等获奖者及获得"伯乐奖"的新疆电视台。

8月9日

历时8天的新疆电影电视剧本创作座谈会结束。国家广播电影电视部副部长丁峤和新疆维吾尔自治区党委宣传部副部长买买提·祖农同志到会并讲话。这次座谈会由中国电影家协会新疆分会、天山电影制片厂和新疆电视台联合承办。会议提出，必须以改革精神创作出独树一帜、具有新疆特色的中国西部影片和电视剧，构成新疆影视艺术的独特性。来自天山南北的电影、电视剧本专业、业余作者40余人参加座谈会。

8月10—17日

第三届全国少数民族传统体育运动会在乌鲁木齐举行。新疆电视台与中央电视台合作，通过卫星向全疆、全国乃至亚太地区现场直播（转播）大会开幕式、3000米速度赛马和叼羊比赛实况，这在全国是第一次。还连续7天向中央电视台传发当天新闻。每天另有一档当天的15至20分钟的专题报道，作为中央电视台第一套节目的节目源，通过卫星直接播出。这在新疆电视台历史上尚属首次，在全国兄弟省市电视台也属罕见。

8月18日

1986年省级电视台节目交流会经过协商，决定从1987年元月开始，全国省级电视台共同开办《戏曲园地》和《神州大地》两个栏目，并同时开展交流节目的评奖活动。新疆电视台作为成员单位参与此项活动。

8 月 20 日

中央领导人王震同志为新疆电视台拍摄的电视片《西部畅想曲》题写片名。《西部畅想曲》在中央电视台一、二套节目播出 3 次，得到我国电视艺术界的好评。

8 月 23 日

在呼和浩特召开的全国首届少数民族题材电视剧、电视艺术片"骏马奖"评奖会上，新疆电视台选送的电视艺术片《天山交响曲》被评为一等奖，导演：潘涛。

同月

○ 新疆电视台正式建立全疆新闻通联体系，通联稿件数量占到新闻播出总条数的 53%。

○ 在《天山南北》开办一年半后，新疆电视台专题部发起了《天山南北》节目展播，全疆十几个地州电视台的近 30 个节目参加了展播。这次展播是新疆电视台第一次栏目展播，检阅了各地州电视台的实力，丰富了新疆电视台的屏幕。

9 月 9 日

自治区党委常委、宣传部部长冯大真代表国家广播电影电视部，向获得"全国广播电视系统优秀工作者"称号的新疆电视台专题部主任杨泽民颁发了证书。

10 月 1 日

中国电视艺术家协会新疆分会正式成立。自治区广播电视厅党组成员、副总编辑、新疆电视台台长艾兴担任第一届主席。自治区领导宋汉良、贾那布尔、冯大真等出席大会并发表讲话。

10 月 21 日

经新疆电视台台长会议研究决定（新视台 [1986] 20 号文），任命肉孜·铁力瓦尔地、岳瑞祥两位同志分别为办公室总务科和计财科副科长。

10 月 27 日

经自治区广播电视厅党组会议决定，新疆彩色电视制作译制中心（简称彩电中心）在团结路广播电视厅现址内建设。

10 月 30 日

在包头举办的第三届全国优秀电视专栏节目评奖会上，新疆电视台选送的专题片《故乡》和《我们的童年亚克西》分别获《兄弟民族》栏目和《少年儿童》栏目三等奖。

12 月 1 日

自治区广电厅向自治区计委上报《新疆彩色电视制作译制中心设计任务书》。

同月

○ 新疆电视台同伊宁、喀什、哈密等全疆 13 个地、州、市电视台代表商谈签订了关于通过卫星录、播新疆电视台广告等协议。

同年

○ 在全国广告节目评比中，新疆电视台选送的《天山牌羊毛衫》获三等奖、《吐鲁番葡萄罐头》获荣誉奖。

○ 在全疆首届好新闻评选中，新疆电视台的连续报道《中央代表团在新疆》等 2 条新闻获荣誉奖，连续报道《夺取三连冠之后的北京车队》等 6 条新闻获一等奖，《米泉县农贸市场见闻》等 11 条新闻获二等奖，《沙尔布拉克乡种羊场实行牧业承包责任制》等 4 条新闻获三等奖。

○ 在全疆优秀专题节目评比中，新疆电视台选送的《箭乡行》、《美丽的巴音布鲁克》等 16 个专题节目获优秀电视专题节目奖。

○《新疆新闻》节目全年共播出新闻 3883 条，其中有 2081 条新闻是南北疆各地的题材（其中有 1388 条通讯员提供的），使《新疆新闻》从过去以乌鲁木齐新闻为主变为以全疆新闻为主。汉语《新闻联播》节目实行图像与口播以内容为序混合编排，改变了以往先图像、后口播截然分开的做法，使新闻编排更加科学合理。全年为中央电视台提供 170 条新闻，数量比去年增加近 1 倍。从 7 月份起，通过卫星向全疆和中央电视台传送新闻等综合节目近 200 次。

全年中央电视台采用新疆电视台新闻 84 条，还在《祖国各地》、《兄弟民族》、《文化生活》及少儿电视剧节目中采用了新疆电视台提供的节目，总计 432 分钟。

○ 新疆电视台利用办公楼后面的小二楼底层一部分，建立了固定的磁带库房，面积 30 平方米，设置了 13 个木制磁带架。条件简陋，达不到磁带库房恒温、恒湿、防尘、防虫的基本条件。仅有两名工作人员，工作程序和工作内容也比较简单。磁带库的建立奠定了新疆电视台影视资料管理工作的基础。除了新闻、专题、文艺等节目资料带和播出磁带基本上由制作部门或编导自己保存外，磁带库对节目资料的收集范围主要限于本台生产的一些固定栏目和从中央电视台录制用于本台重播和译制成少数民族语言的各类节目，其中数量最大的是影视剧，基本上都是从各省电视台交换而来的节目。

1987 年

1 月 10 日

新疆电视台进行节目改版。《观众之友》节目开设"老年生活"、"西域文化"、"家庭顾问"、"农村科技"、"影剧之窗"、"塞外体坛"、"卫生与健康"等栏目，融服务性、知识性、趣味性、欣赏性于一体。还增办《平凡的岗位》、《一周新疆要闻》两个新节目。在原《开发建设新疆英雄谱》栏目的基础上开办的《平凡岗位》栏目，向观众介绍一些工作在条件艰苦又鲜为人知的平凡岗位上的奉献者，宣传他们的闪光思想、崇高品质和不平凡的业绩。《一周新疆要闻》除了周末和周日当天要闻外，主要是对一周主要新疆新闻事件和重要信息的回顾。

2 月 10—18 日

在哈密举行的第五届全疆优秀广播节目、第一届优秀电视节目评选会上，共评选出维吾尔、汉、哈萨克 3 种语言的优秀电视新闻和专题节目 22 件，其中特等奖 2 件、一等奖 4 件、二等奖 6 件、三等奖 10 件。新疆电视台选送的新闻《著名歌唱家克里木到少管所为失足青年演出》获特等奖、《广播电视厅油库失火》获三等奖；电视专栏节目《花朵奖智力竞赛》获二等奖，《在伟大祖国的怀抱中》

和《阿尔金山之行》分获三等奖。第三届全国少数民族体育运动会期间的连续报道，包括新闻和专题获荣誉奖。

3月24日

在贵阳召开1986年度全国优秀电视新闻评选会和经验交流会上，新疆电视台有4件作品获奖。新疆电视台选送的新闻评论《清茶一杯气象新》（创作人员：吴钟谟、赵爱云）获一等奖。《新疆出疆物资首次超过进疆物资》（创作人员：魏珑、傅英芳）、《木牛流马首次在新疆恢复原形》（创作人员：陈君之、吾买尔江）分获二等奖。《乌鲁木齐县皮毛厂耗资9万元引进1918年产品》（创作人员：刘新荣、郭越岭）获优秀地方新闻奖。

4月15日

在西安举行的首届西北地区电视剧评比中，新疆电视台摄制的电视剧《果园》获优秀单本电视剧奖，电视剧《三青年》和《痴情》获回顾奖。

4月27—30日

阿拉伯联合酋长国电影摄影队一行3人在乌鲁木齐市采访。29日下午，自治区主席铁木尔·达瓦买提在新疆人民会堂接见摄影队全体成员，并请客人观看了新疆电视台摄制的专题片。

同月

○ 经自治区广播电视厅党组决定（新广厅发〔1987〕30号文），阿不都热合曼·艾赛提任自治区广播电视厅译制部主任。

5月11日

新疆电视台开办学习维吾尔语《每周一句话》节目，向观众教授维吾尔语生活口语。这是新疆维吾尔自治区最早在电视宣传中倡导双语教育，是对普及双语教育的一种创新。

5月13—14日

新疆广播电视厅举行首届民族团结体育运动会，新疆电视台获团体第二名。

5月15日

在新疆第五个"民族团结教育月"活动中,新疆电视台播出全国政协副主席、自治区顾问委员会主任王恩茂的讲话《重视和爱护民族团结是我们社会的高尚道德》。

5月30日

在北京举行的全国第一届电视文艺"星光奖"评奖活动中,新疆电视台、伊犁电视台、昌吉电视台和独山子炼油厂合拍的大型电视艺术片《西部畅想曲》获中央电视台《百花园》栏目一等奖,同时获得解说词奖和摄制奖。主创人员:郭从远、潘涛、宋协葆、厉色。

新疆电视台和江苏电视台联合摄制的艺术片《天山长江两依依》获1987年全国迎春文艺节目展播一等奖。主创人员:马焰、凡兵、朱建伟、谭朝晖、潘涛。

同月

○ 新疆电视台与全国10省、市、自治区电视台联合拍摄37集电视系列片《万里长城》。新疆电视台副台长吴钟谟担任编委,杨生辉担任新疆集编导、摄像。

6月6—11日

新疆维吾尔自治区人民政府派检查组到新疆广播电视厅检查工作。其间,检查组与新疆电视台的干部、职工进行了广泛接触,听取意见。

6月16日

经自治区广播电视厅党组讨论决定(新广厅字〔1987〕50号文),卡克西任新疆电视台哈萨克语编辑部主任,免去新疆人民广播电台哈萨克语编辑部副主任职务,再努拉任新疆电视台哈萨克语编辑部副主任,免去新疆电视台专题部副主任职务。

6月22日

新疆维吾尔自治区计委根据自治区人民政府的指示,批准新疆广播电视厅建设彩色电视节目制作译制播出中心计划任务书。

同月

○ 新疆电视台对原上海广播器材厂改装的彩色录像车进行了技术改造与装配，更换了摄、录像机和切换台等设备，增加了 2 部微波传输机，使信号记录指标为模拟复合信号。新疆电视台使用该车先后完成了阿克苏地区举行的大型龟兹艺术节，奎屯市举行的八运会开幕式以及和布克赛尔蒙古自治县成立 40 周年庆祝活动的当地实况转播等多项任务。

7 月 9 日

在北京举行的第二届《兄弟民族》专栏优秀节目评奖会上，新疆电视台与中央电视台联合摄制的 8 集电视片《故乡》、新疆电视台摄制的两集电视片《帕米尔高原上的塔吉克》分获三等奖。

7 月 20 日—8 月 24 日

为纪念中国人民解放军建军 60 周年，新疆电视台举办八一建军节专题节目展播，参加这次展播的有新疆军区和驻疆空军指挥所、武警部队、部分野战部队、哈密电视台等 17 个单位，共 27 部（集）部反映部队建设和生活的专题片参展。

7 月 30 日

新疆电视台承办的第二届新疆歌曲征集活动颁奖大会召开，自治区主席、征歌组委会名誉主席铁木尔·达瓦买提，自治区党委副书记贾那布尔，自治区党委常委、宣传部部长冯大真，宣传部副部长李康宁出席会议并颁奖。第二届新疆歌曲征集活动从 1986 年 11 月开始，到 1987 年 5 月 31 日结束，共收到维吾尔语、汉语作品 1000 多首。经过评选，评出一等奖 6 首、二等奖 12 首、三等奖 30 首，还评出少儿作品一等奖 2 首、二等奖 6 首、三等奖 16 首。

同日

○ 新疆维吾尔自治区广播电视厅召开职工大会，表彰潘涛、施生田两位同志在电视艺术片、新闻和专题片的拍摄中所取得的显著成绩，给两人各记大功 1 次，并发了奖金。

同月

○ 国防部部长张爱萍为新疆电视台与马兰广播电视局联合录制的专题片《太阳从大漠升起》题写片名。

8月25—26日

由自治区广播电视厅科研所郝军和新疆电视台付勇共同研制的《维吾尔文、哈萨克文电视字幕编辑系统》在自治区科委和自治区广播电视厅联合主持的鉴定会上通过鉴定。该软件系统是在引进国外专用技术设备的基础上，采用国内已有的有关成果进行开放研究并有所创新而制成的，可大大减少电视字幕制作工艺流程的环节，在少数民族文字彩色电视字幕编辑系统中处于国内领先地位。《维、哈文电视字幕编辑系统》被新疆维吾尔自治区科委推选为自治区1987年10项重大科技成果之一。

8月26—30日

西北、西南片省级电视台1987年度节目交流会在乌鲁木齐市举行。参加会议的有陕西、甘肃、宁夏、青海、新疆、四川、贵州、云南、西藏和重庆10省、区（市）电视台的代表参加了会议。北京等6个台的代表也应邀出席。会议主要交流了各省区电视宣传工作情况和节目管理工作经验。

9月21日

自治区党委、人民政府举行1987年防洪抗洪总结表彰大会。新疆电视台新闻部获防洪抗洪先进集体称号。

10月12日

自治区广播电视厅乌鲁木齐高山广播电视传频台4、6频道发射机启用，承担起新疆电视台4、6频道电视节目的无线发射覆盖工作。4频道（功率更新为10千瓦）播出新疆电视台维吾尔语电视综合节目，6频道（功率更新为10千瓦）播出新疆电视台汉语综合节目。原5频道撤销，8频道播出维吾尔语、汉语电大节目和哈萨克语综合节目。哈语节目由每周播出1次，增加到每周播出2次。4、6频道10千瓦发射机的投入使用，成倍增强了电视传播信号，显著改善了播出水平，乌鲁木齐地区 240 万人口能够比较清晰地收看到电视节目。

同日
○ 新疆电视台哈萨克语节目单独使用一个频道（8 频道）正式播出。

10 月 27 日
自治区编制委员会《关于自治区广播电视厅机构设置、人员编制等问题的通知》（新编字［1987］169 号文）批准自治区广播电视厅的机构设备和人员编制。其中，新疆电视台相当于副厅局级，内设总编室、办公室、新闻部、汉语专题部、维吾尔语专题部、文艺部、电视剧部、对外宣传部、编译部、哈萨克语编辑部、制作技术部、播出技术部，均相当于副县级，电视台人员总数控制在 287 名之内。

同月
○ 经上级有关部门批准，自治区广电厅调整充实了各部门的领导人员。其中，新疆电视台及各工作部门的领导人员 15 名，包括副台长吴钟谟、库尔班·艾力、朱琳甫、吴布力哈斯木·霍加艾合买提，总工程师许振东，副总工程师付友山、李海存，总编室主任傅暾、新闻部主任徐迅、编译部主任阿不拉尤夫、专题部主任杨泽民、哈萨克语编辑部主任卡克西、文艺部主任王祖荫、播出技术部主任岳邦宁、制作技术部主任胡玉宁。

11 月 5 日
经新疆电视台台长办公会议决定，撤回在北京的录像点。

11 月 7 日
新疆电视台完成了对小播室的技术改造，安装了抠像和灯光等相关设备，实现了《新疆新闻》节目的正式抠像播出。

同月
○ 根据实际工作需要，新疆电视台办公室撤销计财科，分设财务科、器材科；新闻部增设技术组、通联组。

○ 经新疆电视台台长办公会议研究决定（新视台字［1987］16号文），任命岳瑞祥等7位同志为科、组长。

12月3日

新疆彩色电视节目制作译制中心（简称彩电中心）工程破土动工。工程主楼结构为钢筋混凝土框剪体系，共15层，高66.4米，建筑面积为2万平方米，是一座造型美观、功能完备的现代化群体建筑。工程建成后，能够自办维吾尔、汉、哈萨克3套语言电视节目，并能播出相应的维吾尔、汉语两套电视教育节目及译制、制作哈萨克族语电视综合节目。3个面积较大的新闻演播中心，可同时进行3种语言新闻节目的制作或直播。

12月12日

新疆电视台首次对全国青年歌手大奖赛新疆赛区暨全疆第一届青年歌手电视大奖赛进行现场直播。

同月

○ 新疆电视台吴钟谟、杨生辉出席北京人民大会堂举行的37集电视系列片《万里长城》首映式。

○ 经自治区广播电视厅党组决定（新广党发［1987］23号文），免去龙固球新疆电视台电视剧译制部副主任职务。

同年

○ 在自治区第二届好新闻评选活动及自治区第一届优秀电视节目评选活动中，新疆电视台选送的《著名歌唱家克里木到少管所为失足青年演出》获特等奖，主创人员：阿里木·胡赛因。

○ 新疆电视台完成了大型电视系列片《环游塔里木》（24集）的前期拍摄。该片摄制组绕塔里木盆地一圈半，行程近2万公里，历时5个半月（两年中），拍摄到沿途的古城遗址、文物古迹、风光名胜、民俗风情、物产资源、人民生活和当地的经济建设等。该片全长435分钟，于1991年10月在新疆电视台首播，引起强烈反响，得到业界专家的高度评价，获1991年度全国优秀礼教节目评选系列片三等奖、新疆新闻节目评选特别奖。

○《新疆新闻》节目全年共播出新闻 4264 条，通过卫星向中央电视台传送新闻等 200 余条，其中 90 余条被采用。新闻的时效性增强，当天播出的新闻增多，如发生在一二百公里外的抗洪救灾和在乌苏举行的北疆铁路通车典礼的新闻都能当天播出。专题栏目全年共摄制节目 2146 分钟，其中，《雪莲花》播出 42 组、共 810 分钟；《天山南北》全年播出 25 次、共 404 分钟；《观众之友》播出 26 组、共 400 分钟。《兄弟民族》播出专题和少儿文艺节目共 532 分钟。还举办智力竞赛、双语比赛、故事大王比赛等，播出 17 场 35 集，计 2910 分钟。全年向中央电视台对外部提供了 7 个节目被采用。

1988 年

1 月 1 日

新疆电视台完成了卫星地面站、光缆的安装调试，实现了全疆卫星实时传送电视节目，结束了多年来靠汽车往来米泉传送电视节目的状况。

1 月 5 日

新疆电视台举办的新疆首届青年歌手电视大奖赛结束。大奖赛分业余和专业组进行，按照民族唱法、美声唱法和通俗唱法分别评选，经过初选、复赛和决赛，有 24 名歌手分别获得一、二、三等奖。王恩茂、铁木尔·达瓦买提、阿木冬·尼牙孜等自治区领导同志观看大奖赛，并为获奖选手颁奖。

3 月 6 日

乌鲁木齐高山传频台卫星接收设备受大风影响，严重受损，4、6、12 频道电视停播。新疆电视台、高山台、驻厅武警部队和厅各部门职工顶风冒寒，抢修设备，清除冰雪，疏通道路，保证了中央电视台当天《新闻联播》等重要节目的播出。3 月 7 日下午，电视恢复正常播出。

3 月 19 日

新疆电视台试行广告承包经营。以新疆电视台为发包方、兰天为广告经营承包方，双方正式签订新疆电视台广告承包经营责任制合同。同时，全民所有制的新疆电视台广告公司正式对外成立。

3月24日

新疆第六届优秀广播节目、第二届优秀电视节目评选结束。在选送的197件汉、维吾尔、哈萨克、柯尔克孜4种语言电视节目中，评选出一、二、三等奖节目30件。新疆电视台的专题片《他们战斗在老山》获特等奖，新闻《乌鲁木齐市场部分木制家具粗制滥造》、专题片《死亡之海的村民》获得一等奖。

3月30日

新疆维吾尔自治区党委副书记贾那布尔到广播电视厅视察彩色电视译制制作播出中心工程。

4月14日

在兰州举办的第二届大西北优秀电视剧评奖活动中，新疆电视台选送的电视剧《歌星明天来》获短剧优秀奖，电视剧《红塔诗、黑塔情》获单本剧探索奖。

4月17—25日

在山西省太原召开的全国优秀电视新闻节目评比会上，新疆电视台选送的新闻《阿勒泰金矿遭到破坏》（主创人员：阿里木·胡赛因）获一等奖；《乌鲁木齐建筑为边城增添光彩》（主创人员：刘新荣）、《他们战斗在老山》（主创人员：施生田、魏新生等）分获三等奖。《奇台发现我国最大的恐龙化石》（主创人员：陈君之）获优秀地方新闻奖。

同月

○ 新疆电视台参加西部电视集团组织拍摄的《西部之声》音乐电视系列片。新疆电视台参与拍摄了《西域响土》、《游吟人生》、《长调与短调的韵律》三部音乐片，分别在西部集团12个省级电视台播出。

5月3日

经自治区广播电视厅党组决定（新广厅〔1988〕49号文），杨连勇任新疆电视台副台长（列艾兴同志之后），免去其厅办公室主任职务；吴钟谟因调动工作，免去新疆电视台副台长职务。

5月3—16日

由新疆电视台协助日本国关西电视台摄影团来新疆拍摄风光片《草原之路——横贯欧亚六千里》。该摄影团先后在吐鲁番、乌鲁木齐、石河子、伊犁等地拍摄了沿途风光与各族人民生产、生活风貌。

5月14日

在辽宁本溪市举办的第九届全国好新闻评选活动中，新疆电视台选送的新闻《阿勒泰金矿遭到破坏》获三等奖，主创人员：阿里木·胡赛因。

5月17日

○ 经自治区广播电视厅党组研究决定（新广厅字〔1988〕56号文），刘国昌任新疆电视台电视剧部主任；买买提·肉孜任新疆电视台电视剧部副主任，免去电视台文艺部维语文艺组副组长职务；杨生辉任新疆电视台对外宣传部副主任，免去电视台汉语专题部副主任职务；阿不拉尤夫任新疆电视台维吾尔语专题部主任，免去电视台编译部主任职务；玉山江·提力瓦尔地任新疆电视台维吾尔语专题部副主任，免去电台维语专题部青少组副组长职务；伊沙克·肉孜任新疆电视台维吾尔语专题部副主任；加马力丁·尕吉提任新疆电视台编译部主任，免去电视台编译部副主任职务；木合买提·阿孜任新疆电视台编译部副主任；阿布都瓦力·牙合甫任新疆电视台编译部副主任。

5月20日

经新疆维吾尔自治区人民政府核准，新疆电视台新增电视剧部、对外宣传部、维吾尔语专题部、哈萨克语编辑部，原专题部改为汉语专题部。

5月23日

经自治区广播电视厅党组决定（新广厅字〔1988〕58号文），石建华任新疆电视台新闻部主任；阿里木·胡赛因、刘新荣任副主任；施生田任新疆电视台汉语专题部主任，免去新疆电视台新闻部副主任职务。

同月

○ 新疆电视台参加由北京、天津、内蒙古、甘肃、新疆五省（区）市电视台组成的联合摄制组，开始摄制 16 集系列片《长城风情录》。新疆电视台担任其中 4 集《丝绸古道上的维吾尔人》、《伊犁河两岸》、《哈萨克人的路》和《在帕米尔高原上》的摄制工作。新疆电视台副台长朱琳甫担任编委，杨生辉担任责任编导兼摄像。《长城风情录》于 1989 年 12 月在新疆电视台，其他省、市电视台和香港电视台分别播出。

6 月 10 日

中央电视台第二届电视文艺"星光奖"颁奖仪式在北京举行。新疆电视台于聚义摄制的专题片《石头情》获《文化生活》栏目三等奖。新疆电视台潘涛创作的电视文艺片《天山连五州》获 1988 年春节晚会展播节目二等奖。

6 月 23 日

在西安举行的全国第三届优秀电视广告评选会上，新疆电视台选送的广告作品《吐鲁番葡萄罐头》、《莉施护发素》获三等奖。

6 月 28 日

在北京举行的 1987 年全国青少年电视节目展播和第二届全国青少年儿童电视节目"金童奖"评选活动中，新疆电视台选送的少儿电视艺术片《伊犁小白杨》获展播一等奖，主创人员：李明、赵思恩；少儿电视片《献给边城明天的歌》获文艺一等奖，主创人员：李明、秦玲；《在伟大祖国的怀抱里》获专题电视片三等奖，编导：孟欣。

同日

○ 经新疆广播电视厅党组研究决定（新广厅字 [1988] 79 号文），穆合买提·玉素甫任新疆电视台办公室副主任。

同月

○ 在昆明举行的第二届全国少数民族电视"骏马奖"评比会上，新疆电视台选送的 5 个作品获奖，其中，电视剧《果园》获单本剧一等奖，电视艺术片《西部畅想曲》获艺术片最佳奖，电视艺术片《欢乐的库尔班节》获电视艺术片二等奖，儿童电视剧《桥》和少儿电视片《伊犁小白杨》分获三等奖。

7 月 15 日

经自治区广播电视厅党组研究决定（新广厅字 [1988] 88 号文），岳邦宁任新疆电视台副总工程师，免去播出技术部主任职务；李海存任新疆电视台播出技术部主任，免去副总工程师职务，薛守恭任副主任；张婉珠任播出技术部高级工程师，免去副主任职务；付友山为新疆电视台制作技术部代理主任，兰瑞庭任副主任，免去台办公室副主任职务；刘铁山任制作技术部高级工程师，免去副主任职务；徐迅任新闻部主任。

同月

○ 新疆电视台哈萨克语电视剧译制部成立。

○ 经自治区广播电视厅党组研究决定（新广厅字 [1988] 89 号文），郭吉茂任新疆电视台办公室主任。

8 月 1 日

新疆维吾尔自治区党委常委、宣传部部长冯大真，自治区副主席黄宝璋、何德尔拜等领导参加了新疆电视台拍摄的电视剧《大漠押解人》的首映式。

8 月 9 日

经自治区广播电视厅党组研究决定（新广厅字 [1988] 101 号文），夏肯·哈里奥拉任新疆电视台哈萨克语电视剧译制部主任，免去新疆人民广播电台文艺部哈语组组长职务。

8 月 10 日

新疆电视台驻军区记者站成立。窦清长任站长。

8 月 20 日

新疆电视台武警新疆生产建设兵团指挥所记者站成立。侯友权任站长。

9月6日

经新疆电视台台长会议研究决定（新视台字［1988］16号文）《关于电视台领导分工的通知》，由于新疆电视台台领导人员的调整和部室的增加，将台领导原分工调整如下：台长艾兴负责电视台全面工作，分管对外宣传部和电视剧部。副台长杨连勇协助台长抓全面工作，主管电视宣传工作，分管新闻部和汉语专题部。副台长库尔班·艾力主管少数民族语言电视宣传工作，分管维语编译部、维语专题部和哈语编辑部。副台长朱琳甫主管政治思想工作和经营管理工作，分管总编室、台办室和广告部、技术开发公司、劳动服务公司。副台长吴布力哈斯木·霍加艾合买提主管电视文艺宣传工作，分管文艺部和哈语电视剧译制部。副台长兼总工程师赵庆忠主管事业建设和技术管理工作，分管播出技术部、制作技术部和总工程师办公室。

9月16日

经自治区广播电视厅党组研究决定（新广厅字［1988］119号文），许振东任科研所所长，免去新疆电视台总工程师职务。

同日

○ 经自治区广播电视厅党组决定（新广厅字［1988］120号文），潘军任新疆电视台总编室副主任。

9月29日

经自治区广播电视厅党组研究决定（新广厅字［1988］131号文），赵庆忠任新疆电视台副台长兼总工程师，免去无线处处长职务。

同日

○ 新疆电视台空军乌鲁木齐指挥所记者站成立。王有生任站长。

同月

○ 新疆电视台工程技术服务部正式成立。

10 月 9 日

新疆电视台新闻部开办《信息窗》节目，这是一档以向社会提供信息为内容的服务性节目，其宗旨是及时传播和沟通信息，以满足社会各方面对特定信息的需求。每周正播、重播各一次，每次 5 分钟。

11 月 6 日

新疆电视台编导潘涛由中国电视艺术家协会提名作为代表赴北京参加全国第五次文化代表大会。

11 月 7 日

经自治区广播电视厅党组决定（新广厅字〔1988〕148 号文），昝万春任新疆电视台总编办公室主任，免去傅暾总编办公室主任职务，任外宣部主任编辑。

11 月 8 日

经新疆电视台台长会议研究决定（新视台字〔1988〕17 号文）《关于台副总工程师分工及技术部门机构设置、干部任命的决定》，对两位副总工程师岳邦宁和付友山进行分工；明确两个技术部总工办公室的机构设置和部分干部任命问题：制作技术部设制作科、录音科、外出科、机电科四个科；播出技术部设发射科、中心科、播放科、传录科四个科；总工办公室设技术科和器材科，并任命王锋毓等 15 位科长、副科长。

11 月 11—19 日

新疆广播电视厅副总编辑、新疆电视台台长艾兴为首一行 5 人参观考察了日本 Sony 公司和关西电视放送株式会社。

11 月 17 日

新疆电视台汉语专题部开办了以发布经济信息为主要内容的《经济之窗》栏目。每周播出一次，每次不超过 20 分钟。

12 月 1 日

新时期 10 年全国体制改革题材优秀电视片评奖活动在北京举行，新疆电视台摄制的电视散文诗《明天的浮雕》获专题艺术片一等奖，《零的透视》获电视片提名鼓励奖。

同月

○ 由自治区广播电视厅科研所郝军和新疆电视台付勇共同研制的《维、哈文电视字幕编辑系统》获得由新疆维吾尔自治区人民政府颁发的 1988 年自治区科学技术进步三等奖。在同年 5 月的新疆第二届发明与新技术成果展览会上获得金奖。

同年

○《新疆新闻》由原来的 10 分钟增加至 15 分钟，新闻时效增强，基本做到了当天发生的重大事情在当天播出。全年共播出各类新闻 6213 条，比 1987 年增加了 1270 条。先后与全国各省区市电视台开展新闻交换业务，新开辟了《区外航讯》栏目，平均每天播出 2—4 条兄弟省区的新闻，同时向兄弟台发新闻稿 750 条。还向中央电视台发稿 336 条，采用 105 条，通过新闻这个窗口向全国介绍了新疆。

1989 年

1 月 17 日

新疆维吾尔自治区人大代表视察团文教、卫生、科技组成员视察了新疆电视台。

1 月 30 日

新疆维吾尔自治区广播电视厅举行《西线卫士》、《解放军生活》专题节目开播仪式。其中，《西线卫士》是新疆电视台和新疆军区、武警部队、驻疆空军部队联合举办的电视专题节目。2月1日开播，每周播出1次。

2月3日
新疆维吾尔自治区党委副书记贾那布尔来新疆电视台检查工作。

2月20日
从北京时间8时开始，新疆电视台正式使用东经87.5度实用通信卫星，每日分三个时段（共7小时20分）向全疆传送新疆电视台维吾尔语、汉语、哈萨克语三种语言的新闻、专题和文艺节目。

3月10—13日
第七届全疆优秀广播节目评选和第三届全疆优秀电视节目评选会议结束。65个广播节目，35个电视节目获奖。获奖电视节目中有一等奖7个、二等奖10个、三等奖18个。新疆电视台的新闻《玛纳斯县水管部门在抗洪期间组织舞会引起社会不满》获一等奖。同年，该新闻还在全疆第三届好新闻评选活动中获得一等奖。

3月12日
经新疆电视台台长会议研究决定（新视台字［1989］5号文），新疆电视台调整部分科组：原汉语专题部少儿组划归文艺部领导，汉语专题部原《天山南北》节目组改名为编播组，主办《天山南北》、《西线卫视》两个栏目。总编室原节目管理组改名为节目科。并任命李明等5位同志为科、组长。

3月16—19日
新疆电视台召开首届全疆电视通联工作会议，会议的宗旨是建立全疆电视通讯网络，把《新疆新闻》办成自治区的新闻总汇，使新疆电视台成为全疆电视新闻舆论中心。来自全疆各地州市县电视台、各记者站等单位的负责人参加了会议。

3月17日
经自治区广播电视厅党组研究决定（新广厅字［1989］31号文），聂晶疆任新疆电视台汉语专题部副主任。

3 月 23 日

经自治区广播电视厅党组讨论批准（新广厅字〔1989〕26 号文），新疆电视台哈萨克语编辑部设新闻编译组、专题编译组、采录组、播音监听组。汉语专题部增设《社会瞭望》节目组。文艺部增设哈萨克语文艺组、制景灯光科。新疆电视台办公室增设人保科。新疆电视台设经济科。

3 月 30 日

经新疆电视台台长会议研究决定（新视台〔1989〕8 号文），任命王作福等 9 位同志为科、组长。

同月

○ 在广州举行的 1988 年全国优秀电视新闻评选会上，新疆电视台选送的《玛纳斯县水管部门在抗洪期间组织舞会引起社会不满》获电视新闻一等奖，主创人员：阿里木·胡赛因；《来自国境线上的报告》获连续（系列）报道三等奖，主创人员：何永祥等。

○ 新疆电视台译制了引进的第一部英语动画片《希曼》。

4 月 1 日

新疆电视台哈萨克语电视节目由原来每周播出一次增加为七次，实现每日播出。从此，哈萨克族电视观众每星期一、二、四、五、日，可以收看到 1 小时左右的哈萨克语综合节目，每星期三、六可以收看到 3 小时左右的哈萨克语综合节目。

5 月 19 日

"5·19" 打、砸、抢严重骚乱事件发生的当天，新疆电视台新闻部立即派出三组记者赶赴现场，及时录下了现场实况，为公开报道披露事件真相起到了积极作用，也为自治区和公安部门留下了一套唯一完整的内部资料。20 日一早，汉语专题部就采编了一部专题片《疯狂的暴行》，在 4、6、8 频道同时播出，并通过卫星传送到全疆各地，受到王恩茂、宋汉良、铁木尔·达瓦买提等自治区党政领导的称赞。从 5 月 19 日到 6 月底的 40 多天里，新疆电视台共采录播出了 200

多条反对动乱、骚乱和暴乱的消息，占《新疆新闻》部播出时间的50%左右，及时准确地传达党中央和自治区党委的声音，反映各族群众反对动乱、要求安定团结的心愿，充分发挥了新闻媒体的正确舆论导向作用。

5月22日

自治区党委常委、秘书长梁国英专门打电话向自治区广播电视厅领导传达了全国政协副主席、自治区顾问委主任王恩茂同志对这一段电视宣传工作的意见。王恩茂高度评价了新疆电视台对"5·19"严重骚乱事件的宣传报道，认为这一阶段新疆电视台及时报道了"5·19"事件真相，有力地揭露了极少数人策划煽动的反动实质，并通过报道各族各界的反映，表达了广大人民群众反对动乱，要求安定团结的共同心愿，旗帜鲜明，针对性强，很有分量。

6月30日

新疆电视台和自治区旅游局联合拍摄的电视片《新丝绸之路的诱惑》、12集电视系列片《巴基斯坦纪行》（与巴基斯坦联合摄制）摄制组出发赴巴基斯坦国采访拍摄，开拓了新疆电视台与国外电视台联合拍片的新路子。

7月17日

第十届全国好新闻评选在北京揭晓。新疆电视台选送的新闻《玛纳斯县水管部门在抗洪期间组织跳舞引起社会不满》获二等奖。主创人员：阿里木·胡赛因。

8月15日

新疆电视台伊力汗·奥斯曼被评为自治区直属工委优秀党员。

阿里木·胡赛因被评为自治区优秀新闻工作者。

9月17日—11月10日

新疆电视台举办《天山南北》、《西线卫士》建国40周年专题展播，播出了69部（集）专题片，反映了全疆各地经济社会发展和英雄模范人物为社会主义建设艰苦奋斗的奉献精神。

11 月

在西北、华北、东北十三省区电视台联办《长城内外》栏目节目评选活动中，新疆电视台的新闻《天山南北的风采》、新闻专题《法国车队从这里经过》获一等奖；《老汉设立少生孙子奖》获二等奖；《奇迹在他手中诞生》获三等奖。

12 月 3—9 日

新疆电视台正式加入中国西部地区电视技术协会，并参加了在云南昆明（由云南电视台承办）举行的第一届年会。新疆电视台申报的安全播出奖、3 篇技术论文分获特别奖和一、二等奖。

12 月 5 日

新疆广播电视厅举行第三届新疆歌曲征集活动颁奖大会。新疆维吾尔自治区党委常委、宣传部部长冯大真，副部长李康宁参加了大会。第三届新疆歌曲征歌活动从 1989 年 9 月 7 日开始，至 10 月 16 日结束，共收到作品 3200 多件。经过初审、复审和决评，有 116 首歌曲获奖，其中一等奖 9 首，二等奖 24 首，三等奖 83 首。

这次征集活动由新疆广播电台、新疆电视台、新疆维吾尔自治区文化厅、自治区音协联合主办。征集的歌曲有维吾尔语、汉语、哈萨克语、蒙古族语、柯尔克孜语等语言，包括成人歌曲和少儿歌曲，分 5 组进行评选。

12 月 12—19 日

以苏联哈萨克加盟共和国广播电视委员会主席沙拉赫米托夫·卡迪尔别克为首的广播电视代表团一行 8 人，应邀对新疆广播电视厅进行友好访问。代表团参观访问了新疆电视台、新疆人民广播电台、新疆音像技术公司等单位。宾主双方就建立广播电视双边互助合作关系进行商谈，分专业组对双方合作的领域和方式，如互派记者、交换广播电视节目问题进行探讨，草签 6 个意向书。

12 月 14 日

新疆电视台驻新疆生产建设兵团记者站成立。任廷成任站长。

同年

○ 在中央电视台国庆四十周年晚会节目展播评选活动中，新疆电视台选送的电视艺术片《共和国抒情》获三等奖。

○ 在1989年度全国优秀电视新闻评选和经验交流会上，新疆电视台选送的新闻《"5·19"打砸抢骚乱事件》（主创人员：张发明、吾买尔江、阿里木、苏拉提）、《哈萨克牧民办旅游》（主创人员：杨洪新）获民族语言新闻鼓励奖。

○《新疆新闻》全年共播出新闻5929条，计93小时32分。向中央电视台发稿380条，采用130条，向兄弟省区市台提供新闻2100多条。全台各部门生产专题389部（集），共66小时56分，电视剧8部19集，共16小时45分，各类文艺节目（含现场直播）167小时47分。

○ 新疆电视台完成了电视剧《阿凡提》、《奇妙的婚礼》、《被劫持的逃犯》、《第一次见丈母娘》的拍摄制作。

○ 由国家和自治区投资兴建的新疆电视台译制制作中心主体大楼A区框架已完成，B区工程取得进展，C区开始浇灌基础。

新疆电视台40 YEARS 发展史

XINJIANG TELEVISION STATION

1990—1999

1990 年

1 月 1 日

新疆电视台制定《新疆电视台关于加强纪律、从严治台的几项规定》、《新疆电视台关于奖金、超额稿酬的规定》、《新疆电视台关于使用大、小演播室的规定》。

同日

○ 经新疆电视台台长办公会议研究决定，总编室负责的特约播出移交广告部。

○ 新疆电视台维吾尔语电视节目实现全天播出。

同月

○ 由新疆电视台、自治区广播电视厅、自治区文化厅、中国音协新疆分会联合举办的第二届新疆青年歌手大奖赛举行 6 场实况播出。自治区党委副书记贾那布尔观看专业组通俗唱法决赛。

○ 新疆电视台汉语专题部更名为社会教育部。

○ 自治区"两会"期间，新疆电视台通过组织人大、政协代表座谈，发表电视讲话等形式，反映各族人民要求稳定团结、反对分裂的强烈呼声。

2 月 26 日

新疆电视台《社会瞭望》栏目开播，每月播出一期。每周一正播，下周一重播。

2 月 27 日—3 月 10 日

新疆电视台在全台范围内举办"新闻读书班"学习活动。全台 13 个宣传、技术、行政部门的 55 位科（组）长以上干部及有副高级职称的干部参加了培训。

2 月 28 日

自治区广播电视厅党组会讨论通过新疆电视台领导分工问题。台长艾兴负责电视台的全面工作，分管电视剧译制中心、对外宣传部；副台长杨连勇协助台长抓全面工作，主管电视宣传工作，分管总编办公室、新闻部、社会教育部和经济科；副台长库尔班·艾力协助台长主管少数民族语言电视工作，分管维吾尔语编译部、维吾尔语专题部和哈萨克语编译部；副台长吴布力哈斯木·霍加艾合买提协助台长主管电视文艺宣传工作，分管文艺部、电视剧部；副台长兼总工程师赵庆忠协助台长主管政治思想、事业建设、技术管理和经济管理工作，分管台办公室、制作技术部、播出技术部、总工程师办公室、广告部；电视剧译制中心主任参加台长办公会议，享受正处级待遇。

同日

○ 新疆电视台设立专职总工程师。

○ 新疆电视台对外宣传部更名为国际部。

3月1日

新疆电视台驻自治区卫生厅记者站成立。

同日

○ 共青团新疆维吾尔自治区委员会、新疆维吾尔自治区教育委员会、少先队新疆维吾尔自治区工作委员会与新疆电视台联合举办"赖宁精神在边陲闪光火炬杯"电视新闻报道评选活动。10月13日，举行颁奖大会。

3月2日

新疆电视台社教部开办《生活之友》栏目。每周播出两次，周五正播，周日重播。

3月5—8日

在第四届全疆优秀电视节目评选活动中，新疆电视台选送的16件作品获奖，其中一等奖3件。

3月6日

新疆电视台电视剧译制中心成立。该中心由自治区广播电视厅维吾尔语电视剧译制部（58 人）和新疆电视台哈萨克语电视剧译制部（30 人）合并后组建。

3 月 7 日—10 月 31 日

新疆电视台和自治区农业银行联合举办的农行杯电视新闻征稿活动《为了大地的丰收》正式开播。历时 8 个月，选播征稿 103 篇。经过评选，有 30 篇征稿获奖。

3 月 15 日

在 1989 年度全国优秀电视新闻评选中，新疆电视台选送的 4 件作品获奖，其中，《新疆师大一个多民族女生宿舍》（主创人员：王政、魏珑）节目获二等奖。

3 月 20 日

新疆电视台举行全台干部职工大会，表彰了新闻部等 11 个先进集体和 41 个先进个人。

3 月 21 日

国务院授予"三北"（华北、东北、西北）地区联合组织的电视专题片《绿色长城》摄制组"全国绿化光荣集体"称号。新疆电视台杨泽民、冯志铭、纪林参加了该片的摄制和编辑工作。

同月

○ 经自治区广播电视厅党组讨论决定（新广厅字〔1990〕22 号文），任命贾克斯勒克·沙米提为新疆电视台电视剧译制中心副主任。

4 月 5 日—6 月 30 日

新疆电视台对阿克陶县巴仁乡发生的反革命武装暴乱进行连续报道，播发《巴仁乡的脊梁》等新闻报道 41 篇。

4 月 18 日

新疆电视台驻自治区交通厅记者站成立。李荣甫任站长。

4 月 20 日

新疆电视台胡尔曼同志当选为天山区第十一届人民代表大会代表。

4 月 21 日

新疆电视台与自治区政府办公厅和编委有关处室的领导座谈，反映新疆电视台编制欠缺问题。1990 年新疆电视台职工为 392 人，少数民族职工占 61%。

4 月 25 日

在第三届西北地区优秀电视剧评奖中，新疆电视台选送的 3 部电视剧获奖。

5 月 5 日

新疆电视台向自治区广播电视厅党组提交利用 15 频道开办新疆电视台第二套节目的报告。报告内容包括第二套节目的宗旨、特点、主要内容、机构人员、机器设备、传输问题以及和高山台的关系等。报告后附设备清单，估价人民币 120 万。

5 月 18 日

全国人大常委会副委员长赛福鼎·艾则孜致信新疆电视台，对新疆电视台摄制的电视艺术片《丝绸之路上的诺肉孜》给予肯定，"这部电视艺术片拍摄得非常成功，堪称一部佳作……这部作品的拍摄成功，是党的民族政策在我区的又一胜利。我们和人民需要的正是这种优秀的文艺作品。"并撰写了诗作《夙愿——大型电视艺术片〈丝绸之路上的诺肉孜〉观后》。全国政协副主席、国家民委主任司马义·艾买提写信称赞该片："表达了新疆人民的心里话，是新疆最好的一部艺术片。"

5 月 31 日

全国政协副主席、自治区顾问委员会主任王恩茂等领导在新疆迎宾馆接见《亚细亚阴影》剧组成员。这部 3 集电视剧由新疆电视台和新疆国家安全厅联合拍摄。

同月

○ 新疆电视台文艺部设立哈萨克语文艺组。

○ 经自治区广播电视厅党组讨论决定（新广厅字 [1990] 39 号文），桑玉堂任新疆电视台新闻部主任；（新广厅字 [1990] 43 号文），杨生辉任新疆电视台国际部主任，阿苏别克任新疆电视台哈语编辑部副主任。

○ 在第四届"五洲杯"全国青年歌手电视大奖赛中，新疆电视台选送的选手张峰获得业余组民族唱法二等奖，新疆电视台获得"伯乐奖"。

6月1日

新疆电视台维吾尔语《点播与欣赏》栏目开播。栏目时长 30 分钟。

6月2日

国务院总理李鹏为新疆人民广播电台、新疆电视台题词："努力办好广播电视，促进民族团结，共同建设新疆"。

6月4日

新疆电视台决定开办《台内通报》（内部发行），由台办公室秘书科主办。

同月

○ 由全国 30 个省、市、自治区联合制作的 120 集大型电视系列片《中华之最》开始播出，新疆电视台国际部编辑完成其中 20 集。

○ 新疆电视台开始使用付勇、傅建国等同志设计的汉、维吾尔、哈萨克语通用天气预报字幕制作程序。

7月1日

新疆电视台国际部开办了第一档外宣栏目《中外一角》。栏目下设 5 个板块：《国际交流》、《异国风采》、《外国人在中国》、《华夏之光》、《边陲一瞥》。每两周正播一次。

7月2日

经新疆机构编制委员会批准（新机编字〔1990〕100号文）《关于电视剧译制中心机构编制的批复》，同意自治区广电厅将电视剧译制中心划归新疆电视台直接管理，并更名为"新疆电视剧译制中心"，仍为县级事业单位。

经自治区广播电视厅党组讨论决定（新广人字〔1990〕26号文），同意新疆电视剧译制中心下设秘书科、技术科、维吾尔语编译科、哈萨克语编译科、维吾尔语配音一科、二科，哈萨克语配音科共7个正科级单位。

7月16—19日

新疆电视台广告部在博乐举办自治区卫星电视广告联网会。台长艾兴参加会议并讲话。

7月18日

新疆电视台电视剧《在山那边》（上下集）开拍。该剧是新疆维吾尔自治区第一部反映蒙古族群众生活的电视剧。

7月24日

经自治区编委批准，新疆电视台电视剧译制中心增加事业编制14人（配音演员9人，翻译、技术、打字、抄写等人员5人）。

7月25日

在全国经济电视评奖及宣传工作会议上，新疆电视台经济科和新疆电视台驻武警兵团指挥所记者站联合摄制的电视片《闪光的金星》获得优秀电视专题奖。

8月10日

新疆电视台提出《关于申请日本政府无偿援助"新疆彩色电视节目制作译制中心"设备的报告》。

8月17日—9月1日

在1988、1989年度全国优秀电视社教专题节目评选活动中，新疆电视台选送的 10 件作品获奖，获奖数额在全国各省市中排名第二，仅次于中央电视台和上海电视台。1988 年：《万里长城》获系列片特等奖、《明天的浮雕》获专题类二等奖、《萨拉姆·古尔邦节》获少儿类二等奖、《每周一句话》获教育讲座类三等奖、《天山南北》获优秀栏目类三等奖；1989 年：《罗布泊人》获专题类一等奖、《凝聚》获系列类二等奖、《塔里木石油梦》获专题类三等奖、《体育欣赏》获外国节目编辑类三等奖、《西线卫士》获优秀栏目类三等奖。

8 月 30 日

江泽民总书记为新疆电视台建台 20 周年、新疆人民广播电台建台 40 周年题词："办好广播电视，为新疆各族人民服务"。新疆电视台记者伊力汗·奥斯曼拍摄下了江总书记题词的镜头。王恩茂、赛福鼎·艾则孜、司马义·艾买提等国家领导人也先后为两台题词。

8 月 30 日—9 月 5 日

新疆电视台组织承办的全国省级电视台节目交流暨维、哈语电视剧译制研讨会在乌鲁木齐举办。广播电影电视部、国家民委等有关领导，全国 33 家省级电视台、电视剧制作中心、艺术中心的负责人约 150 人出席会议。

同月

○ 新疆电视台新闻部记者随中日友好青少年科学文化交流新疆野营队赴日，其间完成电视片《野营队在日本》及数十条新闻。

○ 经自治区广播电视厅党组讨论决定（新广厅字 [1990] 55 号文），再努拉任新疆电视台总编室副主任。

9 月 1 日

在第三届全国少数民族题材电视艺术"骏马奖"评选活动中，新疆电视台选送的 9 件作品获奖，其中，电视艺术片《丝绸之路上的诺肉孜》、电视纪录片《丝路乐舞》分获一等奖；连续剧《被劫持的逃犯》、单本剧《奇妙的婚礼》、《白鹰》及儿童电视艺术片《阿依古丽寻访记》、《萨拉姆古尔邦节》获三等奖；维吾尔语译制剧《红楼梦》、《动物王国窃案》获优秀奖。

9月4—8日

新疆电视台承办中国西部电视协作集团《中国西部小吃》电视系列片审片会。

9月10日

自治区广播电视厅各族干部职工隆重集会，庆祝新疆人民广播电台成立40周年、新疆电视台成立20周年。自治区党政领导宋汉良、铁木尔·达瓦买提、贾纳布尔、阿木东·尼牙孜、张福森、巴岱、唐广才、冯大真、富文等参加庆祝大会。

9月10—15日

新疆电视台发起并承办的10集电视系列片《亚欧大陆桥》首次联席会在乌鲁木齐召开。该系列片由新疆电视台牵头，联合甘肃、陕西、河南电视台和铁道部及乌鲁木齐、兰州、郑州、济南铁路局等多家单位共同举办。

该系列片展示了东起连云港、西至阿拉山口的铁路大动脉的壮景，反映了这条铁路的沧桑变化、战略意义，沿路的经济建设、地域风光，刻画了为这条大动脉的贯通而无私奉献的人物群像。该片由国内段和国外段两部分组成。

9月11日—11月1日

新疆电视台与瑞典国家电视台合作拍摄《古丝绸之路》风光片，反映新疆各民族的生活习俗、地方风貌及建设成就的巨大变化。由两台人员组成的摄制组先后到喀什、麦盖提、和田、民丰、库车、沙雅、库尔勒、吐鲁番、哈密等地采访。

9月30日

自治区党委组织部、宣传部与新疆电视台联合举办的《先锋之歌》电视专题节目展播活动结束。该活动于当年5月1日开始，新疆电视台累计播出维吾尔、汉、哈萨克语专题片153部，宣传了自治区优秀党组织和优秀共产党员的先进事迹。

10月16—22日

在中国西部电视技术协会第二届年会上，新疆电视台选送的15个技术项目和论文获奖。

10 月 26 日

新疆电视台举行迎亚运宣传总结表彰大会，对在迎亚运宣传中表现出色的 3 个部（室）、12 个科（组）和 49 名个人给予表彰奖励。亚运会期间，新疆电视台共播发相关新闻及专题 40 多条，6 频道（汉语）转播亚运节目 30 多个小时，4 频道（哈萨克语）、8 频道（维吾尔语）译播亚运节目 60 多个小时。

10 月 30 日

在自治区召开的迎亚运总结表彰大会上，新疆电视台被评为亚运火炬传递活动先进单位。

同月

○ 新疆电视台与中央电视台联合译制 7 集苏联电视剧《寻找格兰特船长》。

○ 新疆电视台与新疆生产建设兵团工一师联合拍摄的 6 集电视连续剧《连接欧亚的人》在中央电视台一套播出。导演温伟、张锦春。该剧反映了两代兵团人在兰新铁路西线建设工程中，跨越"代沟"、继承传统、艰苦奋斗、无私奉献的精神，展示了他们的事业和爱情生活。

11 月 1 日

新疆电视台将各档自办栏目时长统一为 20 分钟。

11 月 6 日

经自治区广播电视厅党组讨论决定（据新广厅字〔1990〕71 号文），罗桂荣同志担任新疆电视台党总支专职书记，赵庆忠同志不再兼任党总支书记。

11 月 24 日

由新疆电视台主办的第一次全疆电视通联工作会议在石河子举行。

11 月 28 日

新疆电视台召开《先锋之歌》、《为了大地的丰收》展播活动总结颁奖及研讨会议，会期 6 天，全疆地州市及部分县电视台、党委组织部、宣传部有关领导及业务人员参会。

12 月 17 日

新疆电视台播出庆祝自治区成立 35 周年献礼片《金秋》。该片是新疆电视台与全疆 8 家地州市台首次联合摄制的电视系列片，以自治区连续 12 年来农牧业丰收为主线，讲述 40 年来自治区党委和政府抓大农业的基本经验和各地农牧业的建设成就。

全国政协副主席、自治区顾问委员会主任王恩茂，自治区党委副书记栗寿山就该片的拍摄工作做出重要指示。

同年

○ 在中央电视台《神州风采》优秀节目评选中，新疆电视台选送的专题《闯沙漠的汉子》获专题类三等奖。

○ 在自治区好新闻评奖中，新疆电视台选送的新闻节目《江泽民总书记在新疆考察》获得一等奖。

○ 新疆电视台《观众之友》栏目改版为《生活之友》，定位为生活服务类栏目。

○ 新疆电视台电视译制中心全年译制少数民族语言电视剧 27 部 200 集。

○ 新疆电视台在中央电视台发稿 400 多篇，采用 190 多篇，比 1989 年多采用 50 多篇。

1991 年

1 月

新疆电视台向广播电影电视部做了《关于利用图文电视广播传送中央电视台新闻联播文字稿的请示》报告。

2 月 1 日

新疆电视台 6 频道延长节目播出时间至乌鲁木齐时间 23：00。

3月6日

新疆电视台组织召开观众座谈会，乌鲁木齐市区130名各族观众代表应邀参加会议，代表们谈了对电视宣传工作的意见。自治区广播电视厅副总编、新疆电视台台长艾兴主持座谈会。

3月9日

中国长城学会和新疆电视台等17个省市自治区电视台联合摄制的大型电视系列片《中国少数民族》首次协作会在北京结束。该片以弘扬中华民族自强不息的奋进精神和中华民族大家庭中绚丽多彩的民族文化为宗旨，展示各民族在历史长河中对中华民族所作出的重要贡献，体现各民族政治平等、团结和睦、相互依存、共同繁荣发展的主题内容。该系列片一个民族一集，共56集，每集10分钟。新疆电视台国际部主任杨生辉、编导纪林负责其中8集的拍摄及编辑工作，包括《维吾尔族》、《哈萨克族》、《锡伯族》、《柯尔克孜族》、《乌孜别克族》、《塔吉克族》、《塔塔尔族》、《俄罗斯族》。

3月11—30日

在第五届全疆优秀电视节目评选中，新疆电视台18件作品获奖，其中特等奖1件，一等奖5件，特别奖3件。

3月25日

经自治区广播电视厅党组讨论决定（新广厅字〔1991〕34号文），杨生辉任新疆电视台总编室主任，免去国际部主任职务；昝万春任新疆电视台国际部主任，免去总编室主任职务；新疆电视台电视剧译制中心秘书科改为办公室，潘军任主任，免去总编室副主任职务。

3月29日

经自治区广播电视厅党组讨论决定（新广厅字〔1991〕23号文），同意新疆电视台成立经济部（科级），下设两个科：经济科、广告科（均为副科）。

同月

○ 新疆电视台对 1990 年度 3 个先进部室、17 个先进科组、58 名先进个人进行表彰。

4 月 3 日

新疆电视台和自治区党委组织部、宣传部联合开办一档新栏目《党的生活》。每周三播出，时长 15 分钟。该栏目为党的宣传教育的综合性栏目，主要反映各地涌现出的先进党组织和优秀共产党员、党的廉政建设、党建工作经验、成就等。

4 月 19—27 日

新疆电视台台长艾兴、总工程师赵庆忠赴瑞典参加两国合拍片——《古丝绸之路》风光片的首映式。

4 月 22—29 日

在 1990 年度全国优秀电视新闻评选中，新疆电视台和全国各电视台协作完成的专题报道《亚运之光》获特别奖；连续报道《亚运火炬》和评论《维护祖国统一反对民族分裂》(作者：昝万春) 获一等奖；消息《中苏铁路接轨》(主创人员：李植诚、艾力、阿不都里木) 获得新闻类二等奖；与西北各省、区台共同完成的《来自大西北的报道》(主创人员：新闻部) 获系列连续报道类二等奖；《水缸派上了用场》获新闻类三等奖。

5 月 13 日

新疆电视台成立社会治安综合治理领导小组。

同月

○ 新疆电视台与中国西部电视协作集团联合拍摄 22 集电视系列片《中国西部民族风情》。

○ 自治区团委、兵团团委、乌鲁木齐市团委与新疆电视台联合举办"团旗飘飘"电视新闻征文活动。

6 月 1 日—8 月 15 日

新疆电视台和自治区党委组织部、宣传部、新疆军区政治部、新疆生产建设兵团党委组织部、宣传部联合举办《为党旗争光彩》电视专题展播活动。共播出151 部专题片。12 月举行评奖会。

6 月 6 日

新疆电视台向广播电影电视部、自治区党委、政府及自治区广播电视厅党组提交开办第二套节目的请示。请示内容包括第二套节目宗旨、节目内容、技术及经费等。

6 月 7—21 日

新疆电视台副台长杨连勇一行 4 人赴苏联哈萨克加盟共和国电视台考察。

6 月 12 日

由新疆电视台付勇和傅建国共同研制的《汉、维、哈语通用天气预报字幕制作程序设计》获国家广电部科技进步四等奖、自治区广播电视厅科技进步二等奖，并很快应用于新疆电视台天气预报节目的制作。

6 月 20—30 日

在 1990 年全国优秀电视社教节目评选中，新疆电视台摄制的系列片《绿色长城》、新疆电视台与中国西部电视集团联合摄制的系列片《西部小吃》分获系列片一等奖；《新疆少数民族见面礼》获得知识类二等奖、《生活之友》（第 43 期）获得服务类二等奖；《先锋之歌》、《沙漠有片橙红色》获得社政类三等奖。

6 月

新疆电视台与新疆生产建设兵团党委组织部联合举办《兵团党的知识竞赛》，邀请中央电视台著名主持人赵忠祥、刘璐主持。

7 月 3 日

新疆电视台彩电中心主楼建成并通过验收小组初步验收。

7月5日

由自治区党委宣传部、新疆电视台、自治区党委党史办联合摄制的3集革命历史剧《长天火种》播出。该剧为新疆电视台庆祝建党70周年献礼剧，艺术地再现了陈潭秋的英雄事迹。编剧韩朝阳、陈晓艺，导演陈晓艺、刘国昌，摄像王玉新。

同月

○ 新疆电视台与自治区党委宣传部、自治区文化厅联合拍摄了大型文艺晚会《天山儿女献给母亲的歌》。晚会分《光辉的节日》、《战斗的里程》、《幸福的时代》、《明天的希望》四部分，包括数十个歌舞节目。该晚会在中国文联、电视艺术家协会举办的建党70周年文艺节目评比中获二等奖。

○ 为庆祝中国共产党建党70周年，新疆电视台开辟新闻专栏《庆祝中国共产党建党70周年》、《主人翁风采》；译制播出《世纪行》、《中流砥柱》、《走向英特纳雄耐尔》、《光辉的历程》、《神州吟》、《飘扬，五星红旗》等大型系列片。

8月4—11日

在中国西部电视技术协会第三届年会上，新疆电视台7件作品获奖。

8月29日—9月1日

新疆电视台承办的第三届中国歌星电视大汇串会议在乌鲁木齐举行。新疆电视台等8家单位分获一等奖。

9月11日

经自治区党委研究批复（新党发〔1991〕44号文）《关于自治区广播电影电视厅与电视台分设的通知》，新疆电视台为事业单位，享受二级局待遇，分设党委，直属自治区广播电影电视厅党组领导。

同日

○ 中国共产党新疆电视台委员会成立。实行台党委集体领导下的台长分工负责制。

9月21日

自治区监察厅、人事厅联合召开表彰大会，表彰全疆各级行政事业单位105名为政清廉的各族干部。新疆维吾尔自治区广播电视厅三位同志受到表彰，新疆电视台文艺部制片加马力·马木提名列其中。

同月

○ 经自治区党委讨论决定（新党干字〔1991〕97号文），杨连勇同志任自治区广播电影电视厅党组成员、新疆电视台党委书记。免去艾兴同志自治区广播电影电视厅党组成员职务。

杨连勇，1945年11月生于山东省宁津县。1970年毕业于上海复旦大学国际政治系。1970年在新疆阿克苏部队农场锻炼。1972年调新疆人民广播电台任记者、编辑、节目组长。1978年调新疆广电局先后任党组秘书、局办室副主任、主任。1988年任新疆电视台副台长，1991年任新疆电视台党委书记。1993年底任新疆人民广播电台台长。1991年2月评为主任编辑，1996年评为高级编辑。1997年任新疆广电局党组副书记、副局长。2005年任新疆广电局巡视员（正厅级）。多年来一直担任新疆广播电视学会副会长、新疆广播文艺及播音主持研究会名誉会长。编辑出版了《向阳坡———一个广播人的自选集》、《实践与思考》、《丝路新歌》、《新疆人民广播电台建台五十周年纪念文集》、《新闻精品创作导论》等著作，并参与了宣传部、广电局、电台等多部专业书籍的编撰审核及业务讲课等工作。《努力实践"三个代表"重要思想，全力打造新疆广播影视的"航空母舰"》、《反对民族分裂，维护祖国统一》、《创新观念、努力打拼，实现精品创优的十个转变》等多篇论文、评论和参与组织策划的多部广播电视作品在自治区和全国获奖。曾被评为全国百优广播电视理论工作者。

10月3日

由新疆电视台独立完成的24集电视系列片《环游塔里木》在新疆电视台首播。编导、摄像、撰稿、主题歌作词均为新疆电视台专题部副主任杨生辉。该系列片反映了塔里木盆地的民俗风情、人民生活、经济建设、古城遗址、文物古迹等。时长435分钟。摄制组行程近两万公里，成片前后历时5年。

10 月 9 日

据自治区人民政府新政任字〔1991〕39 号文，批准赵庆忠同志任新疆电视台台长。

赵庆忠（1937 年出生）辽宁岫岩人，满族，中共党员。1964 年毕业于北京邮电学院无线电系，分配到新疆广播事业局搞技术工作。1980 年任流动战备台副台长，1984 年任厅无线处处长。1988 年调新疆电视台任副台长兼总工程师，1996 年评为提高待遇高级工程师。主要作品有《浅谈 654 台与 631 台中波串扰问题及解决办法》、《电视台的技术管理》、《新疆电视台的出路在于深化改革》等。

10 月 20 日

新疆电视台制定《关于承接广告和拉赞助问题的规定》、《新疆电视台门卫制度》。

10 月 24 日

在中国文联、中国电视剧艺术家协会等单位联合举办的庆祝建党 70 周年电视文艺节目评比中，新疆电视台和自治区文化厅拍摄的《天山儿女献给母亲的歌》获二等奖，儿童音乐片《各族儿童心向党》获三等奖。

10 月 30 日

经自治区广播电视厅党组研究决定（新广厅字〔1991〕71 号文），胡尔西丹·吾甫尔任新疆电视台文艺部主任，潘涛任新疆电视台文艺部副主任。

同日

〇 新疆电视台制定《关于印章管理的若干规定》、《新疆电视台计算机暂行管理条例》、《彩电中心管理暂行规定》。

10 月 31 日

新疆电视台制定《关于新疆电视台广告收费的补充规定》。

同日

○ 经自治区广播电视厅党组研究决定（新广党发 [1991] 10 号文），赵庆忠任新疆电视台党委副书记；吴布力哈斯木·霍加艾合买提、桑玉堂、夏肯、阿布都拉·尤里瓦斯、罗桂荣任新疆电视台党委委员。

○ 经自治区广播电视厅党组研究决定（新广厅字 [1991] 73 号文），新疆电视台党委书记杨连勇兼任新疆电视台第一副台长；桑玉堂任新疆电视台副台长；夏肯任新疆电视台副台长；阿布都拉·尤里瓦斯任新疆电视台副台长，免去电台新闻部副主任职务。

同月

○ 新疆电视台制定《彩电大楼管理制度汇编》。

11月1日

新疆电视台开始执行《关于严格禁止私下拍片的规定》。

11月11日

新疆电视台党委书记杨连勇主持召开中共新疆电视台委员会第一次会议，会议学习了毛泽东同志《党委会的工作方法》一文，讨论了党委的主要职能和党委应坚持的几项制度，并研究了各委员的分工问题。

会议研究决定，杨连勇同志主持党委全盘工作，主管全台宣传工作、党建和组织人事，分管总编室、国际部和电视剧部；赵庆忠同志协助书记工作，主管全台行政事业、技术财务和外事工作，分管台办室、经济部和总工办（播出部和制作部的工作由总工程师分管）；吴布力哈斯木·霍加艾合买提同志协助书记工作，主管全台文艺宣传，分管文艺部、电视剧译制中心、维专部，协管电视剧部维吾尔语部分；夏肯同志协助书记主管全台哈萨克语电视宣传，分管哈萨克语编辑部和协管译制中心哈萨克语工作和总编室、新闻部的哈萨克语部分；阿布都拉·尤里瓦斯同志协助书记主管全台维吾尔语电视宣传，分管编译部，协管总编室和新闻部的维吾尔语部分；罗桂荣同志分管党总支、纪检、监察、审计和安全保卫工作。

11 月 15 日

新疆电视台阿里木·胡赛因同志被评为全国优秀新闻工作者。

同日

○ 新疆电视台伊力汗·奥斯曼同志被评为自治区直属工委优秀党员。

11 月 20—24 日

中国西部电视集团《西部之乐》策划会在乌鲁木齐召开。会议由新疆电视台承办。四川、陕西等八个省区的代表参加会议。中国西部电视集团成立两年多时间里，共联合拍摄了《西部之声》、《西部小吃》、《西部民族风情》、《西部之舞》等 94 集具有西部风采的系列片，受到国内外的瞩目。《西部之乐》是第五部联合摄制的作品。

同月

○ 新疆电视台摄制的第一部哈萨克语电视剧《长满蒿草的原野》播出。编剧：哈那提·毛林拜，导演：胡建国。

12 月 1 日

新疆电视台召开宣传会议，讨论通过《关于卫星传送节目的若干规定》、《关于节目播出管理的若干规定》。

12 月 8 日

新疆电视台 6 频道开办星期日汉语《新疆新闻》节目。汉语《新疆新闻》节目实现每周播出 7 次。

12 月 12—18 日

新疆电视台举办新职工入台教育。安俊川、沙明、杨连勇、赵庆忠、吴布力哈斯木·霍加艾合买提、桑玉堂、罗桂荣等自治区广播电视厅、台领导分别讲了课。这次活动还组织新职工到工矿企业、八路军驻新疆办事处参观学习。

同月

○ 新疆电视台和自治区党委组织部、宣传部、新疆军区政治部、新疆生产建设兵团党委组织部、宣传部联合举办的《为党旗争光彩》电视专题展播活动结束，共评出 76 件优秀作品。

○ 在全国中青年京剧电视大奖赛上，新疆电视台选送的剧目获得 5 个奖项。

○ 在全国广播电视系统"双先"评选中，新疆电视台胡尔西丹·吾甫尔同志被评为"全国广播电视系统先进工作者"。

○ 在第二届"华夏一奇"全国艺术短片展播活动中，新疆电视台选送的《坎儿井》、《艾提尕尔清真寺》、《神奇的沙疗》获三等奖，是参赛单位中获奖最多的单位。

同年

○ 新疆电视台举办《新疆历史知识竞赛》、《民族团结知识竞赛》。

○ 新疆电视台《生活之友》栏目与自治区妇联，总工会联合举办"美好家庭"展播，播出了 50 多部专题片，展示了我区城乡家庭精神文明建设的风采。

○ 在中央电视台《祖国大家庭》系列报道优秀电视新闻节目评选中，新疆电视台选送的《哈萨克族》获一等奖，《维吾尔族》和《柯尔克孜族》获三等奖，新闻部获优秀组织奖。

○ 在全国少儿电视"金童奖"评比中，新疆电视台汉语《雪莲花》栏目的一组反映民族团结的节目被评为三等奖。

○ 在全国庆祝建党 70 周年电视剧评比中，新疆电视台拍摄的《长天火种》被评为优秀电视剧提名奖。

○ 在西北地区电视节目技术质量评比中，新疆电视台选送的 24 集系列片《环游塔里木》第 14 集《在刀郎舞的故乡》和第 17 集《喀什的魅力》分获视频二等奖和音频二等奖。

○ 新疆电视台与自治区教委、原新疆工学院、自治区团委联合摄制单本剧《陨星正年轻》。导演张锦春。该剧以自治区团委"优秀大学生"、革命烈士帕尔哈提·赛达木的英雄事迹为原型创作。

○ 新疆电视台与自治区交通厅联合摄制 2 集电视剧《山月》。导演马林。

○ 新疆电视台与自治区检察院、克拉玛依检察院联合拍摄 2 集电视剧《死刑犯的自白》。导演马林。

○ 新疆电视台全年在中央电视台播发稿件 380 条，其中上《新闻联播》60 条，比 1990 年多 170 条，创历史新高。向兄弟省区电视台发《区外航讯》新闻 480 多条，《长城内外》专题 50 期，较好地向全国宣传介绍了新疆。

1992 年

1 月 3—5 日

全疆第三次电视新闻工作会议在石河子召开，来自全疆 21 个地州市县电视台和部分厅局企业的代表参加了会议。会上，新疆电视台党委书记杨连勇对加强党的领导、搞好新闻宣传工作提出了要求。

1 月 5 日

新疆电视台维吾尔语《新疆新闻》增加星期日节目，实现每日播出。

1 月 6—11 日

全疆第四次电视社教（专题）节目研讨会在乌鲁木齐召开。来自全疆各基层台、站的 50 多位电视同行汇聚一堂，就电视人物短片创作问题进行了讨论。会议期间，自治区党委常委、宣传部部长冯大真发表了重要讲话。

1 月 10 日

新疆电视台 6 频道（汉语）、4 频道（维吾尔语）、8 频道（哈萨克语）开始播出《明天节目预告》。

1 月 31 日

自治区党委宣传部、自治区党委经济工作部、新疆电视台等 7 家单位联合举办自治区企业职工"基本国情与基本路线"知识竞赛。

2 月 9—26 日

日本外务省经济协力局无偿援助资金协力课植野笃志为团长的基本设计调查

团一行 9 人对新疆电视台进行实地调查。双方签订了关于新疆电视台器材装备计划基本设计调查的会谈纪要。新疆维吾尔自治区党委常委、自治区人民政府副主席王乐泉、克尤木·巴吾东会见日本客人。

2 月 10 日

新疆电视台驻武警新疆边防总队记者站成立。鲁峰任站长。

2 月 16 日

新疆电视台社教部举行《生活之友》栏目开办 100 期观众恳谈会。

3 月 2 日

新疆电视台向自治区广播电视厅上报《关于建立新疆有线电视台的请示》报告。

3 月 15 日

新疆电视台"图文电视文稿传送系统"进入安装调试阶段。

3 月 16 日

新疆电视台召开全台职工大会，对在 1991 年度涌现出来的 5 个先进部(室)，19 个先进科（组），78 名先进个人进行了表彰和奖励。

3 月 25 日

新疆电视台哈编部播音组交总编室管理。

3 月 26—29 日

新疆电视台等西部电视集团 12 个成员台在成都召开计划工作会议，签订共同拍摄大型儿童电视系列片《西部娃》协议。

同月

○ 新疆电视台《新疆新闻》开办《加快改革，扩大开放》专栏，先后派出记者深入吐鲁番、和田、伊犁、博乐、奎屯和乌鲁木齐等地采访，拍摄了一系列有分量的报道和 100 多条消息。

○ 新疆电视台总工办派出 4 人组成的设备修理小组，赴南北疆 26 个地、州、县、市电视台，修理了 570 多台(套) 摄录设备。历时 5 个多月，行程两万多公里。

○ 新疆电视台摄制的《火焰山来的鼓手》获第 42 届柏林国际电影节儿童片评委会最佳儿童片奖。编导：马焰。

4 月 1 日

新疆电视台哈萨克语《新疆新闻》增加星期日节目，实现每日播出。

同日

○ 经自治区广播电视厅党组研究决定，新疆电视台新闻部增设农牧组、工交财贸组，撤销经济组；社教部增设科教节目组；维专部设专题组、青少年节目组；总编室增设宣传业务组、资料组；台办室增设管理科。

4 月 4—12 日

在第六届全疆优秀电视节目评奖中，新疆电视台 19 件作品获奖。其中，特别奖 2 件，一等奖 4 件。

4 月 12—13 日

新疆电视台举办汉语节目业余主持人选拔赛决赛，共评选出一等奖 1 名，二等奖 2 名，三等奖 3 名，优秀奖 6 名。这次主持人选拔赛活动是新疆电视台第一次面向全疆、面向社会招聘节目主持人。

4 月 16 日

日本政府无偿援助新疆彩色电视节目译制制作中心设备器材项目经日、中两国政府换文，基本调查设计工作结束。

4 月 19—28 日

以小林尚基先生为团长的日本国际协力事业基本设计调查团一行 6 人赴新疆电视台。双方签署了新疆电视台器材装备计划基本设计调查会谈纪要（关于报告书草案的协议）。

4 月 20 日

新疆电视台社教部开办《科教世界》栏目。

4 月 21—25 日

新疆电视台主办首届新疆少数民族语言电视剧译制工作会议。来自喀什、伊犁等广播电视局、电视台的负责译制工作的 14 位代表出席了会议。会议研究制定了全疆电视剧译制规划，全疆少数民族语言电视剧译制协调管理的暂行办法和优秀电视剧译制片评奖办法。自治区党委副书记贾那布尔、自治区副主席克尤木·巴吾东等领导出席会议。

4 月 22—29 日

在 1991 年度全国优秀电视新闻评选活动中，新疆电视台和兄弟台联合摄制的《祖国大家庭》获特别奖；新疆电视台选送的《神奇的葡萄长廊》（主创人员：唐玉生）、《新疆已成为向西开放的通道》（主创人员：刘新荣、杨洪新、李植诚）分获新闻类二等奖；《新疆新闻》(9 月 2 日)（主创人员：刘新荣、霍延敏、傅英芳）获得栏目类二等奖。

5 月 1 日

自治区党委组织部、宣传部、新疆军区政治部、兵团组织部、宣传部、自治区科委和新疆电视台等单位共同举办《科技兴新》电视专题展播。这次展播，主要反映新疆科技战线上的先进人物及科学技术对促进新疆经济发展所起的作用。共播出 100 多个科技方面先进人物片。展播活动评选中，新疆电视台选送的作品获特别奖。

5 月 11 日

新疆电视台与哈萨克斯坦电视台就双方交流与合作等问题举行协商会议，并签订意向书。双方就 1992 年 10 月上旬新疆电视台接待哈萨克斯坦电视台"塔玛莎"（欢乐与微笑）演出队一事达成协议。

5 月 15 日

新疆电视台台长办公会议研究决定，成立新疆有线电视台筹备领导小组，并设立办公室。

5 月 20 日

新疆电视台在伊犁地区新源县开办为期一周的电视新闻采编讲习班。

5 月 23 日

在第六届全国电视文艺"星光奖"评选中，新疆电视台选送的《新疆戏曲》、《瀚海情》（与海口电视台合作）获提名荣誉奖。

5 月 28 日—6 月 12 日

由新疆电视台国际部马焰等 8 人组成的摄制组赴吉尔吉斯斯坦共和国、哈萨克斯坦共和国、蒙古人民共和国和巴基斯坦等国，摄制电视片《发展中的西部口岸》，这是配合中央国际交流中心对外报道的一部分。

5 月 29 日

经自治区机构编制委员会研究决定，新疆电视台增加事业编制 42 名，编制调整后，新疆电视台人员总数达 477 人，其中专业技术人员比例为 85%。

6 月 13 日

新疆电视台与新疆音像出版社签订联合摄制维吾尔语卡拉 OK 带的协议。

6 月 16—25 日

应日本 NHK 株式会社（国家电视台）邀请，新疆电视台派出台长赵庆忠一行 3 人前往日本对无偿援助项目进行招标。

6 月 28 日—7 月 5 日

在 1991 年度全国优秀电视社教节目评奖活动中，新疆电视台选送的《维吾尔族与花》获文化教育类二等奖；《遥望高原》获社会政治类三等奖；《环游塔里木》

获系列片类三等奖。

7月1日

新疆电视台经济部开办《广告文体大观》。每期15分钟，每周播两次。该栏目为板块式综合性文艺节目，集知识性、娱乐性、商业性于一体。

7月3日

广播电影电视部批复文件，同意新疆电视台开办第二套节目（原8频道功率不变），以经济文艺类节目为主，服务于经济建设和改革开放。这是新疆雪莲电视台的前身。

7月10日

新疆电视台与日本三井物产株社正式签署新疆电视台器材装备改善计划合同书。

7月26日

新疆电视台新闻部开办《一周新疆新闻集锦》栏目。每期10分钟，每周播出一次，主要荟萃当周的重要新闻。

7月29日

新疆电视台独家引进并译制26集英国电视剧《斯巴茨快餐店》。这是新疆电视台首次独立译制完成大型外语系列剧。

8月1日

由新疆电视台、天山电影制片厂、天津电影制片厂、天津电视台联合摄制的6集电视连续剧《阿曼尼莎汗》开机。

8月4日

新疆电视台召集各部、室、办技术人员召开新疆有线电视技术方案论证会。

8月10—20日

在第五届大西北优秀电视剧评奖会上，新疆电视台选送的《长天火种》、《快乐的小伙伴》获一等奖，《死刑犯的自白》获二等奖，《长满蒿草的原野》、《小巷里的阿里木》获三等奖，《亚细亚阴影》、《山月》获优秀奖。

8月17日

新疆电视台新闻部开办《经济视角》栏目，每期15分钟，每周一期。栏目主要是传播经济信息，宣传党和政府的经济政策，为我区的产、供、销行业和单位作纽带，分析探讨经济领域存在的问题。栏目下设《经济信息》、《金融动态》、《消费指南》、《每周一款》四个小板块。

8月21日

经自治区广播电视厅党组研究决定（新广人字［1992］44号文）：热合木霍加任新疆电视台哈编部副主任；铁克奇任新疆电视台制作技术部副主任；王作福任新疆电视台办公室副主任，免去电视台人保科科长职务；王荣珍任新疆电视台办公室副主任；岳中云任新疆电视台办公室副主任；陈君之任新疆电视台新闻部副主任；伊力汗·奥斯曼任新疆电视台新闻部副主任；朱江风任新疆电视台总编室副主任；冯志铭任新疆电视台国际部副主任；李跃军任新疆电视台人保科科长，免去841台办公室副主任。

9月2—8日

第一届乌鲁木齐对外经济贸易洽谈会（简称"乌洽会"）在乌鲁木齐市举行。新疆电视台新闻部对开幕式进行报道，并通过卫星传送在当天中央台《新闻联播》中播出。新疆电视台新闻部成立4个报道组，社教、经济、维专、哈编4个部门也分别成立报道组，专题报道"乌洽会"新闻。期间，开办《打开西大门，办好乌洽会》、《乌洽会专栏》、《92乌洽会广告大展台》等专栏。

9月13—18日

由新疆电视台总编室承办的第九届全国省级电视台节目交流年会在乌鲁木齐举行。来自部分省、自治区、市广播电视厅局的正副厅局长、全国35个省级（含计划单列市）电视台的台长、副台长及总编室领导、编辑人员150多人出席了会议。这届年会的任务是进一步加强各省级电视台之间的横向联系，互通信息、交流改革经验，在省级电视台间开展节目业务交流活动。

自治区党委副书记贾那布尔和自治区党委常委、自治区副主席克尤木·巴吾东在开幕式上发表讲话，自治区政协副主席、党委宣传部部长冯大真等各级相关领导出席开幕式。

9 月 16—27 日

在中国西部地区电视技术协会第四届年会上，新疆电视台选送的 12 件作品获奖。

9 月 17 日

新疆电视台领导与来访的吉尔吉斯斯坦共和国广播电视委员会第一副主席彼那扎尔诺夫·阿迪里为团长的考察团一行 4 人会谈。

9 月 22 日

新疆电视台胡尔西丹·吾甫尔、潘涛、穆合塔拜尔、阿不都热合曼·艾色提荣获自治区人民政府颁发的"优秀科技工作者"称号。

9 月 24 日

新疆电视台驻独山子记者站成立。朱铮南任站长。

9 月 25 日

经自治区机构编制委员会研究决定（新机编字［1992］182 号文），新疆电视台内设哈萨克语专题部、总工程师办公室、经济部三个副处级机构，增加播音员编制 9 名、事业编制 30 名。增编后，新疆电视台编制总数达 516 人。

9 月 28 日—10 月 17 日

新疆电视台新闻部开办"十四大"专栏《党的光辉照天山》。

同月

○ 由新疆电视台杨连勇、杨生辉策划，国际部纪林编导的 26 集大型电视系列片《西域大观》完成制作。

10 月 1—22 日

在全国第四届少数民族题材电视艺术"骏马奖"评选中，新疆电视台选送的12 件作品获奖。其中，大型艺术片《伊犁河畔的麦西来甫》获一等奖。

10 月 7 日

经自治区广播电视厅党组研究决定，贺诚同志担任新疆电视台副处级纪检员，免去其原厅监察室副处级监察员职务；穆合买提·玉素甫同志任新疆电视台办公室主任。

10 月 8 日

新疆电视台驻兵团农七师记者站成立。

10 月 9—10 日

经自治区广播电视厅党组讨论决定，新疆电视台经济部经济科更名为经济信息科，增设广告制作科；总工程师办公室增设维修科；哈萨克语专题部增设采录组、专题组和青少年节目组；国际部增设编译组、记者组；总编室成立节目交换组。

10 月 15 日

经自治区广播电视厅党组讨论决定（新广厅函字〔1992〕74 号文）《对新疆电视台成立中仪 SONY 技术服务中心乌鲁木齐特约维修站的批复》，同意新疆电视台成立"中仪 SONY 技术服务中心乌鲁木齐特约维修站"（全民所有制），该站是新疆电视台总工办下属单位（对内称新疆电视台总工办维修科）。

同日

○ 经自治区广播电视厅党组研究决定（新广厅字〔1992〕79 号文），岳邦宁任厅计财处处长，免去新疆电视台副总工程师职务；付友山任新疆电视台总工程师；杨生辉任新疆电视台台长助理兼总编室主任；阿里木·胡赛因任新疆电视台台长助理（副处级）；刘新荣任新疆电视台新闻部主任。

10 月 16 日

经自治区广播电视厅党组研究决定，免去赵庆忠原兼任的新疆电视台总工程师职务；免去桑玉堂原兼任的新疆电视台新闻部主任职务。

10 月 18—20 日

新疆电视台召开 1992 年全疆各地州及部分市县电视台卫星广告转播联席会议。

10 月 21 日

新疆电视台驻邮电记者站成立。王东任站长。

10 月 26 日

新疆电视台召开妇女代表大会，选举产生新疆电视台妇女委员会，委员会主任贺勇，副主任热孜万·卡德尔。

11 月 2 日

新疆电视台汉语频道开播时间提前半小时。

11 月 5 日

自治区广播电视厅对新疆有线电视台实施方案进行论证，确定采用 MMDS（多路微波）传输方式建立有线电视系统。

11 月 13 日

由新疆木卡姆研究学会、维吾尔古典文学研究基金会和新疆电视台联合录制的大型艺术片《维吾尔十二木卡姆》在新疆电视台 4 频道（维吾尔语）播出，时长 90 分钟。该片采用主持人串联的形式集中阐述了维吾尔十二木卡姆的形成、发展以及独特的程式、完整的套路和广泛的社会影响等。

全国人大常委会副委员长铁木尔·达瓦买提及该片摄制领导小组组长克尤木·巴吾东、买买提·司马义等自治区领导对该片给予高度评价。

同日

○ 新疆电视台总编室《黄金半小时》栏目开播。

12月1日

新疆电视台向自治区广播电视厅党组提交《关于新疆电视台深化改革加快事业发展的意见》。指出，"积极筹建雪莲电视台，在新疆电视台直接领导和管辖下工作，财务分开，人员实行聘任制，优胜劣汰。"《意见》提出"筹办雪莲电视台（第二套节目暂名）争取1993年上半年开播，承担宣传和创收的双重任务"。

同日

○ 新疆电视台开办汉语《晚间剧场》栏目。

12月8日

经自治区广播电视厅党组研究决定（新广人字［1992］53号文），魏新生任新疆电视台经济部副主任；唐玉生任新疆电视台经济部副主任；乌斯曼·买买提任新疆电视台编译部副主任。

12月22日

经自治区广播电视厅党组研究决定（新广厅字［1992］133号），张婉珠同志任新疆电视台副总工程师；再努拉任新疆电视台哈萨克语专题部主任，免去原总编室副主任职务；付勇任新疆电视台总工程师办公室主任；夏依苏尔坦任新疆电视台译制中心副主任，免去原电台文艺部主任职务；哈纳提·也烈杰夫任新疆电视台译制中心副主任。

12月28日

新疆电视台举办"迎93新年晚会"，中央电视台著名节目主持人李修平应邀前来参加晚会。并与新疆电视台节目主持人共同承担晚会主持工作。

同年

○ 新疆电视台配合中央电视台建立了4个农村收视调查站，进行了常规收视调查和"十四大"、奥运会等专题收视调查，为新疆电视台开展收视调查工作打下基础。

○ 新疆电视台与自治区司法厅联办《普法园地》栏目。

○ 新疆电视台社教部开办《新疆内外》栏目，时长 15 分钟。

○ 新疆电视台确定和布克赛尔蒙古自治县为对口支援县。

○ 新疆电视台在中央电视台播出 400 多条新闻，采用率达到 60% 以上，创新高。

○ 新疆电视台全年译制少数民族影视剧 282 部（集），其中维吾尔语 165 部（集），哈萨克语 117 部（集）。

1993 年

1 月 1 日

新疆电视台开始执行《关于组织创收实行奖励的若干意见》。

1 月 30 日

经自治区广播电视厅党组研究决定（新广厅字［1993］13 号文）：阿苏别克同志任新疆电视台总编室副主任，免去原哈萨克语编辑部副主任职务；叶明昂达玛斯同志任新疆电视台哈编部副主任。

同月

○ 新疆电视台《经济视角》栏目划归经济部管理。

○ 经自治区机构编制委员会批复（新机编字［1992］182 号文），新疆电视台哈萨克语专题部成立。

2 月 1 日

20：00（北京时间）新疆雪莲电视台试播，以母台的原 250 平方米发射机房为播控机房，仍由 8 频道 1 千瓦发射机播出。雪莲电视台隶属新疆电视台。该台以经济文艺类节目为主，是新疆电视台汉语第二套节目，挂靠总编室管理。

同日

○ 新疆电视台哈萨克语电视节目由 8 频道改为 12 频道播出，发射功率增强了 10 倍，覆盖面积扩大，乌鲁木齐周围山区的广大哈萨克族牧民可以及时收看到哈语电视节目。改换频道后，哈萨克语电视播出综合性节目的次数也有所增加，由原来每周三、六、日播出改为每周二、四、六、日四天，每周一、三、五播出的电视节目时间也延长了近 1 小时。

○ 新疆电视台开始接收中央电视台用图文电视传送的《新闻联播》节目文字稿，为新疆电视台少数民族语言译播《新闻联播》工作创作了有利条件。

○ 自治区举行表彰大会，表彰奖励获得各种荣誉称号的优秀专业技术人员。新疆电视台付勇、胡尔西丹、马焰、魏珑 4 位同志获得自治区级优秀专业技术二等奖。

2 月 4 日

新疆电视台党委会讨论决定，自筹资金 350 万元筹建综合办公楼，建筑面积 6927 平方米；加入日本中国体育文化交流协会；台办室成立福利科；广告归口管理，统一价格。

2 月 5 日

新疆电视台制定《关于广告归口管理的几项决定》，规范全台广告管理。

2 月 8 日

自治区科委、新疆电视台签订《关于联合开办〈科教世界〉电视专栏的协定》。

2 月 9 日

经自治区广播电视厅党组研究决定（新广厅字〔1993〕19 号文），罗桂荣同志任新疆电视台副台长。

2 月 16 日

新疆电视台加入"日本·中国影视联谊会"。

同日

〇 经新疆电视台党委研究决定，在原台领导分工基础上，做相应调整：杨连勇主持党委全盘工作，主管全台宣传工作和党建，分管总编室、国际部和雪莲电视台；赵庆忠主管全台行政事业、外事工作，分管广告部、译制中心、有线电视台、各经济实体；吴布力哈斯木·霍加艾合买提协助书记工作，主管电视制片中心、维吾尔语专题部；桑玉堂同志协助书记主管全台汉语电视宣传，分管新闻部、社教部、经济部；夏肯同志协助书记主管全台哈萨克语电视宣传，分管哈萨克语专题部、哈萨克语编译部，协管译制中心、总编室、文艺部的哈萨克语部分；阿布都拉·尤里瓦斯协助书记主管全台维吾尔语电视宣传，分管文艺部、维吾尔语编译部，协管总编室、新闻部、广告部的维吾尔语部分；罗桂荣协助台长主管行政、后勤工作，分管台办室、党团总支、纪检；付友山协助台长主管全台技术工作，分管总工办、播出部和制作部。

〇 新疆电视台驻武警交通第二总队记者站成立。张珍任站长。

2 月 25 日

根据日中两国的换文以及日本 NHKITEC 与新疆电视台共同签署的有关协议，以日本 NHK ITEC 海外事业本部的佐藤敏夫先生率领的日本援助新疆电视台器材装备计划的工程技术专家和实施人员，在新疆电视台彩电大楼开始实施设备安装调试等项工作。新疆电视台总工办、制作部、播出部的部分技术人员也参加了这次安装调试工作。

2 月 26 日

新疆电视台对 1992 年度 32 个先进集体（7 个部、室，25 个科组）、89 个先进个人给予表彰。

3 月 1 日

新疆电视台总编室哈语节目科开办编辑性栏目《下周屏幕》，时长 10 分钟。

3 月 9 日

经新疆维吾尔自治区机构编制委员会批准（新机编字〔1993〕20 号文），同意成立新疆天山台，为隶属于自治区广播电视厅的自收自支事业单位，相当级别为县级，核定事业编制 15 名，领导职数 3 职。

同意成立新疆有线电视台，为隶属于新疆电视台的自收自支事业单位，相当级别为县级，核定事业编制 40 名，领导职数 5 职（含总工程师）。

同意成立新疆雪莲电视台，为隶属于新疆电视台的自收自支事业单位，相当级别为县级，核定事业编制 30 名，领导职数 3 职。

同意成立新疆电视台广告部，为电视台内设的自收自支副县级事业单位，核定事业编制 20 名，领导职数 3 职。

同意新疆电视台电视剧部更名为"新疆电视台电视制片中心"，经费性质由全额拨款转为自收自支。

3 月 9 日

根据自治区党委（新党办 [1992] 13 号文），自治区人民政府（新政办 [1992] 187 号文）批复，报请广播电影电视部批准（[1992] 广地有字 405 号文），新疆电视台开办新疆有线电视台。

3 月 10 日

共青团新疆维吾尔自治区委员会、新疆维吾尔自治区教育委员会、少先队新疆维吾尔自治区工作委员会、新疆电视台联合开展参加第三届全国"十佳少先队员"评选活动。

3 月 12 日

由新疆电视台制作部工程师傅建国发明的《录像磁带控制磁迹失落补录装置》获得由国家专利局颁发的专利证书，专利号为 ZL922308667。这是新疆电视台工程技术人员获得的第一项国家专利。

3 月 15 日

自治区广播电视厅批复新疆电视台有关自筹资金兴建 4500 平方米车库的请示。

3 月 16 日

经新疆电视台党委会研究决定，新疆电视台总编室节目科划分为维吾尔语、汉语、哈萨克语 3 个科组。广告部增设业务科、编播科、制作科。

3 月 20 日

经自治区广播电视厅党组研究决定（新广厅字〔1993〕31 号文），于聚义同志任新疆电视台广告部主任，秦玲同志任广告部副主任；陈隆智同志任新疆电视台编译部副主任；免去刘国昌同志原电视剧部主任职务，保留原职级待遇；免去买买提肉孜同志原电视剧部副主任职务。

3 月 21 日

新疆电视台播出维吾尔语诺肉孜节文艺晚会。

3 月 22 日

经自治区广播电视厅党组讨论决定（新广厅字〔1993〕32 号文），同意李聚祥同志为新疆有线电视台台长；聘任阿里木·胡赛因、潘军同志为有线电视台副台长，免去阿里木·胡赛因同志新疆电视台台长助理职务；聘任杨生辉同志为雪莲电视台台长，聘任曹鸣同志为雪莲电视台副台长；聘任吴布力哈斯木·霍加艾合买提为电视剧制片中心主任。

3 月 27 日

经自治区广播电视厅党组研究决定（新广厅字〔1993〕33 号文），马焰同志任新疆电视台国际部副主任；伍继红同志任新疆电视台社教部副主任。

同月

○ 第七届全疆优秀电视节目评选活动结束。新疆电视台 3 件作品获一等奖，2 件作品获二等奖。

4 月 1 日

自治区人民政府出台了新疆有线电视台收取建设费、维护费的标准：入网费每户 300 元，月收视费每户 6 元。

4 月 10—14 日

新疆电视台主持召开第二次全疆少数民族语言电视剧译制工作会议。伊犁州广播电视局等 9 家单位参会。

4 月 14 日

日本无偿援助项目的设备安装调试工作圆满完成，并移交给新疆电视台。日本无偿援助的技术设备主要用于搭建新疆电视台维吾尔语、汉语和哈萨克语三个播控中心、600 平方米演播室和 150 平方米新闻演播室，提供 ENG 野外新闻采访外录设备和 EFP 外录设备各 1 套、编辑系统 3 套，以及部分测试仪器和两辆越野采访用车。

4 月 28 日—5 月 7 日

在中国电视奖 92 年度电视新闻评选活动中，新疆电视台选送的《正义与邪恶的搏斗——广电学校 89 电气工程电大班勇斗歹徒》(主创人员：魏珑、罗骁兵)获系列（连续）报道类一等奖；《新疆已成为我国向西开放的通道》(主创人员：刘新荣、杨洪新、李植诚)、《神奇的葡萄长廊》(主创人员：唐玉生)获新闻类二等奖；《新疆新闻》(1992 年 9 月 2 日)(主创人员：刘新荣、霍延敏、傅英芳)获新闻编排类三等奖。

同月

○ 在 1992 年度全国优秀电视新闻奖评选中，新疆电视台选送的连续报道《省长访谈录》获特别奖。主创人员：刘新荣、桑玉堂、杨洪新。

5 月 6 日

新疆电视台制定《新疆电视台关于栏目节目广告奖励办法》。

5 月 13 日

新疆电视台驻准东公司记者站成立。寇保胜任站长。

5 月 20 日

由中央电视台牵头，联合山东、辽宁、山西、广西、新疆、四川和华艺影视中心等 7 家电视台和影视中心拍摄完成大型人权问题系列片《今天的中国人》。全片共 7 集，每集约 50 分钟。

5 月 26 日

新疆电视台发表公开声明，遏制社会上假冒新疆电视台工作人员名义，搞有偿新闻、拉赞助、拉广告等不法行为。

同月

○ 日本政府无偿援助新疆电视台的第一批电视设备器材陆续投入使用。

6 月 8 日

新疆电视台广告公司成立。广告公司隶属于新疆电视台，具有独立法人资格，为全民所有制性质，独立核算、自负盈亏、自主经营。

同日

○ 天山电视台正式开播。职工为 30 多人，下设经济部、编辑部、总编室、技术部、广告部、办公室。发射功率为 10KW。

6 月 10 日

经自治区广播电视厅党组讨论决定（新广人字 [1993] 11 号文），同意新疆电视台成立维吾尔语广告科。

6 月 16 日

新疆有线电视台开始收取有线电视收视维护费。

6 月 19 日

经新疆电视台党委研究决定，顾贵宝同志任新疆有线电视台工程公司总经理。

6月22日

新疆电视台党委会研究决定，哈萨克语专题部开办《社会经纬》和《点播与欣赏》两档栏目。

同月

○ 新疆电视台制作技术部增设B区技术科，主要承担新闻节目的录制和制作工作。

○ 制作技术部设立了外录科、制作科、C区技术科、B区技术科、录音科和机电灯光科6个科。

7月7—8日

自治区电视节目卫星传输工作会议在乌鲁木齐召开，主要研究新疆电视台的电视节目全台卫星传输和全疆各地的接收转播工作。各地、州、市、县广播电视局和广播电视厅、新疆电视台领导、工程技术人员共80多人参加会议。自治区政协副主席、广播电视厅厅长沙明为会议开幕致辞，自治区党委副书记贾那布尔、自治区副主席吾甫尔·阿不都拉到会讲话。

7月15—20日

在第七届全国电视文艺"星光奖"评选中，新疆电视台《今夜》获综合性文艺节目三等奖。

7月26日

新疆电视台哈萨克语播控中心正式启用。

同月

○ 新疆电视台哈萨克语节目发射播出由自治区广播电视厅841台承担。至此，新疆电视台维吾尔、汉、哈萨克语三套节目的信号源全部由841台进行发射播出。

8月1日

新疆电视台单独租用中星五号卫星的一个转发器，按照维吾尔、汉、哈萨克分时段的方式向全疆传送节目。每日共计 16 小时。至此，新疆电视台的节目实现了全天 16 个小时按语言分时段上星播出。这种传输不是完整的节目播出，只是信号的传送，仅供各地州电视台的节目选录。

同日
○ 新疆电视台成立上星节目组，配备 4 名工作人员。隶属于总编室管理。

8 月 4—11 日
在中国电视奖 1992 年度电视社教节目评选中，新疆电视台选送的《西部口岸》（友好的使者）获政治文化教育类二等奖、《中国西部民族风情》获系列片二等奖。

8 月 4 日
新疆电视台党委会研究决定，译制中心每月给新疆有线电视台译制 20 部（集）的少数民族语言影视节目；新疆电视台维吾尔语自办节目（包括译制片）由新疆有线电视台首播；新疆电视台广告公司名称为"新疆影视广告总公司"。

8 月 5 日
新疆电视台汉语播控中心、维吾尔语播控中心正式启用。

8 月 9—18 日
新疆电视台承办的中国西部电视技术协会第五届年会在新疆准东油田基地举行，新疆电视台有 12 件作品获奖。

8 月 14 日
经新疆电视台党委研究，广播电视厅党组批准（新视台字〔1993〕78 号文），任命吴布力哈斯木·霍加艾合买提为新疆电视台电视制片中心主任并为电视制片中心法人代表。

8 月 17 日
经自治区广播电视厅党组研究决定（新广人字〔1993〕30 号文），同意新疆电视台成立保卫科，原人保科改为人事科。

8 月 24 日

经自治区广播电视厅党组研究决定（新广厅字〔1993〕93 号文），薛守恭同志任新疆电视台播出部主任。

同月

○ 经自治区广播电视厅党组研究决定（新广厅字〔1993〕89 号文），聘任施生田为新疆天山电视台副台长。

○ 经自治区广播电视厅党组研究决定（新广厅字〔1993〕93 号文），林汉光任新疆天山电视台台长兼 841 台副台长；张仁武任天山电视台总编辑；丁保泰任 841 台台长兼天山电视台副台长；薛守恭任新疆电视台播出部主任。

○ 新疆电视台新建的 600 平方米演播室、150 平方米演播室投入使用。

○ 在自治区广播电视厅的支持下，新疆电视台开始自筹资金建设一座 7000 平方米综合楼，解决办公、车库和单身宿舍问题。

○ 在第六届全国法制好新闻评比活动中，新疆电视台选送的第五期《普法园地》节目获电视类三等奖。

9 月 1 日

新疆有线电视台所采用的 MMDS 多路系统在 841 台架设试通。

同日

○ 自治区妇联与新疆电视台联合主办第三届自治区"美好家庭"评选、展播活动。新疆电视台开设《精神文明建设》专栏。活动持续至 1994 年 3 月 15 日。

9 月 17 日—10 月 1 日

新疆电视台通过卫星现场直播第三届全疆青年歌手电视大奖赛 8 场实况。该赛事由自治区广播电视厅、自治区文化厅、新疆电视台、自治区音乐家协会、新疆电视艺术家协会联合举办。

9 月 20 日

新疆电视台召开新疆有线电视台正式开播新闻发布会和开播庆典。新疆有线电视台除转播中央和自治区电视台的节目外，自办维吾尔、汉语两个频道，下设新闻部、维吾尔语编辑部、哈萨克语编辑部等 8 个部门、24 档栏目。实行全天滚动播出，每日播出总时长 18 个小时。开播初期，入网用户近 5 万户。

9 月 23 日

由自治区党委党史办和新疆电视台合作拍摄的 6 集电视剧《陈潭秋》举行首映式。故事讲述了陈潭秋、毛泽民等老一代革命家与新疆地方反动统治势力盛世才展开生死斗争，最终献身的革命精神。

9 月 28 日

中宣部和国家民委联合组成的考察组对新疆电视台少数民族语言电视宣传工作进行考察。

9 月 30 日

新疆电视台彩电大楼 A、B、C 区全部竣工投产。总投资 3000 万元，总建筑面积 20869.68 平方米，主楼 A 区高 62 米，共 17 层（包括 2 层地下室）。该工程从 1987 年 12 月动工，1991 年 11 月主楼 A 区竣工投产，面积为 10440.2 平方米，为后期制作及办公区；B 区 3027.13 平方米，为新闻演播区；C 区 6990 平方米，为大演播厅，主要用于制作大型文艺晚会和现场直播。大楼建成后，获得日本政府无偿援助 5 亿日元的电视设备。

10 月 11 日

新疆电视台下发《关于成立雪莲电视台广告部和独立承办广告的决定》，成立雪莲电视台（台中台）广告部。

11 月 3 日

新疆电视台社教部更名为汉语专题部，简称"汉专部"。

11 月 22 日

新疆电视台贯彻落实中宣部提出的"黄金三小时要突出主旋律"的要求，对电视编排做了相应调整，对国产片与港台片、文艺与专题、广告与节目的比例做了限定。

12 月 18 日

新疆电视台哈萨克语专题部首次推出综合性板块节目《社会经纬》。这是哈萨克语社教节目从译制转为译制、自采并重的标志。该栏目每期 20 分钟，每周一期。

同月

○ 经自治区广播电视厅党组研究决定（新广厅字［1993］145 号文），哈那提·也烈杰夫任新疆有线电视台副台长；陈君之任新疆雪莲电视台副台长。

○ 新疆电视台总编室和播出部联合开办《点歌台》栏目，时长 10 分钟。

○ 新疆电视台、新疆测绘局、新疆测绘学会联合举办《测绘法》暨测绘知识电视大奖赛。

同年

○ 新疆电视台胡尔西丹·吾甫尔同志获得国务院颁发的政府津贴。

○ 新疆电视台阿不都瓦力被评为全国电视少儿先进工作者。

○ 新疆电视台哈萨克语编译部机构改革，单设新闻翻译组和专题节目翻译组。

○ 新疆电视台举办"树立新疆人形象"演讲比赛。

○ 新疆电视台《中外一角》栏目开设《英语星空》板块。

○ 总编室磁带库房搬进新建的彩电中心大楼，新疆电视台第一次有了较为正规的磁带库。

○ 新疆摩托车队到哈萨克斯坦、吉尔吉斯坦等国参加国际邀请赛，新疆电视台《文体博览》栏目随同报道，制作播出《铁骑雄风》一片。

○ 新疆电视台拍摄完成电视电影《撒旦与警察》，编剧、导演吐依贡，刘雪清、穆扎帕尔等参与主创。

○ 新疆电视台全年译制少数民族语言影视剧 517 部（集）。

1994 年

1 月 10 日

经自治区机构编制委员会批准，撤销原新疆电视台电视剧部，成立新疆电视台电视制片中心。这是新疆维吾尔自治区独家持有电影电视部颁发长期生产电视剧许可证的单位（许可证号 29001）。

1 月 21 日

经自治区广播电视厅党组研究决定（新广厅字［1994］10 号文），郭越岭同志任新疆电视台新闻部副主任；曾健同志任新疆电视台文艺部副主任；汪惠春同志任新疆电视台播出技术部副主任。

1 月 22 日

新疆电视台确立总工程师办公会议制度。

1 月 25 日

新疆电视台对 1993 年度 41 个先进集体（9 个部室、32 个科组）、87 个先进个人进行表彰。

同月

〇 新疆电视台社教部《社会纵横》与《生活之友》、《文体博览》文化板块整合，改为《中国六分之一》。栏目下设《社会广角》、《生活方圆》、《文化驿站》三个板块，分别延续了原有的话题。该栏目时长 30 分钟，周一至周五隔日播，次日重播。

2 月 3 日

新疆电视台制定《关于新疆电视台广告工作的有关规定》，对广告归口、广告收费等问题做了明确规定。

同日

○ 新疆电视台确立台长办公会议纪要制度。

2月18日

新疆电视台确立宣传工作例会制度。

2月21—26日

在第八届全疆优秀电视节目评选活动中，新疆电视台选送的55件作品获奖，其中一等奖5件，其余50件作品分获二、三等奖及鼓励奖。

2月21日

新疆电视台制定《关于使用、保管摄录设备的有关规定》。

同月

○ 新疆电视台首次现场直播春节文艺晚会《咱们新疆人》。

○ 新疆电视台开办维吾尔语栏目《文艺集锦》。时长30分钟。

2月—4月

自治区政法委牵头，新疆电视台《中国1/6》栏目与自治区公安厅、自治区安全厅、最高人民法院等11个厅局单位联合举办《永安桥》系列电视专题展播，历时3个月。展播期内共播出367部法制专题片，其规模超过了新疆电视台历次展播活动。

3月16日

新疆电视台制定《关于新疆电视台工作办公室办公用具配备标准的规定》、《关于改进新疆电视台车辆管理和使用的规定》。

同日

○ 新疆电视台组建新的台福利委员会。

3 月 20 日

新疆电视台防火委员会成立。

3 月 24—26 日

新疆电视台在乌鲁木齐市召开首次全疆电视经济宣传协作会。会议由新疆电视台台长赵庆忠同志主持。来自伊犁、喀什、昌吉、巴州、和田、兵团等 50 多个地州、市、县台（站）、影视中心、企事业党委的 70 名代表出席会议。会议讨论了成立全疆电视经济宣传协作会及协会章程等文件。

同月

○ 经自治区广播电视厅党组研究决定（新广厅字［1994］23 号文），木哈达斯任新疆电视台译制中心副主任；聂晶疆任新疆电视台社教部主任。

4 月 1 日

新疆电视台开始执行《关于医疗费的管理和使用规定》。

同日

○ 新疆有线电视台印发试行《职工守则》、《请假制度》等 13 项规章制度。

4 月 12 日

新疆电视台召开全疆电视新闻工作会议。

4 月—12 月

自治区团委、自治区教委、新疆电视台、自治区少工委、自治区青少年发展基金会联合举办"手拉手"系列活动。

同月

○ 乌鲁木齐市工商局批准新疆电视台成立"新疆方大国际广告公司"，并核发《广告经营许可证》。

○ 雪莲电视台开始独立串联广告带、制作节目预告。雪莲电视台开办音乐欣赏类节目《倾心一刻》，每周一期，每期 10 分钟。

5 月 6 日

经自治区党委、自治区广播电视厅党组讨论决定（新党干字 [1994] 77 号文、新广厅字 [1994] 75 号文），曹瑞德任自治区广播电视厅党组成员、新疆电视台党委书记、新疆电视台第一副台长。免去杨连勇新疆电视台党委书记兼第一副台长职务。

曹瑞德（1944— ）新疆电视台党委书记。山东桓台人。1968 年北京广播学院新闻系毕业后，先在江西军垦农场，后在江西南昌铁路局工作。1972 年来新疆库车县广播站工作。1978 年调新疆维吾尔自治区党委宣传部理论处。1980 年到宣传部新闻处，从事新闻协调管理工作。1985 年任新闻处副处长。1992 年任处长。期间采写消息、通讯和撰写业务论文三十多万字，参与编写《当代中国的新疆》、《当代中国的新闻事业》（新疆部分）等书。1994 年 12 月评为主任编辑。1999 年 8 月评为高级编辑。兼任自治区新闻学会常务理事，自治区新闻职称评委会委员。（据《中国广播电视年鉴》1996 年人物志介绍）

电视台实行台党委集体领导下的台长分工负责制，党委书记负责宣传业务，行政管理由台长负责，电视台技术由台总工程师负责。

5 月 31 日—6 月 1 日

新疆电视台举行"日本国政府无偿援助新疆电视台电视设备器材竣工仪式"。

同月

○ 新疆电视台哈萨克语文艺部开办综合性文艺节目《文艺天地》，每周 1 期，每期 30 分钟，每周二正播，周四、六重播。

○ 在第六届"通业杯"全国青年歌手电视大奖赛评奖中，新疆电视台选送的选手肉孜·阿里木获得民族唱法一等奖。

○ 新疆电视台举办 1994 年维吾尔语古尔邦节文艺晚会。

6 月 6 日

在中国电视奖 93 年度电视社教节目评奖活动中，新疆、甘肃、陕西、河南电视台合拍的《亚欧大陆桥》获得系列类三等奖。

6月7日

经新疆电视台党委会研究决定，调整新疆电视台领导分工：曹瑞德同志主持党委全盘工作，主管全台宣传工作、党建和组织人事，分管总编室、国际部和雪莲电视台；赵庆忠同志主管全台行政事业、台务和外事工作，分管广告部、译制中心、有线电视台和各经济实体；吴布力哈斯木·霍加艾合买提同志协助书记工作，主管电视制片中心、维吾尔语专题部；桑玉堂同志协助书记主管全台汉语电视宣传，分管新闻部、汉语专题部、经济部；夏肯同志协助书记主管全台哈萨克语电视宣传，分管哈萨克语专题部、哈萨克语编译部，协管译制中心、总编室、文艺部的哈萨克语部分；阿布都拉·尤里瓦斯协助书记主管全台维吾尔语电视宣传，分管文艺部、维吾尔语编译部，协管总编室、新闻部、广告部的维吾尔语部分；罗桂荣同志协助台长主管行政、后勤工作，协助书记抓好党建工作，分管台办室、党团总支、纪检工作；付友山同志协助台长主管全台技术工作，分管总工办、播出部和制作部。

6月28日

新疆电视台播发国务院副总理李岚清出访欧洲三国前在乌鲁木齐看望新疆大学师生的消息。

同月

○ 新疆有线电视台开办娱乐综艺类栏目《综艺快递》。每周3期，每期15分钟到20分钟。

6月—8月

新疆电视台社教部开办《共产党员风采》栏目，并举行展播活动。

6月—8月

新疆电视台委托自治区统计局城市社会经济调查队，对乌鲁木齐地区电视观众收视情况进行调查。

7月4—8日

经自治区广播电视厅党组会研究决定，新疆有线电视台和新疆电视台分开。新疆电视台台长赵庆忠、新疆有线电视台台长李聚祥牵头成立调查清理小组，对财务、设备器材、房屋车辆办公用品进行清理。

7月8—18日

在第八届全国电视文艺"星光奖"评奖活动中，新疆电视台、中央电视台、海南电视台联合拍摄的《东西南北中》（第12期）获得综合性文艺节目类（60分钟以内组）三等奖。

7月31日

新疆电视台国际部《英语俱乐部》举办中美青年联欢会。

8月4日

经自治区广播电视厅党组会研究决定（新广厅字［1994］101号文），聘任阿不都瓦里·亚合甫为新疆电视剧译制中心副主任，聘任热合木霍加为新疆电视台哈语编辑部主任。

同月

○ 中央电视台和新疆电视台在新疆举办《正大综艺》节目。这期节目以介绍新疆建设成就、风土人情、山川风貌为主。

○ 新疆电视台台长赵庆忠一行5人赴哈萨克斯坦国家电视台进行电视节目交换等工作。

○ 由中国长城学会和北京、新疆等17个省市自治区电视台联合拍摄的56集电视系列片《中国少数民族》总结大会在乌鲁木齐市召开。这次大会由新疆电视台承办。

9月

新疆电视台组建自治区成立40周年大型电视纪录片《跨越天山》摄制组。该片为自治区党委宣传部和新疆电视台合拍的大庆重点献礼片。全片4部32集，总长度为 160 分钟。该片摄制完成后改名为《光辉的历程》。

○ 在第五届全国少数民族题材电视艺术"骏马奖"评选活动中，新疆电视台选送的艺术片《维吾尔十二木卡姆》获得一等奖；《孩子，你不再流泪》（维吾尔语）获提名奖。

10 月 1 日

新疆电视台综合新闻栏目《新疆晚间新闻》开播，节目长度 10 分钟。播出时间为每晚 0：00（北京时间）。主要是缩编当日《新疆新闻》中的重要时政消息、首播未赶上《新疆新闻》的部分消息，同时摘编报纸重要新闻内容。

10 月 6—15 日

在中国西部电视技术协会第六届年会上，新疆电视台选送的 10 件作品获奖。

同月

○ 新疆电视台举办国庆专题片展播活动。

○ 为了增强和丰富演播室节目录制的效果，新疆电视台在 600 平方米演播室安装了由 16 个厚电视机拼装而成大屏幕。这个大屏幕是自治区人民政府庆祝中华人民共和国成立 45 周年大庆代表团赠送给新疆电视台的。

○ 经自治区广播电视厅党组会研究决定（新广厅字 [1994] 115 号文），聘任徐锐军为新疆电视台新闻部副主任（挂职）。

10 月—11 月

庆祝兵团成立 40 周年，新疆电视台举办专题片展播活动，历时两个多月，其中《丝绸之路话屯垦》、《最后的荒原》等系列片获好评。

11 月 8—10 日

在第十四届全国电视剧"飞天奖"评选活动研讨暨颁奖活动中，新疆电视台选送的《快乐的小伙伴》获长篇少年儿童题材电视剧（3 集以上）三等奖。

同月

○ 广播电影电视部副部长何栋才同志来新疆，新疆电视台汇报了转播车问题。

○ 新疆有线电视台划出新疆电视台，改由自治区广播电视厅直接领导。

12 月 6 日

新疆电视台制定《新疆电视台车库使用与管理制度》、《新疆电视台综合楼使用规定》。

12 月 14 日

新疆电视台制定《新疆电视台节目评审奖励办法》，确立电视节目评审委员会，制定节目评审程序、评奖标准和奖励办法。

12 月 21 日

在第四届中国新闻奖颁奖大会上，新疆电视台选送的作品《走南闯北的塔瓦库勒人》获三等奖。主创人员：苏拉提、魏珑。

同月

○ 由新疆电视台申请购置的彩色电视转播车车体——三菱车体由北方车辆厂、北京电视设备厂改装完毕。

同年

○ 新疆电视台国际部编导纪林用 7 个月时间拍摄完成纪录片《沙漠人家》。该片选取塔克拉玛干沙漠边缘一个维吾尔族农家四季生活中的典型情节，在人与自然的关系图景中，真实地展现为生存的抗争及乐观心态。该片入围北欧人类文化电影节、布鲁塞尔电影节，并获 1996 年（德国）格廷根电影节人类文化纪录奖。

○ 经自治区广播电视厅党组讨论决定（新广厅字 [1994] 53 号文），同意新疆电视台办公室设立老干部工作科。

○ 新疆电视台社教部《文体博览》栏目改版为《体育博览》。每周一期，每期 20 分钟。栏目下设 3 个小板块：《一周体育新闻回顾》、《全民健身》、《体育欣赏》。

○ 新疆电视台总编室开办编辑类栏目《屏幕与观众》，推介新疆电视台下周将播出的电影及电视剧内容。每周一期，每期 20 分钟。

○ 在全国优秀电视经济节目评选中，新疆电视台选送的消息《来自沙漠边缘市场的报告》获二等奖。

○ 在第六届"通业杯"全国青年歌手电视大奖赛评奖中，新疆电视台选送的选手肉孜·阿里木获得民族唱法一等奖。

○ 在1993年度度全国优秀体育专题节目评选中，新疆电视台选送的《铁骑雄风》节目获得二等奖。

○ 新疆电视台新闻部采用现场报道的形式，对兰新铁路复线、西兰乌通信光缆工程做了报道。

○ 新疆电视台与喀什地委、行署联合摄制5集电视连续剧《悠悠远乡情》。这是新疆电视台电视制片中心成立后开拍的第一部作品，中心副主任陈晓艺任制片人、导演。

○ 新疆电视台与自治区烟草公司联合摄制7集电视连续剧《冯夫人》，刘国昌、于风歧参与主创。该剧以曲折生动的情节向世人展示了两千年前解忧公主和冯嫽在维护祖国统一、捍卫民族团结的大业中所显示出的大家风范。

○ 新疆电视台电视译制中心全年译制影视剧84部405集，其中维吾尔语264集、哈萨克语141集。

1995 年

1月1日

新疆电视台社教部新闻评论性栏目《今日访谈》开播，被列为1995年自治区深化新闻改革的一项重要举措。该栏目前身为社教部的《社会纵横》、《中国六分之一》。栏目宗旨是阐释方针政策、评述热点焦点、关心社会各界、反映群众呼声。每周一、三、五正播，二、四、六重播，每周一、三、五上卫星转播。

同日

○ 新疆电视台社教部举办元旦大型文艺晚会《迎接新世纪》。晚会现场第一次设置热线电话，与观众进行互动交流。

1月6日

自治区广播电视厅党组研究决定，新疆电视艺术家协会挂靠新疆电视台管理。由艾兴担任协会名誉主席，赵庆忠担任协会主席，吴布力哈斯木·霍加艾合买提担任副主席兼秘书长。

同月

○ 经自治区广播电视厅党组讨论决定（新广厅字［1995］5号文），聘任聂晶疆为新疆电视台国际部主任；伍继红为新疆电视台社教部主任；张胜宣为新疆电视台社教部副主任；狄力夏提·艾则孜为新疆电视台维语专题部主任。

○ 新疆电视台与新疆新兴国际文化发展公司联合开办栏目《新兴30分钟》。

○ 新疆电视台《经济视角》栏目改版为《新疆经济信息联播》，由每周两期增加至每周三期。时长15分钟。

2月7日

经新疆电视台党委研究决定，编译部抄编组划归总编室。总编室汉语播音组划归新闻部，维吾尔语播音组划归编译部，哈萨克语播音组划归哈萨克语编译部，美工组划归文艺部。维吾尔语专题部少儿组划归文艺部。

2月14日

经新疆维吾尔自治区机构编制委员会讨论决定（新机编字［1995］4号文），批复自治区广播电视厅呈《关于申请卫星电视部机构人员编制的报告》（新广厅字［1994］161号文），同意成立新疆电视台卫星电视部，级别相当于县级，经费实行自收自支、自负盈亏。核定事业编制30名，领导职数5职。

2月21日

新疆电视台和自治区工商行政管理局共同主办《企业与商标》栏目。

2月28日

由于变压器室漏水导致高压电缆头形成相间短路，造成新疆电视台发生停播事故，4、6、12、上星频道停播2小时58分钟。

同日

○ 经自治区广播电视厅党组研究决定，李跃军同志任新疆电视台经济部副主任，免去新疆电视台人事科科长职务；荣军同志任新疆电视台译制中心办公室主任职务。

3月1日
新疆电视台制定《新疆电视台关于从台外聘用人员暂行规定》。

同日
○ 新疆雪莲电视台开播时间提前半小时，即每日 19：30(北京时间) 开播。

3月3日
新疆电视台对 1994 年度 33 个先进集体（8 个先进部、室，25 个先进科组）、57 个先进个人进行表彰。

3月7日
新疆电视台在演播厅录制《观众好》职工文艺晚会。

3月10日
新疆电视台驻西北石油地质局记者站成立。魏世荣任站长。

3月14—18日
在第九届全疆优秀电视节目评选中，新疆电视台 32 件作品获奖，其中，特别奖 1 件，一等奖 8 件。

3月15日
新疆电视台社教部开办首档演播室直播栏目《生活方圆直播室》。每月一期，时长 30 分钟。

3月27日
新疆电视台邀请有关领导、专家座谈，征求意见，探讨如何进一步办好深度新闻节目《今日访谈》。

4月15—22日

在 94 年度中国电视新闻奖评选中，新疆电视台选送的《喜看今日新牧民》(主创人员：孟呼春、霍延敏)、《新疆棉花收购千万担未打一张白条》(主创人员：霍延敏、傅英芳等)、《改水牵动万人心》(主创人员：艾尼瓦尔、杜学群、姚葵阳)获新闻专题类三等奖；《新疆新闻联播》7 月 26 日 (主创人员：刘新荣、霍延敏、傅英芳) 获新闻编辑三等奖。

4月17日

新疆电视台通过关于译制中心制定的《1995—1997 年定额管理办法》。

4月18日

自治区广播电视厅厅长办公会议研究决定，新疆电视台承担兴建雪莲电视台新机房。

4月19日

经自治区广播电视厅党组研究决定 (新广厅字 [1995] 50 号文)，肖江同志任新疆电视台总编室副主任；陈隆智同志调任新疆电视台总编室副主任，免去新疆电视台编译部副主任职务；戴鸿斌同志任新疆电视台总工办副主任；吾尼尔汗同志任新疆电视台文艺部副主任；巴依道列提同志任新疆电视台哈萨克语专题部副主任；莱买提汗同志任新疆电视台哈萨克语编辑部副主任；免去于聚义同志新疆电视台广告部主任职务；免去郭越岭同志新疆电视台新闻部副主任职务；免去朱江风同志新疆电视台总编室副主任职务。

同日

〇 经自治区广播电视厅党组研究决定 (新广厅字 [1995] 54 号文)，聘任朱江风同志为新疆电视台卫视部主任，阿里木·哈米提、加娜提二位同志为副主任；聘任郭越岭同志为新疆电视台方大国际广告公司总经理；聘任梁建春同志为新疆电视台广告部副主任。

4 月 22 日

经新疆电视台党委研究决定（新视台字 [1995] 40 号文），聘任王作福为"新疆方大国际广告公司"副总经理。

同月

○ 新疆电视台《新疆新闻》开办大型专栏《从数字看变化》。

5 月 1 日

新疆电视台《新疆新闻》更名为《新疆新闻联播》，时长由 15 分钟增至 20 分钟，增设《国内新闻》和《国际新闻》板块，扩大了报道面，增加了信息量。

5 月 24 日

新疆电视台 4 频道、6 频道分别于每周六 13：30、17：30（北京时间）增加一次节目播出。

同月

○ 新疆电视台举办 1995 年维吾尔语古尔邦节文艺晚会。自治区主席阿不来提·阿不都热西提出席节目录制现场并讲话。

○ 经自治区广播电视厅党组研究决定（新广厅字 [1995] 82 号文），聘任施生田为新疆天山电视台台长。

6 月 8—15 日

在 1994 年度中国电视奖电视社教节目评选中，新疆电视台选送的《锡伯族的婚礼》获文化类三等奖、《神奇的沙疗》获生活服务类三等奖。

6 月 8 日

新疆电视台成立清查"小金库"领导小组。清查 1993—1995 年全台各宣传单位、自收自支单位、各类公司私设"小金库"的资金的收支情况。

6 月 15 日—8 月 30 日

新疆电视台举办"自治区成立 40 周年电视专题片展播"活动，反映各地各行业成就，播出专题片 35 部，每部 9 分钟。

同月

○ 新疆电视台杨生辉同志被评为自治区直属工委优秀党员。

○ 新疆电视台《新疆新闻联播》栏目开办大庆专栏《辉煌 40 年》，报道自治区各行各业的成就和变化。

7 月 1 日

在第五届中国新闻奖评选中，新疆电视台选送的消息《毅然回国的洋博士——哈木拉提》获三等奖（主创人员：魏珑、安尼瓦尔·肉孜）。

同日

○ 新疆电视台独家拍摄的 5 集电视剧《马建军》在新疆电视台首播。该剧反映了新疆玛纳斯县城镇派出所所长马建军为保护国家财产而光荣献身的英雄事迹。

○ 新疆电视台《新疆新闻联播》栏目正式改版。

同月

○ 新疆电视台与自治区计生宣教中心联办栏目《人口与家庭》。播出时间为 7 月至 12 月底。

8 月 9 日

新疆电视台与中央电视台签订合作协议，联合拍摄中央电视台《东西南北中》第六期（新疆版）节目。

8 月 11 日

经自治区广播电视厅党组研究决定（新广厅字〔1995〕105 号文），免去刘新荣同志新疆电视台新闻部主任职务；杨生辉同志兼任新疆电视台新闻部主任；

朱江风同志任新疆电视台总编室主任。

同日

○ 经自治区党委宣传部批复同意（新党宣干字［1995］22号文），桑玉堂同志不再担任新疆电视台副台长、党委委员职务，专职履行高级编辑职责；杨生辉同志任新疆电视台副台长、党委委员，免去新疆电视台台长助理、总编室主任职务。

○ 经自治区广播电视厅党组研究决定（新广厅字［1995］106号文）聘任杨生辉为新疆电视台副台长。

○ 经自治区广播电视厅党组研究决定（新广厅字［1995］107号文），杨洪新同志任新疆电视台新闻部副主任职务。

○ 据自治区广播电视厅干部聘任（解聘）批复及新广厅字［1995］109号文，解聘杨生辉同志雪莲台台长职务；聘任刘新荣同志为雪莲台台长。

○ 据自治区广播电视厅干部聘任（解聘）批复及新广厅字［1995］110号文，聘任潘军同志为卫星电视部副主任；解聘朱江风同志的卫星电视部主任职务。

8月13—16日

新疆电视台录制庆祝自治区成立40周年大型电视文艺晚会《崛起的天山》。该晚会以团结、欢乐、辉煌为基调，表现了各族人民共同繁荣发展的时代风貌。

8月18—28日

新疆电视台维吾尔语专题部拍摄9集维、汉语系列片《走向富裕之路》，该片反映了南疆脱贫致富的成绩。

8月22日

新疆电视台《新疆内外》栏目推出《大庆特别报道5分钟》板块，共播出7集，及时反映了大庆各项工作进展情况。

同月

○ 新疆电视台杨生辉同志被评为自治区首届"二十佳新闻工作者"。

○ 新疆电视台《体育博览》从20分钟压缩成15分钟。节目中开设《大庆特别报道 5 分钟》板块，共播出 6 期。

9 月 12 日

自治区党委宣传部召开关于拍摄全国公安战线一级英模赛尔江电视剧的会议，成立《赛尔江》电视剧领导小组。自治区党委宣传部部长李康宁、副部长邵强、段桐华、自治区广播电视厅党组书记赵建华、自治区公安厅政治部主任崔靖刚、新疆电视台党委书记曹瑞德、台长赵庆忠等同志参加会议。

9 月 22 日—10 月 13 日

由自治区党委宣传部和新疆电视台联合拍摄的 22 集大型系列专题片《光辉的历程——庆祝新疆维吾尔自治区成立 40 周年》在新疆电视台播出。

该片为自治区党委宣传部和新疆电视台合拍的自治区成立 40 周年重点献礼片。该片共分序篇、成就篇、发展篇、改革篇、开放篇、团结文明篇、展望篇 7 篇 22 集，每集 15 分钟（序篇和展望篇 20 分钟）。该系列片采用点面结合的方式，运用电视手段全面展示了自治区成立 40 年特别是改革开放以来，民族团结、经济发展、社会繁荣的和谐景象。摄制组行程近 10 万公里，采录了近 500 个单位，采访 200 多人次，采录素材 5800 分钟。

9 月 25 日

庆祝新疆电视台建台 25 周年，出版《新疆电视台论文集》。该论文集收录 76 篇文章，约 32 万字。

9 月 27 日

新疆电视台新疆方大国际广告公司更名为新疆方大国际广告传播中心。

9 月 27 日—10 月 2 日

为了宣传好庆祝新疆维吾尔自治区成立 40 周年大庆期间的各项主要活动，新疆电视台租用陕西电视台转播车，首次成功地对 9 月 30 日上午干部大会、晚上中央艺术团的文艺晚会《情洒天山》、10 月 1 日上午的庆祝大会及大型文艺表演《走向辉煌》、晚上新疆歌舞团文艺演出《天山赞歌》4 场主要活动进行现场直播，用维吾尔、汉、哈萨克语三种语言在 4、6、12 频道同时播出。

同月

○ 由新疆电视台举办的三台庆祝自治区成立40周年文艺晚会《天山母亲》(维吾尔语)、《崛起的天山》(汉语)、《良宵盛会喜空前》(哈萨克语)播出。时长合计为340分钟。

10月3日

中央电视台于当晚20：05播出新疆维吾尔自治区成立40周年庆祝大会、大型文艺表演《走向辉煌》录像以及新疆电视台大庆文艺晚会《崛起的天山》部分节目。《走向辉煌》正式演出时由于意外事故第一场未能演出，最后采用了新疆电视台预演录像，才得以在中央电视台完整播出。

10月10—15日

在中国西部电视技术协会第七届年会上，新疆电视台选送的10件作品获奖。

10月22日

自治区广播电视厅对15个大庆宣传先进集体给予通报表彰，新疆电视台系列专题片《光辉的历程》摄制组、新闻部、文艺部、大庆现场直播组被授予"自治区广播电视厅大庆宣传先进集体"光荣称号。

11月6—9日

新疆电视台举办全疆电视专题业务研讨会暨"庆祝自治区成立四十周年电视专题节目展播"颁奖活动。

同月

○ 新疆电视台制定《新疆电视台破坏性地震应急预案》。成立新疆电视台抗震救灾总指挥部，下设宣传指挥部、技术设备保障指挥部、安全保卫后勤保障指挥部。

○ 新疆电视台新闻部记者随新疆政府代表团赴阿联酋、沙特、科威特、卡塔尔、巴基斯坦访问。期间，采录系列报道《新疆政府代表团访问中东四国》(共17篇)。

12 月 15 日

自治区召开庆祝自治区成立 40 年总结表彰大会，新疆电视台获 3 个一等奖，1 个特等奖。

12 月 18 日

经自治区广播电视厅党组会研究决定（新广厅字 [1995] 182 号文），聘任于建海为新疆经济电视台台长助理，解聘其广告公司经理和法人资格，聘任期间享受副台长工资待遇。

同月

○ 经自治区广播电视厅党组会研究决定（新广厅字 [1995] 180 号），聘任李跃军为新疆电视台经济部副主任；聘任张新安为新疆电视台人事科科长；聘任荣军为新疆电视台译制中心办公室主任。

同年

○ 新疆电视台新闻部成立对外组。全年向中央电视台传送新闻 380 多条，采用 280 多条，采用率达 75% 以上，其中《新闻联播》采用 70 条，超额完成了每周一条的指标。

○ 在第一届中国广播电视学会电视译制节目评奖活动中，新疆电视台选送的维吾尔语译制剧《虎虎虎》、哈萨克语译制剧《老人与猫》分获三等奖。

○ 新疆电视台社教部获全国广电系统二·五普法先进集体。

○ 新疆电视台成立大庆新闻报道组。开设《从数字看变化》、《辉煌 40 年》、《向大庆献礼工程》、《大庆寄语》、《大庆评论》等 6 档新闻栏目，共播出 183 条消息。为了采访"中央代表团抵达乌鲁木齐"和"中央代表团分赴天山南北慰问活动"等消息，新闻部分别派出 6 组、4 组记者。同时在各家媒体中率先报道国家领导人姜春云在昌吉、农八师等地慰问的消息。

○ 新疆电视台推出一批庆祝自治区成立 40 周年的专栏。其中，《今日访谈》推出"大庆特辑"，播出 10 辑节目；《中外一角·今日新疆》推出"开放新貌"系列节目；《新疆经济信息联播》推出"重点工程风采录"、"前进，国有企业"、"衣食住行看变化"、"新疆企业之星"等系列报道；《黄金半小时》推出"大庆特别节目",播出兄弟省区祝贺节目 15 期。维吾尔语专题部《今日新疆》、《观众之友》播出反映新疆维吾尔自治区各族农牧民脱贫致富奔小康的系列专题片《走向富裕之路》。哈萨克语专题部《社会经纬》栏目摄制播出系列专题片《走向定居》。

○ 新疆电视台国际部《中外一角》栏目改版，下设《海外掠影》、《现代中国》、《今日新疆》3 个板块，每期由 20 分钟增加至 30 分钟。

○ 新疆电视台社教部率先实行制片人制度。

○ 新疆电视台拍摄电视电影《雾晨》。

1996 年

1 月 1 日

《新疆电视台新闻部管理条例汇编》出台，包括《加强新闻部管理的若干规定》、《新闻部主任、副主任工作制度》等 19 项制度和规定，为新闻部管理的科学化、规范化、制度化奠定了基础。

同日

○ 新疆电视台社教部承办元旦大型文艺晚会，以现场直播形式，庆祝《今日访谈》开播 1 周年。

1 月 3 日

经自治区广播电视厅党组研究决定，免去魏新生同志新疆电视台新闻部副主任职务。

1 月 22 日

新疆电视台与自治区体委联合开办维吾尔语栏目《体育之窗》。

1 月 23 日

经新疆电视台党委讨论决定（新视台字［1996］7 号文），调整本台部分技术科室的隶属关系：原制作部新闻制作科划归新闻部管理；原播出部 8 频道发射科划归雪莲台管理；原播出部传录科划归卫视部管理。

同月

○ 新疆电视台制定《雪莲电视台电视节目审查制度》。

2 月 6 日

由新疆电视台、山东电视台联合举办的 96 年春节文艺晚会《天山、泰山手拉手》在新疆电视台大演播室录制。自治区党委书记王乐泉等领导观看了节目录制，并要求自治区党委和政府的主要领导今后要到现场观看新疆电视台的春节和古尔邦节两台大型文艺晚会节目。

2 月 10 日

新疆电视台对 1995 年度 37 个先进集体（7 个部室、30 个科组）和 76 个先进个人进行表彰。

3 月 1 日

新疆电视台音乐录音棚投入使用。

3 月 8 日

新疆电视台制定《关于加强节目计划管理、全面提高宣传质量的若干规定》。

3 月 11—16 日

在 1995 年度新疆广播电视新闻奖电视新闻类、电视社教类节目评选活动中，新疆电视台获得 2 个特别奖，8 个一等奖，7 个二等奖。

3 月 15 日

新疆电视台制定《新疆电视台财务统一管理暂行规定》、《关于新疆电视台物资统一管理的决定》、《关于新疆电视台制作设备统一管理和有偿使用试行办法的决定》，同时下发《新疆电视台设备使用收费标准》、《新疆电视台关于试行"培训考核，持证上岗"制的办法》、《对〈新疆电视台制作设备统一管理和有偿使用试行办法的决定〉的若干说明》。

3月19日

经自治区广播电视厅党组研究决定（新广厅字〔1996〕27号文），聘任吴萍为新疆经济电视台台长助理。

3月20日—4月17日

新疆电视台派出南疆、北疆、东疆3个调查组，分赴全疆28个地、州、市、县，行程一万多公里，对新疆电视台卫星节目落地情况进行了一次较全面系统的调查工作，主要调查了中央电视台《新闻联播》、新疆电视台《新疆新闻联播》和《晚间新闻》在各地转播情况、其他专题节目和文艺节目录制和播放情况，并征求了各地对于在新疆卫视节目中联合开办栏目，以及对新疆电视节目内容和时间安排等方面的意见和建议。

同月

○ 新疆电视台《今日访谈》栏目由社教部划归新闻部。

4月1日

新疆电视台正式实行《新疆电视台车辆管理、使用制度》。

4月6日

新疆电视台制定《新疆电视台优秀节目评选及栏目质量抽审办法》。设立台级电视节目评审委员会，下设汉、维吾尔、哈萨克、文艺、编译5个组；并对优秀节目评选、栏目质量抽审等做出具体规定。

4月10日

新疆电视台出台《关于节目片比和预算标准的实施意见》。

4月17日

新疆电视台制定《新疆电视台关于进一步深化改革，加强管理的措施》，提出"以宣传为中心，以提高节目质量和增加创收为目的，实行不同形式的目标管理责任制和内部核算办法，从而调动更多的积极性"的基本思路。

4 月 20 日

新疆电视台社教部推出首档具有完整形态的电视社教杂志类栏目《大视野》，周播，时长 30 分钟。《大视野》分社会生活法制版和周末版，下设《社会观察》、《生活方圆》、《公民与法》、《晚间快语》4 个小板块。《大视野》连续两年获得新疆广播电视新闻奖栏目类一等奖。

4 月 26 日

新疆电视台总编室《下周屏幕》改版，时长 10 分钟。

同月

○ 经自治区广播电视厅党组会研究决定（新广厅字 [1996] 34 号文），聘任霍延敏为新疆电视台新闻部副主任。

5 月 1 日

新疆电视台哈萨克语专题部《社会经纬》改为每周一期，每期 30 分钟。

5 月 4—16 日

在第十届全国电视文艺"星光奖"评选中，新疆电视台和新疆独山子炼油厂联合创作的《崛起的天山》获电视歌舞节目类二等奖；新疆电视台和中央电视台共同创作的《美丽的新疆》获电视文艺专题节目类三等奖；新疆电视台和山东电视台联合创作的《天山泰山手拉手》获综艺节目类三等奖；《母亲，天山》（维吾尔语）获电视音乐节目类三等奖。

5 月 13 日

在 1995 年度中国电视奖社教节目评选中，新疆经济电视台《新疆好地方》获系列片类三等奖。

5 月 14 日

经自治区党委宣传部新党宣干字 [1996] 13 号、自治区广播电视厅新广厅字 [1996] 43 号文件批复同意，伊力汗·奥斯曼同志任新疆电视台新闻部主任；

杨生辉同志不再兼任新疆电视台新闻部主任职务。

5 月 15 日

经自治区纪律检查委员会新纪干〔1996〕22 号、自治区广播电视厅新广党发〔1996〕15 号文件批复同意，贺诚同志任新疆电视台纪律检查委员会书记。

5 月 21—27 日

在 1995 年度中国电视奖电视新闻评奖活动中，新疆电视台选送的《哈萨克牧民发展温室蔬菜生产》获长消息三等奖，《新疆棉花收购千万担未打一张白条》、《改水牵动万人心》获短消息三等奖，《禁毒：刻不容缓》获评论三等奖。

5 月 29 日

经自治区广播电视厅党组讨论决定（新广厅字〔1996〕48 号文），新疆电视台制作部 B 区技术科的汉语部分划归新闻部管理，总工办器材科与台办公室福利科合并，设立物资器材科，隶属于台办室管理。

同月

○ 新疆电视台新闻部主任伊力汗·奥斯曼被评选为自治区区直工委优秀党员。

○ 新疆电视台推出综艺类节目《西域综艺》。内容以娱乐和群众参与为主。下设《音乐星光》、《走到一块来》、《周末漫游》三个栏目。每月末星期五播出一次，每次 50 分钟。在雪莲台和卫视台各重播一次。

○ 新疆电视台与新疆方大国际广告传播中心签订 1996 年度目标管理协议书。

○ 新疆电视台国际部《中外一角》改版为《大陆桥》，每周一期，时长 30 分钟，介绍新疆的物产资源、风光名胜、民情风俗和经济发展，反映国外的科学技术、文化艺术、风土人情和生活情趣。下设《开放风景线》、《英语星空》、《海外掠影》3 个小栏目。

○ 新疆电视台《新疆经济信息联播》栏目时长由 15 分钟增加到 20 分钟。

○ 新疆电视台举办 1996 年度维吾尔语古尔邦节文艺晚会。自治区党委副书记、自治区主席阿不来提·阿不都热西提等自治区领导观看了晚会录制。

6 月 1 日

新疆电视台执行《新疆电视台关于文艺节目稿费标准的规定》。

同日

○ 新疆电视台和云南电视台联合录制播出"六·一"文艺专题片《交朋友》。

6 月 20 日—7 月 19 日

新疆电视台与自治区党委组织部联合主办《天山先锋》庆祝建党 75 周年专题展播活动，共播出 30 集。

6 月 24 日

新疆电视台和自治区团委联合主办党史知识竞赛。

6 月 24—29 日

在中国西部电视技术协会第八届年会上，新疆电视台选送的 10 件作品获奖。

6 月 28 日

新疆电视台在新疆人民会堂录制由自治区党委宣传部等单位主办的群众大合唱比赛。

6 月 30 日

新疆电视台在新疆人民会堂录制由自治区党委宣传部等 10 家单位联合主办的自治区庆"七·一"文艺晚会。

同月

○ 新疆电视台自筹资金，在乌鲁木齐市团结路 301 号自治区广播电视厅住宅区院内新建住宅楼一栋。

7 月 1 日

经自治区广播电视厅党组讨论决定（新广厅字 [1996] 123 号文）《关于两

台内设科组调整级别的通知》，自 1996 年 7 月 1 日起，新疆电视台 61 个内设科组由副科级调整为正科级。

7 月 17 日

新疆电视台拍摄播出阿迪力跨越长江三峡的专题片《挑战空中王子》，片长 10 分钟。

7 月 28 日

由新疆电视台、新疆新世纪影视传播中心创办的综合性栏目《新世纪》正式播出。该栏目集经济、法制、文化、休闲、娱乐于一体。

同日

○ 新疆电视台为雪莲电视台建成了高 150 米的框架结构发射钢塔（项目称新疆电视塔）。该钢塔发射功率 10 千瓦，总造价 220 余万元，于同年 9 月 6 日通过工程验收。该塔建成后安装了 8 频道天线馈线系统，这套 6 层 4 面定向 4 偶级板天线系统（28.8 万元），具有高增益、宽频带、高效率等特点。

8 月 6 日

新疆电视台驻新疆独山子石化总厂电视台记者站成立。

8 月 15 日

据广播电影电视部广技卫字 [1996] 329 号文，正式启用亚太 1A 卫星 11A 转发器传送新疆卫星电视节目。8 月 22 日，新疆电视台原中星 5 号双星并发停止使用。

8 月 28 日

新疆电视台上星节目与地面节目并轨，汉、维、哈三套节目分别在卫视—1、卫视—2、卫视—3 三个频道播出。

同月

○ 新疆电视台经济部承办全国省级电视台经济节目协作会议。

○《新疆乡镇企业之星》电视专题展播活动开始播出。该活动由新疆电视台、自治区乡镇企业管理局、新疆生产建设兵团乡镇企业管理局、新疆影视广告制作中心4家单位联办。

○ 新疆电视台购进一台由鞍山哈里斯广播设备有限公司生产的GSCT—10—Ⅱ型米波10KW彩色电视发射机，输出功率10千瓦，覆盖半径达到65公里。

○ 新疆电视台《晚间新闻》面向社会公开招聘12名采编人员。

9月1日

新疆电视台开始执行《新疆电视台播音员(包括监听合成)定额管理办法》(试行)，对本台播音员与监听人员实行定额管理。

9月2日

经自治区广播电视厅党组研究决定（新广厅字［1996］115号文），聘任高天山为新疆经济电视台副台长。

同日

○ 经自治区广播电视厅党组研究决定（新广党发［1996］25号文），确定贺诚、薛守恭、狄力夏提·艾则孜、阿苏别克、邹静5位同志为新疆电视台纪律检查委员会成员。

○ 经自治区广播电视厅党组研究决定（新广厅字［1996］109号文），对新疆有线电视台领导班子作局部调整：聘任张福欣同志为新疆有线电视台总编辑、副台长；聘任买买提·阿吾提同志为新疆有线电视台副台长、副总编，解聘其新疆有线电视台台长助理职务；聘任哈那提同志为新疆有线电视台副总编辑；聘任傅暾同志为新疆有线电视台业务指导，解聘其有线电视台总编辑职务；阿里木·胡赛因同志不再任新疆有线电视台副台长职务，调新疆电视台，仍任新疆电视台台长助理。

9月10日

新疆电视台成立精神文明建设领导小组。

9月19日—10月

由新疆电视台拍摄的6集电视系列片《山东省畜牧业启示录》、5集电视系列片《天山南北话畜牧》陆续在中央电视台农业、科技综合频道《农村经济》栏目中播出。

9月20日

中共新疆电视台党总支改选。贺诚等7名同志为新疆电视台第四届党总支委员会成员。由贺诚担任新疆电视台党总支书记,付友山担任副书记。

9月27日

新疆电视台和张家港电视台联合摄制《西域综艺》国庆特别节目。主旨是宣传学习张家港经验,加强精神文明建设。出访归国途径新疆停留的中共中央政治局常委、全国政协主席李瑞环同志在新疆电视台演播大厅观看了节目录制。

同月

○ 经自治区广播电视厅党组研究决定(新广厅字 [1996] 114号文),聘任马志为新疆电视台办公室副主任。

10月1日

新疆电视台狄力夏提·艾则孜被评为自治区第二届"二十佳新闻工作者"。

10月21日

在第六届全国少数民族题材电视艺术"骏马奖"评选中,新疆电视台与天津电视台合拍的电视剧《阿曼尼莎汗王妃》获特别奖;与云南电视台合拍的艺术片《交朋友》获"儿童艺术片"一等奖;维吾尔语译制剧《阿曼尼莎汗王妃》、《悠悠远乡情》获民族语优秀译制片奖;《走向富裕之路》获得提名奖。

同月

○ 第七届"双汇杯"全国青年歌手电视大奖赛中,由新疆电视台选送的钱志刚、努尔古丽、阿迪娜分获专业组民族唱法,业余组美声唱法、通俗唱法三等奖。新疆电视台获业余组、专业组"伯乐奖"。

11月1日
新疆电视台启用"中共新疆电视台纪律检查委员会"、"新疆电视台监察室"两枚印鉴。

11月22日
新疆电视台成立对口扶贫工作领导小组，制定对口扶贫工作的初步方案。

11月26日
经自治区广播电影电视厅党组研究决定（新广厅字〔1996〕154号文），聘任阿里木·胡赛因同志为新疆电视台卫视部主任。

同日
○ 经自治区广播电视厅党组研究决定（新广厅字〔1996〕155号文），徐樟梅同志任新疆电视台经济部副主任；彭旸同志任新疆电视台社教部副主任。

同月
○ 自治区党委宣传部、自治区党委组织部、自治区科协、新疆电视台联合举办首届"科教兴新杯"科技知识电视大奖赛。1997年元月初举办决赛和颁奖晚会。

12月12日
新疆电视台成立流动人口计划生育领导小组。

同年
○ 在1995年度全国精神文明建设"五个一工程"评选中，新疆电视台制作的歌曲《最美的还是我们新疆》（主创人员：曾健、茹斯坦木等）获优秀歌曲奖；新疆电视台与甘肃电视台合拍的电视剧《依然香如故》获提名奖。

○ 在全国海外节目评奖中，新疆电视台选送的节目《雨城雅安》（英语）、纪录片《锡伯族婚礼》分获一、二等奖。

○ 在第十届全国电视文艺"星光奖"评选中，新疆电视台选送的歌舞类节目《崛起的天山》获得二等奖。

○ 在全国优秀电视经济节目评选中，新疆电视台选送的系列报道《新疆引进国外智力》、消息《塔克拉玛干沙漠公路贯通》、专题《东锭西移在新疆》分获二等奖。

○ 新疆电视台向中央台发稿 420 多条，采用 174 条，向各省台交换新闻 400 条，与兄弟省台合拍《转场》、《新疆行》、《巍巍中华》、《交朋友》等专题片。

○ 新疆电视台全年共译制少数民族语言影视剧 36 部 286 集。

○ 新疆电视台被自治区党委宣传部和精神文明办授予精神文明先进集体称号。

○ 新疆电视台总编室重组资料组，并制定了一系列管理制度，明确了职责，规定了操作程序。

○ 纪念孔繁森同志逝世一周年，新疆电视台与山东电视台、西藏电视台联合制作文艺专题片《情系边疆》（上、下集）。

○ 雪莲电视台在自治区首家尝试播出立体电视节目。每周播出两次，每次播出 30 分钟。由于节目源有限，立体电视节目播出半年后停播。

1997 年

1 月 1 日

新疆电视台《晚间新闻》改版，内容以社会新闻为主，加大了自采量。

1 月 22 日

新疆电视台对 1996 年度 6 个先进部室、30 个先进科组、72 名先进个人给予表彰。

同月

○ 新疆电视台与山东电视台、河北电视台联合举办 1997 年春节文艺晚会《春来山河新》。

○ 新疆电视台制定《关于新闻播出带播出交接的规定》。

2月1日

自治区党委组织部与新疆电视台联合开办《人民公仆》专题新闻栏目，《新疆新闻联播》栏目累计播出专题82集。自治区党委组织部和新疆电视台先后派出3个采访组赴全疆采访拍摄。

2月5日

新疆电视台举办首届春节职工文艺晚会《春天的赞歌》。

2月15日

新疆电视台与中央电视台合作，在600平方米演播室现场直播CCTV杯乒乓球擂台赛。

2月20—25日

悼念邓小平同志逝世，新疆电视台《新疆新闻联播》和《今日访谈》栏目采制特别节目。新疆电视台4频道、6频道、12频道同步转播邓小平同志追悼会实况。

2月24日

经自治区广播电影电视厅研究决定（新广厅字〔1997〕37号文），聘任冯志铭同志为新疆经济电视台副台长、副总编辑，免去其音像管理处副处长职务。

2月28日

新疆电视台制定《新疆电视台广告统一管理实施细则》。

同月

○ 新疆经济电视台开办《经济万象》栏目。采用新闻述评形式，反映市场热点，追踪报道群众关注的种种经济现象，阐述党和政府的政策、法规。

3月9日

新疆电视台卫视频道播出国产电视连续剧《家教》第9集时，出现中央电视台1989年5月14日打出的关于当时中央领导与北京市部分高校学生对话的流动字幕，造成一起严重的政治事故。

3 月 11 日

经自治区广播电影电视厅研究决定（新广厅字［1997］33 号文），撤销潘军同志所担任的新疆电视台卫视部副主任职务；撤销阿里木·哈米提同志所担任的新疆电视台卫视部副主任职务。

同日

○ 经自治区广播电影电视局党组研究决定（新广厅字［1997］42 号文），聘任霍延敏同志为新疆电视台卫视部副主任（主持工作），免去其新闻部副主任职务；聘任买买提·沙吾提同志为新疆电视台卫视部副主任。

同日

○ 新疆电视台制定《新疆电视台关于加强管理保证安全播出的五项措施》。成立库存电视片清理小组、安全播出制度审定和督察小组、重点设备检查小组、岗位考核清理小组、思想作风整顿小组。

3 月 17 日

新疆电视台增加内设机构：新闻部增设晚间新闻组；制片中心增设民语组、汉语组；经济部增设记者组、编辑组。

同日

○ 经自治区党委宣传部文件（新党宣干字［1997］09 号）批复，撤销阿里木·胡赛因同志所担任的新疆电视台台长助理、卫视部主任职务。

3 月 19—24 日

在 1996 年度新疆广播电视新闻奖电视新闻类、电视社教类节目评选中，新疆电视台选送的 30 件作品获奖，其中，特别奖 1 件，一等奖 9 件。

同月

○ 新疆电视台和自治区经贸委联合推出《新疆名牌榜》栏目。每天播出 6 次。

4月7日

新疆电视台制定《新疆电视台干部安全值班规定》。

4月20—27日

在中国广播电视新闻奖1996年度电视新闻评奖中，新疆电视台选送的《南疆铁路西段工程隆重开工》获消息类二等奖。主创人员：杨洪新、齐正宇、伊力汗·奥斯曼。

4月30日

经自治区党委宣传部文件（新党宣干字［1997］12号）批复：增补贺诚同志为新疆电视台党委委员。

同日

○ 新疆电视台动工兴建雪莲电视台发射机房。该机房总建筑面积920平方米，占地面积346平方米，高8.8米，为砖混三层圆形楼体，楼体圆心位于已建钢塔中心，工程造价40万元。该工程于当年12月1日通过验收。

5月5—9日

由新疆电视台主办的全疆电视通联工作会议在哈密市召开。全疆各地、州及部分市县电视台、记者站共42家单位的77位代表参加了会议。新疆电视台台长赵庆忠主持会议开幕式。会议总结了新疆电视台1996年度新闻通联工作情况，并就1997年广泛开展通联工作的设想和新疆电视台为各地、州、市、县电视台开办《天山南北》窗口性栏目的设想征求了意见。

5月13日

据（新机改办［1997］32号文）《关于印发〈新疆人民广播电台、新疆电视台机构编制方案〉的通知》、（新党发［1995］25号文）《自治区党委、自治区人民政府关于下达自治区区级党政机关、机关后勤和事业单位机构改革实施意见的通知》，新疆电视台重新确定机构编制方案。

新疆电视台隶属于新疆维吾尔自治区广播电影电视厅全额拨款事业单位，相当于副厅级。实行机构改革后，新疆电视台译制中心分设为维吾尔语译制部和哈萨克语译制部；社教部更名为汉语专题部，编译部更名为维吾尔语编译部；增设人事保卫部。

新疆电视台内设20个相当于处级的业务部门，即办公室、总编室、总工办、人事保卫部、新闻部、维吾尔语专题部、汉语专题部、哈萨克语专题部、维吾尔语编译部、哈萨克语编译部、经济部、国际部、文艺部、制作技术部、播出技术部、维吾尔语译制部、哈萨克语译制部、广告部、卫视部、纪检委。2个附属机构：雪莲电视台、电视制片中心。事业编制611人，其中全额拨款事业编制518人，自收自支93人。

5月20—30日
新疆经济电视台台长施生田随广电部来经国等7人赴日本电视台考察访问。

5月—6月
新疆电视台开展新疆名优新特产品祝贺展播活动。

同月
○ 新疆电视台新闻部合并原对外组和通联组，成立业务组。

○ 为配合第十五个民族团结教育月，新疆电视台《新疆新闻联播》开办《团结进步发展巡礼》、《民族团结新曲》两个专栏，播发了120多条新闻，报道了吴登云等10个民族典型。各部门采制播发12部电视专题片。

○ 新疆电视台举办1997年度维吾尔语"古尔邦节"文艺晚会《笑、笑、笑》。自治区人民政府专门拨付30万元经费。自治区党委书记王乐泉，自治区党委副书记、自治区主席阿不来提·阿不都热西提等自治区领导观看了晚会。

6月1日
由自治区妇联、自治区团委、新疆电视台联合举办，自治区少工委、乌鲁木齐市团委协办的"六·一"少儿文艺晚会在新疆电视台播出。

6月5日
为迎接香港回归，新疆电视台开设新闻专栏《喜迎香港回归》。

6 月 5—25 日

受中央电视台总编室委托，新疆电视台和新疆农调总队联合开展《新疆地区电视观众抽样调查》。这次调查抽查了 525 个样本户，其中农村样本户 317 个，城市样本户 208 个。

6 月 10 日

新疆电视台制定《关于演播厅录制节目安全保卫工作的通知》。

6 月 17—24 日

在中国广播电视新闻奖 96 年度电视社教节目评选中，新疆电视台选送的《高原最后的流动教师》获人物类三等奖、《大陆桥》（第 26 期）获栏目类三等奖。

6 月 30 日—7 月 3 日

新疆电视台打破常规，卫星频道直转中央电视台"香港政权交接仪式"等 7 场香港回归的庆祝活动，同时译制成维吾尔语、哈萨克语播出。

7 月 1 日

新疆电视台卫视一套节目单独使用汉语向全国播出。这改变了新疆电视台三种语言在同一套节目轮流向新疆区内传送电视节目的被动状况。

同日

○ 新疆电视台现场直播新疆各族人民庆香港回归文艺晚会。

7 月 21—30 日

由新疆电视台总编室承办的 1997 年度中国西部电视集团年会在伊犁召开。全国 12 家省、直辖市电视台台长、总编室主任等 40 人参会。这届年会通报了各省台合拍系列片的进展情况，并讨论了节目市场化发展对西部各台产生的影响。

7 月 22—31 日

新疆电视台党委书记曹瑞德随广电部组团赴日本考察。

7月24日

经自治区广播电影电视局研究决定同意（新广厅字〔1997〕105号文），聘任崔安全同志为新疆经济电视台办公室副主任；马泉同志为新疆经济电视台办公室副主任；吴萍同志为新疆经济电视台总编室主任（兼）；田晓燕同志为新疆经济电视台专题部主任；赵辉文同志为新疆经济电视台专题部副主任；李新民同志为新疆经济电视台通联部主任；边旭东同志为新疆经济电视台文教部主任；田莉同志为新疆经济电视台文教部副主任；盛丰田同志为新疆经济电视台对外部主任；杨军凯同志为新疆经济电视台技术部主任；崔卫东同志为新疆经济电视台技术部副主任；朱志强同志为新疆经济电视台技术部副主任；于建海同志为新疆经济电视台广告部主任（兼）。

8月12日

由新疆电视台承办的中国广播电视学会专业设备用户委员会扩大会工作会议在乌鲁木齐市召开。全国各省台约40名代表参会。

8月18—29日

在第十一届全国电视文艺"星光奖"评选中，新疆电视台、山东电视台、西藏电视台合作的大型歌会《情系边疆》获音乐节目地方组二等奖、《吐鲁番的葡萄熟了》获小型音乐节目地方组三等奖。

8月28日

自治区广播电影电视厅卫星地球上行站开通，通过租用亚太1A卫星，采用数字压缩技术，实现了新疆电视台维吾尔、汉、哈萨克三种语言节目的分频道上星播出，节目覆盖全国和亚太地区（新疆电视人口覆盖率达90.28%）。维吾尔、汉、哈萨克三种语言卫视节目依次命名为XJTV—2、XJTV—1、XJTV—3。

同月

○ 自治区党委宣传部、自治区党委政策研究室、新疆电视台联合组织拍摄的大型电视系列片《今日新疆》开拍。

9 月 10 日

新疆电视台胡尔西丹·吾甫尔同志当选为中国共产党第十五次全国人民代表大会代表，赴北京参加会议。

9 月 22 日

新疆电视台制定《新疆电视台创优指标及名牌栏目标准》，附《新疆电视台获奖节目、论文奖励办法》。

○ 新疆电视台同步直转、译播中国共产党第十五次全国代表大会开、闭幕式、新当选的中央政治局常委会见中外记者、《继往开来——庆祝"十五大"召开文艺晚会》等 4 场重大活动。这是新疆电视台新闻编译业务一次重要突破。

○ 在中国西部电视技术协会第九届年会上，新疆电视台选送的 6 件作品获奖。

10 月 1 日

雪莲电视台播控机房建成，并正式启用新购置的 10 千瓦发射机播出节目，原有的 5 千瓦发射机用作备机。至此，雪莲电视台的传播范围包括乌鲁木齐地区及其周围的市县和农牧团场，覆盖人口 200 余万。除无线播出外，还同时由新疆有线电视台、乌鲁木齐有线电视台和新疆生产建设兵团有线电视网转播，在乌鲁木齐地区形成较为稳定的收视对象群，收视率有了很大提高。

原 250 平方米发射机房中的两部 1 千瓦发射机继续担任电大课程的播出，1999 年 3 月，这两部为新疆电视台承担播出工作 22 年的 1 千瓦发射机退役拆除。

10 月 16 日

新疆电视台拍摄的 6 集纪录片《饮水思源》在中央电视台第四套节目播出，反映了自治区三年农村改水工程业绩。该片曾用维、汉、哈三种语言在新疆电视台播出。

10 月 26 日

在第七届中国新闻奖评选中，新疆电视台选送的消息《南疆铁路西延工程隆重开工》获二等奖（主创人员：杨洪新、齐正宇、伊力汗·奥斯曼、于洁丽）。

11月1日

新疆电视台维吾尔语译制部被评为全国少数民族语言影视译制工作"先进集体"。

11月1—4日

在广播电影电视部举行的1997年全国广播电视播控中心系统技术能手竞赛中，新疆电视台播出部马玉霞被评为"1997年全国电视播控系统技术能手"。

同月

○ 新疆电视台总编室团支部荣获自治区直属团工委、自治区两级"青年文明号"，这是新疆电视台首次获得该荣誉。

12月10日

新疆电视台党委讨论决定（新视台字〔1997〕84号文），解聘郭越岭同志方大国际传播中心总经理职务；聘任王淑兰同志为方大国际传播中心总经理（法人代表）。

12月17日

新疆电视台党委讨论决定（新视台字〔1997〕170号文），解聘郭越岭同志新疆电视台广告部主任职务；聘任王淑兰同志为新疆电视台广告部主任（副处）、法人代表。

12月25日

经自治区广播电影电视局党组研究决定（新广厅字〔1997〕176号文），窦永芳同志任新疆电视台纪检委副书记，免去其保卫处副处长职务；李跃军同志任保卫处副处长，免去其新疆电视台经济部副主任职务。

同年

○ 新疆电视台《维吾尔十二木卡姆》获第七届匈牙利国际视觉艺术基金会"总统特别奖"（主创人员：胡尔西丹·吾甫尔等）。

○ 在全国优秀电视经济类节目评选中，新疆电视台选送的5件作品获奖，其中《新疆南北疆光缆工程全线贯通》获一等奖；《塔克拉玛干沙漠腹地打出第一口淡水井》获二等奖。

○ 在全国第九届优秀播音主持作品评选中，新疆电视台3件作品获奖。

○ 在第二届中国广播电视学会电视译制节目奖评选中，新疆电视台4部译制剧获奖，其中维吾尔语译制剧《阿香》获得一等奖。

○ 在全国公益广告评选中，新疆电视台选送的《种好棉花》获得"国家政府公益广告"奖。

○ 新疆电视台制定《新闻部摄像机统管制度》。

○ 新疆电视台全年向中央台及全国省级新闻交流中心发稿486条，为历年最多。中央台一套采用287条，其中《新闻联播》132条，头条23条。新疆经济电视台向中央台提供播出200分钟节目。

○ 新疆电视台全年译制少数民族语言影视剧42部353集。

○ 新疆电视台开设维吾尔语综合栏目《观众之友》。该栏目融知识性、服务性、政治性于一体，下设5个板块：《社会广角》、《妇女世界》、《法律咨询》、《祝您健康》、《为您服务》。

1998 年

1月5日

新疆电视台对1997年度7个先进部室、31个先进科组、80名先进个人给予表彰。

1月21日

由自治区党委宣传部、塔里木石油勘探开发指挥部、新疆电视台联合录制的1998年度大型春节晚会《天山的祝福》在新疆电视台大演播厅录制完成。

同月

○ 新疆电视台开办第一档法制栏目《公民与法》，该栏目由《大视野》改版而成。每周播出一期，时长20分钟。

○ 新疆电视台摄制的 6 集林业电视系列片《呼唤绿色——来自新疆林业的报告》在中央电视台 7 频道连续播出。

○ 新疆电视台调整扶贫领导小组，继续对塔城地区托里县进行对口扶贫。

2 月 9 日

经自治区广播电影电视局党组研究决定（新广厅字［1998］50 号文），热孜万·卡德尔同志任新疆电视台维吾尔语译制部副主任。

2 月 18 日

新疆电视台成立安装 250 平方米演播室领导小组。

同月

○ 新疆电视台首次购进日本 SONY 公司 DSR—130P 数字摄录一体机 15 套，充实新闻采访设备，取代了原来的超 8 摄录设备，使新闻节目图像质量明显提高。

○ 新疆电视台成立广告协调管理领导小组。

3 月 9 日

新疆电视台制定《关于演播厅录制节目安全保卫工作规定》。

同日

○ 新疆电视台制定《关于实施待岗制度的暂行规定》。

3 月 13 日

广播电影电视部通报表彰全国 46 个技术维护先进台（站）和 118 名技术维护先进个人。新疆电视台播出部马玉霞获得"广播电视技术维护先进个人"一等奖。

3 月 17 日

经自治区广播电影电视厅研究决定（新广厅字［1998］29 号文、新广厅字［1998］31 号文），努尔·吐尔地同志不再担任新疆电视台总编室副主任职务，专职履行主任编辑专业技术职务职责。买买提·沙吾提同志任新疆电视台总编室副主任，解聘其新疆电视台卫视部副主任职务。

3月18日

新疆电视台成立固定资产清理领导小组。

3月23—27日

在1997年度新疆广播电视新闻奖暨第二届新疆广播电视"文艺奖"评选中，新疆电视台选送的36件作品获奖，其中，一等奖9件。

3月31日

经自治区广播电影电视厅研究决定（新广厅字〔1998〕39号文），并报自治区党委宣传部批复同意，聘任阿里木·胡赛因同志任新疆电视台办公室副主任（主持工作）；岳忠云同志任新疆电视台办公室副主任；马志同志任新疆电视台办公室副主任；朱江风同志任新疆电视台总编室主任；阿苏别克同志任新疆电视台总编室副主任；薛守恭同志任新疆电视台总工办主任；免去付勇同志新疆电视台总工办主任职务，履行专职高工职责；汪惠春同志任新疆电视台播出技术部副主任（主持工作）；张新安同志任新疆电视台人事保卫部副主任；伊力汗·奥斯曼同志任新疆电视台新闻部主任；杨洪新同志任新疆电视台新闻部副主任；迪里夏提·艾则孜同志任新疆电视台维吾尔语专题部主任；玉山江·提力瓦尔地同志任新疆电视台维吾尔语专题部副主任；郭越岭同志任新疆电视台汉语专题部副主任（主持工作）；彭旸同志任新疆电视台汉语专题部副主任；再努拉同志任新疆电视台哈萨克语专题部主任；巴依道列提同志任新疆电视台哈萨克语专题部副主任；加马力丁·尕吉提同志任新疆电视台维吾尔语编译部主任；穆合买提·阿孜同志任新疆电视台维吾尔语编译部副主任；吾斯曼·木合买提同志任新疆电视台维吾尔语编译部副主任；热合木霍加同志任新疆电视台哈萨克语编译部主任；莱买提汗同志任新疆电视台哈萨克语编译部副主任；唐玉生同志任新疆电视台经济部副主任（主持工作）；徐樟梅同志任新疆电视台经济部副主任；聂晶疆同志任新疆电视台国际部主任；魏新生同志任新疆电视台国际部副主任；胡尔西丹·吾甫尔同志任新疆电视台文艺部主任；曾健同志任新疆电视台文艺部副主任；吾尼尔汗·吾格孜拜同志任新疆电视台文艺部副主任；胡玉宁同志任新疆电视台制作技术部主任；铁克奇同志任新疆电视台制作技术部副主任；迪力夏提·哈斯木同志任新疆电视台制作技术部副主任；免去阿不都热合曼·艾色提同志新疆电视台译制中心主任职务，履行专职一级导演职责；木哈达斯同志任新疆电视台哈萨克语译制部主任；免去夏依苏尔坦同志新疆电视台译制中心副主任职务，履行专职高级编辑职责；聘任梁建春同志为新疆电视台广告部副主任；聘任王作福同志为新疆电视台广告部副主任。

同月

○ 新疆电视台影视文体频道和新疆新天文化发展有限公司开办以财经类节目《新天每日财经》。栏目以金融证券为主要内容，下设《证券快讯》、《沪深股市扫描》等10个板块。每周播出6次，每次15分钟。

4月7日

新疆电视台英文版专题栏目《大陆桥》开播。

4月8日

新疆电视台播出维吾尔语"古尔邦节"综合性电视文艺晚会《节日的微笑》。

4月20—27日

在中国广播电视新闻奖1997年度电视新闻奖评选中，新疆电视台《玉米丰收之后》（主创人员：李植诚、贺燕青）获新闻评论类三等奖、《引来幸福水》（主创人员：伊力汗·奥斯曼、杨洪新、柴学东、张洪）获系列（连续）报道三等奖。

同月

○ 新疆电视台在自治区广播电影电视厅范围内公开招聘新疆电视台广告部主任。

○ 新疆电视台《今日访谈》由每周3期增加为每周5期。

5月8日

新疆电视台召开记者站第一次工作会议。

5月19日

新疆电视台录制"六一"少儿文艺晚会《送给花儿的礼物》。

5 月 19—26 日

由新疆电视台牵头，全国 11 家省（区）电视台共同策划、实施的 1998 年度第二届中国西部电视制作集团少儿节目研讨会在乌鲁木齐市召开。

5 月 27—29 日

新疆电视台主持召开全疆电视新闻通联工作会议。

5 月—1999 年 5 月

自治区总工会与新疆电视台联合，在《新疆新闻联播》中开办《主人翁风采》栏目。用维吾尔、汉、哈萨克三种语言播出，每周播出 2—3 条。

同月

○ 新疆电视台新闻部主任伊力汗·奥斯曼当选为自治区直属机关优秀共产党员。

6 月 1 日

在第四届全国少儿电视"金童奖"评选中，新疆电视台《交朋友》获专题节目二等奖；新疆电视台、独山子电视台合拍的《火红的六月》获文艺节目三等奖；《雪莲花》获优秀栏目奖。

6 月 4 日

自治区党委宣传部、自治区广播电影电视厅、自治区文联、新疆电视台、新疆电视艺术家协会联合举办新疆首届"十佳电视艺术家"评选活动。新疆电视台吴布力哈斯木·霍加艾合买提、胡尔西丹·吾甫尔、曾健、冯潜国、王玉新、阿德力·吾斯曼、艾来提·乌斯曼同志当选。

6 月 9—18 日

在中国广播电视新闻奖 97 年度电视社教节目评选中，新疆电视台选送的社教节目《天堑飞鹰》获人物类一等奖；社教节目《神秘的罗布泊》获二等奖。

6月18日

新疆电视台上报《关于请求电传中央电视台〈新闻联播〉稿的报告》，自治区人大代表签署意见，自治区副主席买买提明·扎克尔给予批示。

同月

○ 新疆电视台副台长吴布力哈斯木·霍加艾合买提、夏肯当选自治区文联各文艺家协会中青年会员"德艺双馨"奖。

7月15日

经自治区广播电影电视厅研究决定（新广厅字〔1998〕96号文），茹仙古丽同志任新疆电视台纪检委副处级纪检监察员；阿里甫·尼亚孜同志任新疆电视台维吾尔语译制部副主任（主持工作）。

7月17日

新疆电视台对《新疆新闻联播》的片头、片尾及音乐字幕制作进行重新包装。

7月29日

新疆电视台完成5讯道数字转播车的装配工作，通过验收正式启用。这辆五讯道数字电视转播车填补了新疆数字电视转播车的空白。

7月30日

新疆电视台发文（新视台字〔1998〕54号）并召开全体职工大会对阿曼太、唐文才两位同志进行表彰奖励。阿曼太同志利用在中央电视台学习的机会，为我台争取到了中央电视台12演播室全套灯光、视音频，缓解了我台演播室设备紧张的局面，为我台250平方米演播室安装提供了条件。唐文才同志在我台对600平方米演播室的维修改造工作中，为台里经费紧张分忧解难，只用了4万余元将全部灯光设备进行了保养，并对部分设备进行了技术改造和修理。为了表彰这两位同志热爱本职工作、勇于奉献、积极努力地为电视台争做贡献的精神，经台党委会议研究决定，给予阿曼太奖励10000元，给予唐文才奖励2000元，并在全台通报表彰。

同月

○ 新疆电视台、贵州电视台、新疆民航局、新疆春秋旅行社、贵州春秋旅行社等联合举办"雪莲花 98 手拉手夏令营"。

○ 新疆电视台完成 600 平方米演播室灯光系统改造和检修工程。制作部仅花费 4 万元对全部灯光设备进行了保养，并对部分设备进行了技术改造和修理。

8 月 21 日

经自治区广播电影电视厅研究决定（新广厅字〔1998〕102 号文、新广厅字〔1998〕104 号文），林汉光同志担任新疆电视台总工程师，免去新疆广播电影电视厅节目传输部主任职务。

同月

○ 在第八届中国新闻奖评选中，新疆电视台选送的系列报道《引来幸福水》获得二等奖（主创人员：伊力汗·奥斯曼、杨洪新、柴学东、张洪）。

9 月 1—8 日

新疆电视台新闻部现场直播第七届新疆乌鲁木齐对外经济贸易洽谈会开幕式。这是新疆电视台首次对大型活动进行现场直播。

9 月 11 日

新疆电视台将价值 6 万余元的设备器材支援对口扶贫县托里广播电视事业局。

9 月 15 日—12 月 30 日

新疆电视台《新疆新闻联播》开办大型系列报道《改革开放 20 年》，连续报道我区 20 年来的巨大变化，展示 20 年来的成就。

9 月 23 日

新疆电视台不再承担电大课程的播出。结束了近 20 年来新疆电视台播出电大课程的历史。

同月

○ 新疆电视台提交《关于对建议当天译播中央电视台〈新闻联播〉节目提案的汇报和建议》。

○ 新疆电视台电视剧译制中心划分为维吾尔语译制部和哈萨克语译制部。

10 月 1 日

新疆电视台《新疆晚间新闻》改版，增加了舆论监督类报道。

10 月 8 日

自治区人民政府任命（新政任字［1998］88 号、新广厅字［1998］139 号文）施生田为新疆电视台台长。免去赵庆忠新疆电视台台长职务。

施生田（1952—　），陕西蓝田县人，中共党员。毕业于新疆大学中文系，1996 年 1 月评为高级编辑。1998 年 10 月—2007 年任新疆电视台台长、党委副书记。历任新闻部记者、组长、副主任，专题部（社教部）主任，新疆经济电视台台长、总编辑，兼任中国电视艺术家协会纪录片学术研究委员会副会长，现任自治区党委宣传部副部长。

10 月 12 日

经自治区广播电影电视厅研究决定（新广厅字［1998］138 号文），罗桂荣同志任广播电影电视厅审计处处长，免去其新疆电视台党委委员、副台长职务；林汉光同志任新疆电视台党委委员、副台长。

10 月 12—18 日

在中国西部电视技术协会第十届年会上，新疆电视台选送的 3 件作品获奖。

10 月 19 日

自治区党委宣传部批复（新党宣干字［1998］25 号文），施生田任新疆电视台党委委员、党委副书记。

11 月 2 日

新疆电视台确立党委成员分工：曹瑞德负责总编室、经济部、文艺部、人保部、纪检监察室；施生田负责新闻部、社教部、国际部、广告部、台办室；吴布力哈斯木·霍加艾合买提负责电视制片中心、维吾尔语译制部，协助管理文艺部维吾尔语宣传；夏肯负责哈萨克语译制部、哈萨克语编译部、哈萨克语专题部，协助管理文艺部哈萨克语宣传；阿布都拉·尤里瓦斯负责维吾尔语编译部、维吾尔语文艺部、维吾尔语专题部；杨生辉负责影视文体频道、卫视部，协助管理汉语宣传；林汉光负责总工办、制作部、播出部，协助管理行政和保卫工作；贺诚负责协助书记分管纪检监察，主管党总支、工会、共青团、妇联工作。

11 月 18 日

新疆电视台制定《新疆电视台空白磁带管理办法》。

12 月 25 日

经自治区广播电影电视厅研究决定（新广厅字〔1998〕177 号文），聘任于建海同志为新疆电视台广告部主任（法人代表），方大国际传播中心经理；解聘王淑兰同志广告部主任（法人代表），方大国际传播中心经理职务。

12 月 30 日

新疆电视台制定《新疆电视台关于加强财务管理的补充规定》。

12 月 31 日

新疆电视台制定《关于执行知识竞赛统一价格的通知》。

同月

○ 纪念十一届三中全会召开 20 周年，新疆电视台与自治区党委宣传部联合举办大型电视文艺晚会《走进新时代》。

○ 新疆电视台 4000 多平方米的处级干部住宅楼主体工程完工。

○ 新疆电视台制定 1999 年工作指标及政策规定，这是新疆电视台一号文件的雏形。

同年

○ 在全国优秀电视经济节目评选中，新疆电视台选送的消息《新疆阿瓦提县西沙依拉提村科技种田创高产》、《我国第一套国产大化肥装置在乌石化建成投产》、专题《话说新疆水产》分获二等奖。

○ 新疆经济电视台拍摄的纪录片《接羔时节》（编导盛丰田等）在第三届波兰"民族家园节"上获奖。

○ 新疆电视台全年在中央电视台发稿 323 条。

○ 新疆电视台面向青年观众开办生活消费服务类节目《周末快车》，时长 30 分钟。

○ 新疆电视台维吾尔语专题部《今日新疆》栏目改版为《美丽家园》，介绍我区的名胜古迹、风土人情和各地各行业取得的成绩。

○ 新疆经济电视台节目调整，由转播中央电视台第二套节目改为编播中央电视台第二套节目，增加了播出时间，加大了自办节目的数量，栏目设置更加专业化。

○ 新疆电视台新闻部搭建《新疆晚间新闻》演播室。

○ 新疆电视台总编室开办《点歌台》栏目。每周 3 期，时长 10 分钟。

○ 新疆电视台维吾尔语专题部制定《维专部定额管理细则》、《维专部栏目制片人制度实施细则》。

1999 年

1 月 1 日

新疆电视台制定《办公室规章制度汇编（试行）》。包括《台办室工作指标及政策规定》等 17 项管理规定。

同日

○ 新疆电视台取消原宣传值班和安全值班制，正式实行总值班制。

1月7日

新疆电视台制定《关于执行广告统一价格管理的规定》，后附广告价格表、内部最低限价表、播出规则、实施细则及管理规定。

1月14日

新疆电视台对1998年度34个先进集体（7个先进部室、27个先进科组）、70个先进个人进行通报表彰。

1月15日

新疆电视台召开福利委员会第一次会议。会议研究制定了新疆电视台职工福利补助金发放原则、标准及具体发放方法。

1月18日

新疆电视台《午间新闻》栏目开播，主要选编当天区内外及国际发生的重要新闻，侧重科、教、文、卫、体等。栏目长度5分钟。

同日

○ 新疆电视台制定《新疆电视台1999年各部门经费包干实施细则》。

1月19日

新疆电视台开办农业综合性栏目《农牧天地》，填补了新疆电视节目多年来没有农业节目的空白。下设《乡村纪事》、《农牧科技长廊》、《扶贫专递》、《明星乡镇》、《农牧气象》等板块。每周2期、每期20分钟。

1月22日

新疆电视台制定《新疆电视台车队车辆管理办法（试行）》。后附《部门固定车辆管理办法》及《运价表》。

1月29日

新疆电视台在自治区广播电影电视厅范围内招聘电视制片中心主任。

同月

○ 新疆电视台制定《新疆电视台公费医疗管理办法》。

○ 新疆电视台《新疆每日财经》和《经济时空》栏目合并为《经济20分》。

○ 为迎接9省市春节晚会，新疆电视台购置了12米摄像升降摇臂1部，增强了节目图像录制手段。

1月—3月

新疆电视台开展以"讲学习、讲政治、讲正气"为主要内容的党性党风教育活动。新疆电视台成立"三讲"教育领导小组，组长曹瑞德。党委成员和各部(室)副处以上干部参加学习。

1月

新疆电视台投资149万元更新维吾尔语电视译制中心的设备。

2月25日

新疆电视台文艺部主任胡尔西丹·吾甫尔入选"中国百佳电视艺术工作者"。

2月28日

经自治区广播电影电视厅研究决定（新广厅字［1999］16号文）自治区党委宣传部批复，赵飞同志任新疆经济电视台台长、副总编辑；冯志铭同志任新疆经济电视台总编辑；免去施生田同志新疆经济电视台台长、总编辑职务。

同月

○ 由新疆维吾尔自治区党委宣传部、自治区交通厅、新疆石油管理局、新疆电视台、上海卫视中心、北京电视台等12家单位联合举办的1999年春节文艺晚会——《万方乐奏贺新春》录制并播出。

○ 新疆电视台与新疆伊犁酿酒总厂联合主办第四届新疆青年歌手电视大奖赛。

○ 新疆电视台播出1999年古尔邦节文艺晚会《欢乐的节日》。

3 月 5—15 日

新疆电视台首次利用国际通讯卫星双向传输手段实现了全国"两会"新闻当天回传、当天播出，使我区各族观众第一时间了解了新疆代表团参加全国"两会"的情况。

3 月 11 日

自治区广播电影电视厅研究决定（新广厅字 [1999] 20 号文），免去唐玉生新疆电视台经济部副主任职务。

3 月 19 日

新疆电视台制定《关于加强全疆通联稿件送稿管理决定的通知》。

3 月 20—26 日

在中国广播电视新闻奖 1997、1998 年度"中国彩虹奖"对外电视节目评选中，新疆电视台选送的《天山·母亲》（英语译制）获人物专题三等奖。

同月

○ 自治区团委、自治区高校工委、自治区教委、自治区学联、新疆电视台联合主办"新疆大学生歌手大赛"。

○ 新疆维吾尔语栏目《观众之友》改版为《金色之窗》。

○ 在 1998 年度新疆广播电视新闻奖电视新闻类、电视社教类评选中，新疆电视台获得 2 个特别奖、8 个一等奖、9 个二等奖。

4 月 5 日

新疆电视台制定保密工作规定。

4 月 11—16 日

在首届全国维吾尔、哈萨克语广播电视优秀节目评选中，新疆电视台选送的维吾尔语节目《心系乡亲》、《快速发展的交通事业》等三部专题片获得一等奖。《节日的快乐》、《花朵的献礼》、《塔里木的旋律》等文艺类作品获一等奖。新疆电视台《文艺天地》第114期获二等奖。由穆尼拉·吾甫尔、帕提古丽等同志撰写的论文获得一等奖，其余9篇论文获二等奖。

4月15日

新疆电视台制定《关于对总值班人员漏岗脱岗的处罚规定》。

4月27日

国家广播电影电视总局副局长赵实、电影局副局长王庚年在自治区广电局领导的陪同下视察了新疆电视台。

同月

○ 新疆维吾尔自治区党委宣传部、新疆电视台协同有关单位联合摄制庆祝建国五十周年大型电视文艺晚会《天山情怀》。

5月1日

新疆电视台正式实施《关于按照办事程序办事的暂行规定》。

5月5日

经自治区广播电影电视厅研究决定（新广厅〔1999〕42号文），薛守恭同志任新疆电视台制作技术部主任，免去其总工办主任职务。胡玉宁同志任新疆电视台总工办主任，免去其制作技术部主任职务。

同日

○《新疆日报》以4个整版全文刊发新疆电视台制作的12集历史文化系列片《中国西域》解说词，并发表多篇专家片评。

5月6日

新疆电视台制定《彩电大楼防火安全制度》。

5月8日

新疆电视台三种语言四个频道完整、准时转播中央台声讨北约野蛮暴行的专题节目。《新疆晚间新闻》及时播发了我区的第一条消息。

5月25日

新疆电视台制定《破坏性地震应急预案》。成立新疆电视台抗震救灾总指挥部。

同月

○ 国家广播电影电视总局副局长张海涛在自治区广电厅领导的陪同下视察了新疆电视台。

○ 由新疆电视台制作的 12 集历史文化系列片《中国西域》播出。该片在充分吸纳当代学术界研究成果的基础上，通过权威典籍记载和大量出土的、留存的实物叙述、论证了中国新疆 2000 多年历史和文化，是一部很好的对各族人民进行爱国主义教育的形象教材。自治区党委常委专门召开了集体审片会，给予《中国西域》高度评价。该片用维、汉、哈 3 种语言播出并向全疆发行了录象带、光盘。

○ 新疆电视台卫视部播出综合性栏目《天山南北》。该节目以新疆的人、事、情、景为基点，让观众以全方位的视角了解新疆。

○ 新疆电视台新闻部主任伊力汗·奥斯曼同志获得国务院特殊津贴。

6月1日

新疆电视台播出维吾尔、汉、哈萨克三种语言、四个频道的"六·一"儿童文艺晚会。

6月13日

新疆电视台哈萨克语专题部推出少儿栏目《蓓蕾》。栏目融趣味性、知识性、娱乐性于一体。每周 1 期，每期 20 分钟。

6月22日

经自治区广播电影电视厅研究决定（新广厅 [1999] 70 号文），聘任赵辉文为新疆电视台广告部副主任。

6月28日

由新疆维吾尔自治区党委组织部和新疆电视台联合制作的系列电视专题片《情系边疆》开播。

同月

○ 新疆电视台和自治区卫生厅联合举办"吴登云事迹专题文艺晚会"。

○ 新疆电视台利用中央电视台十二演播室的部分设备再次对原上海广播器材厂组装的彩色录像车的车体和设备进行技术改造，将摄像机换成广播级档次（BVP—7P），记录信号指标为模拟分量信号。

7月15日

新疆电视台维吾尔语《新疆新闻联播》调整为整点播出（北京时间21：00）。

7月19日—10月13日

新疆电视台在全台范围内开展以"讲学习、讲政治、讲正气"为主要内容的党性党风教育活动。学习活动分四个阶段：第一阶段为思想动员、学习提高阶段；第二阶段为自我剖析、听取意见阶段；第三阶段为交流思想、开展批评阶段；第四阶段为认真整改、巩固成果阶段。

同月

○ 在中国广播电视新闻奖1998年电视新闻奖、电视社教节目评选中，新疆电视台与23家电视台联合制作的社教节目《1998年度"3·15"行动》获得特别奖，《我国机电产品首次出口海湾市场》获短消息三等奖，《天山南北告别"马背小学"》获长消息三等奖，《无怨无悔的人生》获系列（连续）报道类三等奖；新疆经济电视台《一个生命的永恒》获专题三等奖；新疆电视台《新疆棉花生产还要发展吗?》获经济类专题系列片三等奖，《天山·母亲》（英语译制）获人物专题三等奖。

○ 由北京新奥特集团新疆分公司承建的新疆电视台非线性编辑机房建成并投入使用。

○ 新疆电视台新闻部主任伊力汗·奥斯曼获新疆第四届"十大杰出青年"

称号。

○ 由新疆电视台总工办牵头，自治区广播电影电视厅科研所承建，在新疆电视台彩电中心大楼建成了一个拥有 55 个用户端口的新疆电视台局域网。

8 月 17—18 日

在第十七届"中国电视金鹰奖"评选中，新疆经济电视台《伊犁河情思》（编导赵会勤等）获优秀电视专题文艺奖；新疆经济电视台《希望从这里延伸》（编导田丽等）获最佳短篇电视纪录片。

8 月 22 日

新疆电视台与自治区人民政府、自治区再就业办公室联合开办电视专栏节目《再就业之路》。播出 12 集节目。

8 月 28 日

新疆电视台和湖南电视台《快乐大本营》栏目联合举办《心动时刻》特别节目——《走近新疆》。

同月

○ 新疆电视台摄制完成大型电视系列片《腾飞的新疆》。该片全面反映了新疆解放以来的发展变化和取得的巨大成就。该片共 8 集，每集 30 分钟。第一集《敬礼中南海》、第二集《殷殷手足情》、第三集《主人风采录》、第四集《五彩交响曲》、第五集《放眼天山外》、第六集《城市变奏曲》、第七集《走向小康路》、第八集《迈向新世纪》。

同月

○ 新疆电视台新建处级副高楼完工并验收。

9 月 1 日

新疆电视台实现了用维吾尔、哈萨克两种语言译播中央电视台当天的《新闻联播》节目，从而使全疆各族人民在中央电视台《新闻联播》节目播出 3 小时后就能看到当天译播的维吾尔、哈萨克语《新闻联播》节目。当晚，新疆电视台举行当日译播庆典仪式。

9 月 6—13 日

在中国西部电视技术协会第十一届年会上，新疆电视台有 7 件作品获奖。

9 月 25 日

在第四届全国广播电视节目主持人"金话筒"奖评选中，新疆电视台明月荣获铜奖和"全国百优电视节目主持人"称号。

9 月 29 日

新疆电视台与新疆金澜实业有限公司合作拍摄的电视剧《明天的太阳》正式开拍。

同日

○ 新疆电视台现场直播自治区庆国庆 50 周年大型文艺晚会《天山儿女的祝福》。

9 月 30 日

新疆电视台录制国庆 50 周年新疆人民会堂 3000 人庆祝大会。

同月

○ 新疆电视台文艺部与马兰基地联合举办反映我国导弹基地发展历史的文艺晚会《罗布泊之声》。

○ 新疆电视台开设国庆专栏《创佳绩　迎国庆》、《回眸——国庆报道》

10 月 1 日

新疆卫视—1、卫视—2、卫视—3 频道同步直转北京天安门广场国庆 50 周年庆祝大会。卫视—2、卫视—3 频道于当日译制播出该庆祝大会。当晚，卫视—1 同步直转焰火晚会。新疆电视台三种语言同步现场直播、直转区直机关"祖国颂"大型文艺演出、自治区庆国庆 50 周年干部大会、中央台国庆阅兵等重大宣传活动。

10 月 1—30 日

自治区党委宣传部和新疆电视台共同举办"建国 50 周年专题片行业篇"展播活动。共 30 集，以维吾尔、汉、哈萨克三种语言在新疆电视台三个上星频道播出。

10 月 8 日

新疆电视台和新疆广播电视学会联合举办《播音员之声》电视晚会。

10 月 30 日—11 月 8 日

在第十三届全国电视文艺"星光奖"评选中，由新疆电视台、陕西电视台等 13 家单位合作完成的大型电视文艺晚会《西部大联欢》获二等奖；新疆电视台与上海卫星电视中心等 9 家单位联合完成的《1999 年万方乐奏贺新春》获三等奖；新疆电视台、伊犁电视台等三家单位联合完成的《天山女孩》获小型节目三等奖；新疆电视台《西域综艺》获优秀栏目奖。

同月

○ 新疆电视台《今日访谈》栏目首次荣获"中国新闻优秀专栏奖"。

○ 由新疆电视台摄制的 22 集维吾尔语专题艺术片《献礼》、人物专题片《共和国的同龄人》、5 集系列片《百姓生活话变迁》、《空中看新疆》，参与摄制的百集系列片《难忘第一》、与西北五省区联合摄制系列片《中国大西北》等节目陆续在国庆期间播出。

○ 新疆电视台购置了一套北京易德视科贸有限责任公司 YD—2000 半自动播出系统，更换了影视文体频道（原雪莲电视台）原来的简易中心。至此，新疆电视台 4 个频道全部实现了半自动化播出。

○ 新疆电视台胡尔西丹·吾甫尔、曾健、谭朝辉入选新疆"德艺双馨"文艺百佳。

11 月 1 日

在第七届全国少数民族题材电视艺术"骏马奖"、第二届全国少数民族题材电影"骏马奖"评选中，新疆电视台选送的维吾尔语译制剧《三国演义》、《英雄无悔》、《香港的故事》及哈萨克语译制剧《红楼梦》、《女人不是月亮》获得优秀译制片奖；新疆电视台维吾尔语译制部、哈萨克语译制部被评为"少数民族语电视译制工作先进集体"；新疆电视台维吾尔语译制部哈斯木·热西丁、阿瓦汗·艾依提同志，新疆电视台哈萨克语译制部叶尔肯·夏尔布汗、杰恩斯·吉英汗同志被评为"少数民族语电视译制工作先进个人"。

11月10—20日

新疆电视台台长、党委副书记施生田参加由自治区外宣办、自治区外办举办的外宣干部赴港学习班。

11月15日

新疆电视台制定《关于录像车、转播车、非线性编辑机及三维动画等设备对外有偿服务收费标准》征求意见稿。

12月5日

由新疆电视台与中央电视台联合制作的"同一片蓝天"春节特别节目——《兔奔龙跃过大年》节目在中央电视台第一套节目播出。新疆电视台承担该节目《西风篇》的拍摄任务。

12月15—16日

自治区党委宣传部、新疆广播电视学会、新疆电视台组织了关于庆祝建国五十周年全疆专题片展播评选活动。

12月16日

经自治区广播电影电视厅研究决定（新广厅字［1999］138号文），聘任阿里木·胡赛因同志任新疆电视台办公室主任；徐樟梅同志任新疆电视台经济部主任；阎亚杰同志任新疆电视台卫视部副主任；吴萍同志任新疆电视台所属雪莲电视台副台长；马玉霞同志任新疆电视台播出技术部副主任。

12月19—20日

新疆卫视—1、卫视—2、卫视—3直转、译播中央电视台关于澳门回归的多场重要直播活动。

12 月 22 日
新疆电视台申请成立新闻中心，统一管理新疆电视台维吾尔、汉、哈萨克三种语言的卫视新闻节目。

同日
○ 新疆电视台向自治区广播电影电视厅上报《关于对卫视—1、卫视—2、卫视—3 频道实行频道管理制的报告》。

○ 新疆电视台向自治区广播电影电视厅上报《关于调整影视文体频道管理方式的报告》。

12 月 29 日
由自治区党委宣传部和新疆电视台联合摄制的大型电视文艺晚会《世纪之声》在新疆电视台演播大厅现场直播。

同年
○ 新疆电视台《地州台 30 分》第 13 期获中国广播电视学会首届少数民族评奖二等奖。

○ 新疆电视台文艺部电视散文《过河》获首届中国电视诗歌散文大赛一等奖。

○ 新疆电视台《心系乡亲》、《震动的土地，坚强的意志》、《叶城之歌》、《白毡房与小木屋》获全国广电学会评奖一等奖。

○ 新疆电视台《我爱新疆》获中国少儿音乐电视大赛银奖。

○ 新疆电视台《CC97 在和田》获中国广电学会对农节目二等奖。

○ 新疆电视台纪录片《放道》获第三届全国行业电视奖一等奖、98 年度林业系统好新闻一等奖。

○ 新疆电视台专题片《自我创收改善生活》获得全国电视对农节目长片类二等奖。

○ 在首届全国少数民族人物短片展播大赛中，由新疆电视台哈萨克语专题部拍摄的专题片《海茹拉——雪鸡的朋友》荣获优秀作品奖。

○ 新疆电视台全年在中央电视台传送新闻 402 条，被采用 150 条，其中，一套节目的各档新闻栏目采用 105 条。

　　〇 新疆电视台第一次用卫星回传第六届全国少数民族运动会。

　　〇 纪念改革开放 20 周年，由新疆电视台摄制的中英文版专题片《沧桑巨变看新疆》在中央电视台第四套节目播出；维吾尔语专题部《美丽家园》栏目播出自采专题节目《辉煌 20 年》；哈萨克语专题部摄制专题片《沟尔图乡的新面貌》等。

　　〇 新疆电视台社教部开办交友类节目《心动时刻》。

　　〇 新疆电视台开办我区首档谈话类栏目《百姓论坛》。每期设置一个主题。

　　〇 新疆电视台维吾尔语栏目《今日新疆》改版为《美丽家园》。

　　〇 新疆电视台《公民与法》栏目改版为《隆安说法》。

　　〇 新疆电视台拍摄 10 集纪录片《党的光辉照新疆》。

　　〇 新疆电视台拍摄维吾尔语音乐电视剧《古兰木罕》。

　　〇 新疆电视台拍摄 4 集电视连续剧《岁月无痕》。该剧反映新中国成立 50 年来哈萨克族两代知识分子的成长经历以及改革开放给哈萨克草原带来的巨大变化。

　　〇 新疆经济电视台播出反映新疆和平解放历史的 5 集文献纪录片《历史的抉择》。

新疆电视台40 YEARS 发展史

2000–2010

2000 年

1 月 1 日

新疆电视台组织报道新疆维吾尔自治区喜迎新千年的活动。

1 月 3 日

经自治区广播电影电视厅党组讨论决定（新广厅字［2000］03 号文），同意对新疆电视台卫视—1、卫视—2、卫视—3 频道实行频道总监制，设置三个频道总监。杨生辉同志兼任卫视—1 频道总监；阿布都拉·尤里瓦斯同志兼任卫视—2 频道总监；夏肯·哈里奥拉同志兼任卫视—3 频道总监。

1 月 15 日

新疆电视台卫视—2 维吾尔语《天山艺苑》栏目开播，该节目主要通过主持人与特邀嘉宾对话交流的形式，配合现场观众针对当前社会中普遍存在的各种焦点问题和百姓关注的问题展开讨论。

1 月 28 日

雪莲电视台正式命名为"新疆电视台第四套节目"呼叫台标为"XJTV—4"，每日播出 18 小时节目。

同月

○ 新疆电视台纪录片创作室成立。

○ 新疆电视台发行内部刊物《新视信息》，由台办室主办。

2 月 21 日

经自治区党委讨论决定（新党干字［2000］41 号文），石永强同志任新疆电视台党委书记。

石永强，男，1957 年 5 月生，汉族，甘肃兰州人，1977 年 7 月参加工作，在哈密铁路分局新光农场工作，1982年2月毕业于新疆大学政治理论专业，获哲学学士学位。毕业后在自治区党委宣传部工作，历任宣传处主任科员、研究室副主任、干部处处长，期间挂职鄯善县委宣传部副部长、七克台乡党委副书记。1995年9月至1997年7月在中央党校中青班学习，取得研究生学历。1997年7月任新疆广电厅党组成员、新疆人民广播电台党委书记，2000年2月任新疆电视台党委书记。2003年12月评为高级编辑。自治区记者协会常务理事和自治区广播电视协会常务理事。2007年8月任新疆维吾尔自治区广播电影电视局副局长。2009年4月调任新疆维吾尔自治区新闻出版局党组书记。在10多年的广播电视新闻工作中，在各类报刊发表了几十篇论文。由他组织策划、编辑、监制的许多广播电视新闻作品、广播电视文艺作品及电视剧多次获得中宣部"五个一工程奖"、"中国新闻奖"一等奖、金鹰奖及其他各类奖项。

同日

○ 经自治区党委讨论决定，曹瑞德同志任自治区广播电影电视厅副厅级调研员，免去其自治区广播电影电视厅党组成员、新疆电视台党委书记职务。

同月

○ 新疆电视台对200平方米音乐录音棚进行了系统更新和数字化改造，配备了美奇D8B数字调音台、M20八轨数字录音机、美奇HDR24/96硬盘录音机、DAT数字录音机、CD刻录机和MD录放机，增强了电视节目的音响创作手段。

3月1日

新疆电视台卫视—3哈萨克语《农牧天地》栏目开播。

3月3日

自治区纪检委（新纪干函字 [2000] 6号文）、自治区广播电影电视厅讨论决定（新广厅 [2000] 8号），任命李玉新为新疆电视台纪检书记，免去贺诚新疆电视台党委委员、纪检书记职务。

3月6日

新疆电视台新闻中心成立，为正处级部门。伊力汗·奥斯曼担任新闻中心主任、杨洪新担任新闻中心副主任，下设新闻采访部、新闻评论部、维吾尔语新闻编译部、哈萨克语新闻编译部。维吾尔语、哈萨克语新闻编译部译播新疆电视台每日20分钟的《新疆新闻联播》和每期10分钟的《今日访谈》节目。

3月8日
新疆电视台党总支改选，台纪检书记李玉新当选为党总支书记。

3月21日
经自治区党委宣传部（新党宣干字［2000］05及06号文），自治区广播电影电视厅党组讨论决定（新广厅［2000］14号文），任命李玉新为新疆电视台党委委员；任命周晓影为新疆有线电视台总编辑、副台长，免去新疆广播电影电视厅总编室副主任职务。

3月29日
新疆电视台召开工会成立大会。台纪检书记、党总支书记李玉新担任工会主席，阿里木·胡赛因、潘军担任常务副主席。

同月
○ 新疆电视台卫视部恢复播出《天山南北》栏目。该栏目分设《天山儿女》、《天山情话》、《天山神韵》、《天山纪实》四个板块，每期节目根据内容不同而灵活选定相应版块。《天山南北》采用电视访问、纪实等多种手法，既表现当代新疆人的精神风貌，又描述新疆的自然景观，重点和典型并重。

4月1日
新疆电视台实施频道制管理。

同日
○ 新疆电视台纪录片部开办新栏目《真实世界》，搭建了纪录片播出的专有平台。每周六23：00播出，每次30分钟，周日12：00重播。

同月

○ 新疆电视台维吾尔语专题部推出新栏目《科技博览》。该栏目以学科学、讲科学、用科学为目的，报道自治区科技发展情况和科技动态。下设《科技信息》、《科技知识》、《科技人才》、《科技论坛》、《发明家百传》、《电脑与生活》、《农村科技》、《外国科技》8 个板块。每周六播一期，每期 20 分钟。

○ 新疆电视台卫视—1 文艺部《新疆文艺三十分》栏目开办。该栏目以弘扬新疆文化艺术，展示新疆文艺精品，挖掘新疆文化资源，宣传新疆文化事业为宗旨，下设《艺苑传真》、《风流人物》、《作品赏析》、《影视精品》4 个小板块。每月制作 2 期，每周三首播，周四重播。

4 月 4 日

新疆电视台经济部《经济之窗》栏目开播。该栏目以深度报道，生活服务，再就业为主题，多角度反映新疆的经济生活。每期 10 分钟，每周播出三期。

4 月 16 日

新疆电视台与山东齐鲁电视台联合制作《心动时刻》特别节目——《天山泰山手拉手》。

同月

○ 新疆电视台台长施生田当选中国电视艺术家协会（视协）纪录片学会副会长。

○ 新疆电视台国际部开办《百姓话题》栏目，邀请社会各界人物走进演播厅，畅谈新疆最富时代气息和地方特色的话题。

○ 新疆电视台申请注册域名：xjtvs.com.cn。

5 月 18 日

新疆电视台经济部《商务 20 分》栏目开播。该栏目是以金融证券、楼市行情、住处传递为主要内容的服务性栏目，每天一期。

5月20—22日

2000年全疆电视宣传工作会议召开。此次会议以"新疆电视台建台30周年、新疆电视发展30周年、西部大开发电视宣传研讨"为主题,主要对"新疆电视台改革发展现状及西部大开发宣传设想、新疆新闻宣传改革及新闻通联互作、全疆电视台总编室系统联系及全疆电视台协作供片"等进行专题研讨。

同月

○ 新疆电视台举办"五·一"大型歌舞晚会《五月放歌》。

○ 新疆电视台采用远程联网方式,实现了与新疆维吾尔自治区人民政府办公厅网络联接、交换公文、传递政务信息。

6月5日

新疆电视台新闻中心《新疆晚间新闻》改版为《晚间报道》,栏目主要以社会新闻为主。节目定位以阐释方针政策、关注社会热点、反映群众呼声的"社会新闻"为主的综合性新闻栏目,也是新疆电视台开办的第一档采用"说新闻"播报的栏目。

6月6日

经自治区党委宣传部(新党宣干字〔2000〕15号文)、自治区广播电影电视厅党组讨论决定(新广厅〔2000〕26号文),任命伊力汗·奥斯曼为新疆电视台党委委员、副台长;任命哈那提·毛林拜为新疆电视台党委委员、副台长;任命迪里夏提·艾则孜为新疆电视台党委委员、副台长。吴布力哈斯木·霍加艾合买提不再担任新疆电视台党委委员、副台长职务,专职履行高级编辑(高级记者)职务;夏肯·哈里奥不再担任新疆电视台党委委员、副台长职务,专职履行高级编辑(高级记者)职务;阿布都拉·尤里瓦斯不再担任新疆电视台党委委员、副台长职务,专职履行高级编辑(高级记者)职务。任命任玲为新疆电视台人保部主任,免去新疆广播电影电视厅人事处副处长职务。

6月7日

经新疆电视台党委研究决定(新视党字〔2000〕6号文),新闻中心增设以下科组：综合科、网络科、新闻采访部重点新闻报道组、新闻采访部社会新闻组、新闻采访部午间新闻组、新闻评论部记者组、新闻评论部编播组、维语编译部新闻翻译组。

6 月 14 日

新疆电视台哈语专题部哈萨克语《科普之窗》栏目开播。

6 月 18 日

国务院副秘书长刘奇葆在自治区党委副书记克尤木·巴吾东、自治区党委常委、宣传部部长吴敦夫和自治区广电厅领导的陪同下，视察了新疆电视台。

6 月 29 日

新疆电视台举行团总支换届选举大会，新一届团总支由解灵俊、李浩鹰、娜琴、贾林等 8 人组成。

同月

○ 在第九届全国青年歌手电视大奖赛中，新疆电视台获团体优胜奖，选送的王宏伟获民族唱法金奖，努尔古丽获美声唱法优秀奖。

○ 新疆电视台 600 平方米演播室和 250 平方米演播室音响扩声系统更新投入使用。

7 月 6—7 日

新疆电视台与中央电视台共同录制两期《实话实说》节目。

7 月 14 日

新疆电视台现场直播"2000 中国国内旅游交易会"开幕式。此次直播为两辆电视转播车联用实况直播，直播以"西部开发，风光无限"为主题，向全国观众展示了新疆美丽的自然风景和旅游资源。

7 月 19 日

经自治区广播电影电视厅党组讨论决定（新广厅 [2000] 121 号文、新广厅〔2000〕122号文），任命哈那提·毛林拜为新疆卫视3频道总监；任命迪里夏提·艾则孜为新疆卫视2频道总监；同意夏肯·哈里奥、阿布都拉·尤里瓦斯不再兼任频道总监职务；任命莱买提汗为新疆有线电视台副台长、副总编辑，免去新疆电视台哈语编辑部副主任职务。

7月21日

新疆电视台举办庆祝新疆电视台建台30周年大型笔会。

同月

○ 新疆电视台与中央电视台文艺中心、新疆维吾尔自治区党委宣传部、克拉玛依石油管理局在克拉玛依市共同举行了"西部之行——走进新疆"大型文艺晚会。

○ 新疆电视台新闻中心主任伊力汗·奥斯曼当选全国青联委员。

○ 新疆电视台吴布力哈斯木·霍加艾合买提、王玉新、阿迪里·乌斯曼入选"中国百佳电视艺术工作者"，艾兴同志入选"中国百佳老电视艺术工作者"。

○ 新疆电视台对 XJTV—1、XJTV—2、XJTV—3 三个上星频道进行了播控系统的升级改造，采用安徽现代数码商贸有限责任公司的 APS—98 自动播控系统，有效地提高了播出的安全性。

8月4—9日

由新疆电视台承办的西北五省台"新疆行"广告招商会在乌鲁木齐召开。

8月6—12日

由新疆电视台承办的"2000年全国电视新闻年会"在乌鲁木齐召开，中央电视台领导罗明、孙玉胜和全国各省级电视台台长、副台长、新闻中心（部）主任70多人参加了会议。

8月12日

中共中央政治局委员、书记处书记、中宣部部长丁关根在自治区领导王乐泉、阿不来提·阿不都热西提、克尤木·巴吾东、吴敦夫以及广电局领导何富麟、肖开提·依明等陪同下视察新疆电视台。

8 月 12—17 日

在宁夏银川市举办的中国西部电视技术协会 2000（第 12 届）年会上，新疆电视台申报的电视节目安全播出奖、电视节目录制技术质量奖和电视节目播出技术质量奖均获 2 等奖。同时，1 项技术成果获 2 等奖，9 篇技术论文分获一、二、三等奖。

同日

○ 新疆电视台和中央电视台联合摄制的八集电视连续剧《帕米尔医生》在乌恰县开机拍摄。

8 月 21 日

新疆电视台党委研究决定（新视台字 [2000] 19 号文），经济部增设综合业务组；纪录片室增设记者一组、记者二组、《真实世界》栏目组；哈语专题部增设科技组，同时将原专题组更名为农牧组，青少年组更名为文体组。

同月

○ 新疆电视台和上海电视台联合举办《希望之旅——2000 年西部行 312 国道到达庆典》文艺晚会。

○ 新疆电视台对 250 平方米演播室进行了装修并安装了空调系统。

9 月 24 日

自治区党委书记王乐泉、副书记克尤木·巴吾东在党委宣传部副部长段桐华、广电局党组书记何富麟等领导陪同下视察新疆电视台。

9 月 25 日

新疆卫视—2 维吾尔语节目播出时间由每天累计 15 小时左右增加到 18 小时30 分钟不间断播出；卫视—3 哈萨克语节目由每天累计播出 10 小时左右增加到16 小时不间断播出。

9 月 26 日

中宣部副部长、国家广播电影电视总局局长徐光春来新疆电视台视察调研，并为新疆电视台建台三十周年题词"传播党的声音，树立党的形象，全心全意为新疆各族人民服务"。

9月28日

新疆电视台成立三十周年暨新疆电视事业发展三十年庆祝大会在新疆电视台彩电中心大演播厅召开。新疆维吾尔自治区党政军领导贾那布尔、克尤木·巴吾东、胡吉汉·哈克莫夫、王贵振、伊不拉音·苏莱曼、王永才等出席了会议。中宣部副部长、国家广电总局局长徐光春和国家广电总局、中央电视台及兄弟省台发来贺电。

庆祝大会上，新疆电视台为施生田、杨生辉、吴布力哈斯木·霍加艾合买提等55位在电视台工作满20年以上的同志颁发了"奉献新疆电视20年"纪念盘。

新疆维吾尔自治区精神文明建设指导委员会办公室主任李向军在大会上宣读授予新疆电视台自治区区级精神文明单位的决定。自治区政协主席贾纳布尔、党委副书记克尤木·巴吾东为新疆电视台颁发了自治区级精神文明单位牌匾。

同月

○ 新疆电视台卡克西·海尔江获"全国百佳新闻工作者"称号。

10月1日

新疆电视台财务结算工作全部实现电算化。

同日

○ 新疆电视台所有汉语节目（XJTV—1、XJTV—4）停止使用 BVU 系列磁带（3/4 磁带）的播出，播出带全部使用 BETACAM 系列。

10月6日

新疆电视台用维吾尔语、汉语、哈萨克语对"高空王子"阿迪力横跨南岳衡山进行了直播，阿迪力在1399.6米长、436米高的钢丝上挑战极限，创造了新的世界吉尼斯记录。

11 月 8 日

新疆电视台与自治区记者协会共同举办了新疆第一届记者节《与时代同行》电视文艺晚会。

10 月 9 日

新疆电视台对"奥运健儿西部行"报告会进行现场直播。

同月

○ 新疆电视台对部分部门主任、副主任实行公开竞聘上岗。

同年

○ 新疆电视台纪录片部共拍摄完成了纪录片 18 部、电视散文 6 部。

○ 新疆电视台整合《隆安说法》、《法庭内外》两档法制栏目，开播了新版《法庭内外》节目，一周一期，每期时长 20 分钟。该栏目的宗旨是普及法律知识，弘扬法的精神，传播法的理念，引导全社会知法、学法、懂法、用法。

○ 2000 年是国家实施西部大开发的第一年。《新疆新闻联播》栏目开设了《西部大开发访谈录》、《西部大开发在新疆》两个专栏。

○ 新疆电视台制片中心重新改称电视剧部。

○ 新疆电视台总编室开办《新视综艺》栏目，时长 15 分钟，每周三期。

○ 新疆电视台军区记者站成立，张林熙任站长。

○ 新疆电视台表彰 1999 年度先进部（室）8 个、先进科组 26 个、先进个人 73 名、优秀党务工作者 12 名。评选表彰文明部室 19 个。

○ 新疆电视台播出部获得 2000 年度区直机关"青年文明号"单位。

○ 新疆电视台伊力汗·奥斯曼获得"自治区十大杰出青年"。

○ 新疆电视台杨洪新、沙哈提·木塔力甫获得新疆维吾尔自治区先进工作者称号。

○ 新疆电视台马玉霞获新疆维吾尔自治区"三·八"红旗手称号。

2001 年

1 月 19 日

新疆电视台 2000 年度表彰大会召开，自治区广播电影电视局局长肖开提·依明、局党组副书记杨连勇、副局长依德力希出席会议。

新疆电视台对 2000 年各项工作进行表彰总结。对获得各类荣誉称号的 3 个集体、8 名个人给予奖励，对 157 件获奖作品及有关人员进行表彰，对 8 个先进部室和 147 名先进工作者进行表彰。157 件获奖作品中：68 件获得国家政府级奖；57 件作品获新疆维吾尔自治区政府级奖；32 件作品获国家级单项奖。新疆电视台党委对 7 个先进党支部、19 名优秀党员、7 名优秀党务工作者进行了表彰。

1 月 24 日

新疆维吾尔自治区党委副书记、自治区主席司马义·铁力瓦尔地及自治区领导吴敦夫、周原在广电局和电视台领导的陪同下，慰问春节期间坚守在宣传一线的新疆电视台各族职工。

1 月 31 日

新疆电视台与上海电视台联合举办的 2001 年春节联欢晚会《共同的爱》在新疆电视台演播厅录制。

同月

○ 新疆电视台更新 600 平方米演播室大屏幕，安装了 4×4 组合、投影面积为 9.81 平方米的大屏幕投影电视墙。

○ 新疆电视台精神文明建设办公室成立。

2 月 5 日

经自治区广播电影电视局党组讨论决定（新广局 [2001] 25 号文），任命郭越岭为新疆电视台汉语节目中心社教部主任；依沙克·肉孜为新疆电视台维语节目中心社教部主任；叶明·昂达玛斯为新疆电视台新闻中心哈编部主任。

同日

○ 新疆电视台国际部开办《塞外旅游》栏目。

同日

○ 新疆电视台卫视—1 节目改版。

2 月 14 日

新疆电视台编委会成立，施生田任主任、石永强任副主任，杨生辉、林汉光、伊力汗·奥斯曼、哈那提·毛林拜、狄力夏提·艾则孜、徐樟梅为编委会成员。

同月

○ 徐樟梅任总编室主任，免去朱江风总编室主任，任研究室主任。

○ 新疆电视台卫视—1 社教部对《农牧天地》、《法庭内外》、《心动时刻》三个栏目进行了改版。

○ 新疆电视台卫视—1 社教部创办了《心动吉瑞祥》栏目，由企业冠名播出，该栏目内设歌舞、竞猜、游戏、摇奖等四个环节，长度 50 分钟，每周日播出。

○ 新疆电视台卫视—1 经济部将《商务二十分》和《经济之窗》合并改版为《西域经济》，栏目主要反映天山南北各行业的最新发展成就。节目时长 15 分钟，每周播出 3 次。

○ 新疆电视台与新疆福利彩票发行中心联办《福星·爱心对对碰》栏目，并录制播出福利彩票现场开奖情况。周五推出的 45 分钟演播室现场录制环节《爱心关注》。2004 年初至 2005 年 1 月，该环节成为独立的栏目。

○ 新疆电视台完成"2001 年古尔邦节"文艺晚会的录制工作。

3 月 12 日

新疆电视台修订宣传例会制度，制度确定了宣传例会的召开时间、参加人员、主要内容及相关具体要求。

同月

○ 新疆电视台编译部开始译播中央电视台杂志性节目《国际时讯》。该节目每周五期，每期 20 分钟。

○ 由新疆电视台与中央电视台联合拍摄的八集电视连续剧《帕米尔医生》新闻发布会在乌鲁木齐举行，自治区副主席买买提明·扎克尔出席会议。《帕米尔医生》先后在中央电视台一套、新疆卫视一套播出。

同月

○ 新疆电视台卫视—1 社教部获全国广电系统"三五"普法宣传教育先进集体。

○ 新疆电视台卫视—1 开办宣传新疆旅游资源的新栏目《走进新疆》。每周一期，每期 30 分钟。该栏目通过主持人以"导游"形式，全面介绍新疆的自然资源。

4 月 10 日

新疆电视台举办新疆电视节目维吾尔语、汉语、哈萨克语播音、主持人选拔赛。

4 月 11 日

经自治区广播电影电视局党组讨论决定（新广局 [2001] 43 号文），任命徐樟梅为新疆电视台党委委员、副台长，任命杨洪新为新疆电视台新闻中心主任；吾买尔江·穆罕默德为新疆电视台新闻中心副主任；齐正宇为新疆电视台新闻中心副主任；贺勇为新疆电视台纪检委副处级纪检监察员；杨生辉不再担任新疆电视台党委委员、副台长职务；冯志铭不再担任新疆经济电视台总编辑、副台长职务。

同日

○ 经自治区广播电影电视局党组讨论决定（新广局 [2001] 44 号文），任命李跃军为新疆电视台人事保卫部副主任，免去新疆广播电影电视局保卫处副处长职务；刘新荣为新疆电视台国际部主任，解聘新疆雪莲电视台台长职务；加娜提·克孜尔别克为新疆电视台国际部副主任，解聘新疆电视台卫视部副主任职务；陈君之为新疆电视台汉语节目中心社教部主任（副处待遇），解聘新疆雪莲电视台副台长职务；彭旸为新疆电视台卫视部（纪录片室）副主任，免去汉专部副主任职务；阿苏别克为新疆电视台哈语节目中心社教部主任，免去总编室副主任职务；巴依道列提为新疆电视台总编室副主任，免去哈专部副主任职务；吾尼尔汗·格孜拜为新疆电视台哈语节目中心影视剧译制部主任，免去文艺部副主任职务；马玉霞为新疆电视台技术中心总工办主任，免去播出技术部副主任职务；汪惠春为新疆电视台技术中心播出部主任，免去播出技术部副主任职务；吴春香为新疆电视台计划财务结算中心主任。杨生辉专职履行其专业技术职务职责；胡玉宁不再担任新疆电视总工办主任职务，专职履行专业技术职务职责；加马力丁·尕吉提不再担任新疆电视台维语编译部主任职务，专职履行其专业技术职务职责；玉山江·提力瓦尔地不再担任新疆电视台维专部副主任职务，专职履行其专业技术职务职责；阿里甫·尼亚孜不再担任新疆电视台维语译制部副主任职务，专职履行其专业技术职务职责；阿不都瓦力·亚合甫不再担任新疆电视台维语译制部副主任职务，专职履行其专业技术职务职责；热孜万·卡德尔不再担任新疆电视台维语译制部副主任职务，专职履行其专业技术职务职责；胡尔西丹·吾甫尔不再担任新疆电视台文艺部主任职务，专职履行其专业技术职务职责；再努拉不再担任新疆电视台哈专部主任职务，专职履行其专业技术职务职责；木哈代斯不再担任新疆电视台哈语译制部主任职务，专职履行其专业技术职务职责；铁克奇不再担任新疆电视台制作技术部副主任职务，专职履行其专业技术职务职责。

同日

○ 新疆电视台卫视—2、卫视—3自办栏目全面改版。其中卫视—2专题部开设了《科技园地》栏目。栏目定位为：提高科技文化素质，树立"爱科学、用科学"的观念。卫视—2《农牧天地》栏目改版为《沃土》。每期20分钟，每周三播出。主要反映农牧民生产生活发生的巨大变化和农村改革中的真人实事。下设《农村新貌》、《农民心语》、《致富之路》、《农牧顾问》、《农牧信息》等小板块。卫视—3《文艺天地》栏目改版为《夏热法提》。每期30分钟，周二播出。下设《名家访谈》、《希望之星》、《地方文艺》、《多彩世界》等板块，广泛介绍哈萨克族专业、业余民间艺术家，探讨民间文化艺术、赏析优秀文艺作品。

4 月 12 日

在 2000 年度新疆广播电视新闻奖评选中，新疆电视台选送的 21 件作品分获特别奖、一等奖。

4 月 23 日

新疆电视台制定出台《节目抽评及优秀节目评选管理制度》。

5 月 11 日

由新疆维吾尔自治区政协主办、新疆电视台协办的庆祝自治区政协成立 50 周年大型文艺晚会在新疆电视台卫视一套播出。

5 月 15 至 25 日

新疆电视台举办首届民族团结体育运动会。

5 月 17 日

经自治区广播电影电视局党组讨论决定（新广局［2001］58 号文），任命于建海为新疆电视台广告信息中心主任；赵辉文为新疆电视台广告信息中心副主任、兼广告部主任；吴萍为新疆电视台广告信息中心副主任、兼影视部主任；王作福为新疆电视台广告信息中心副主任、兼中心办公室主任。

同月

○ 新疆电视台成立影视译制中心。拥有 6 个录音棚，4 个机房、2 个拟录音棚、2 个合成机房、2 个字幕机房。译制工作形成了从剧本的抄写到最终的混录合成的流水生产线。

○ 新疆电视台《新星大擂台》栏目与新疆维吾尔自治区团委联合举办了"青春放歌新世纪"大型广场歌会。

○ 新疆电视台与自治区党委组织部、宣传部联合举办《西部先锋》电视专题片展播活动。

6 月 2 日

为纪念建党 80 周年，新疆电视台在《新疆新闻联播》中开办《党在新疆》栏目。

6 月 10 日

由广西、新疆、西藏、内蒙古、宁夏、贵州、云南西部七省（区）联合制作的大型电视歌舞晚会《赞歌献给党》在广西电视台录制完成。该晚会赞颂、讴歌建党 80 年来西部边疆发生的巨大变化，在各台卫星频道播出。

6 月 12 日

经新疆电视台党委讨论决定（新视台字[2001]23 号文），《关于将电视转播车、录像车划归技术中心管理的决定》规定：五讯道转播车和三讯道录像车及驾驶人员统一划归技术中心管理。

6 月 14 日

在 2000 年度中国广播电视学会电视经济节目奖评选中，新疆电视台选送的《技术流失让我们看到什么?》、《体育场拍卖的"锤"外弦音》两个节目分别获得专题类和评论类节目三等奖。

同日

○ 在阿勒泰地区抗灾救灾工作总结表彰大会上，阿勒泰地委、行署为新疆电视台颁发了"新疆 50 年不遇的灾害——与我们同在"的奖牌。

6 月 18 日

国家广播电影电视总局同意新疆电视台、新疆维吾尔自治区有线广播电视台、新疆经济电视台合并为一个播出实体，合并后的台名为新疆电视台，播出时称"新疆电视台"，开办 11 套节目。

同意原新疆电视台的综合频道(汉语)变更为第一套节目汉语新闻综合频道，原新疆电视台的综合频道(维吾尔语)变更为第二套节目维吾尔语新闻综合频道，原新疆电视台的综合频道(哈萨克语)变更为第三套节目哈萨克语新闻综合频道，原新疆电视台的文艺频道变更为第四套节目汉语综艺频道，原有线台的维吾尔语综合频道变更为第五套节目维吾尔语综艺频道，原有线台的影视剧频道变更为第六套节目汉语影视频道，原新疆经济电视台的综合频道变更为第七套节目汉语经济生活频道，原有线台的哈萨克语综合频道变更为第八套节目哈萨克语综艺频道，原有线台的汉语综合频道变更为第九套节目维吾尔语经济生活频道，原有线台的体育频道变更为第十套节目汉语体育健康频道。以上各套节目的传输方式和技术参数不变。同意增设第十一套节目汉语信息服务频道，用有线方式传输。同意合并后的新疆电视台使用原新疆电视台台标，台标编号变更为TB052310583，原新疆维吾尔自治区有线广播电视台的台标及编号、原新疆经济电视台的台标及编号、原新疆电视台台标编号废止。

新疆经济电视台的前身为天山电视台，于1992年5月成立，1993年6月8日正式开播，从晚上19点（北京时间）开始至次日凌晨1时左右结束，总播出时间为6小时30分钟。创办《市海商潮》、《美在天山》经济和文娱两个重点板块节目。负责人为张仁武、张福欣（1992—1993年）。林汉光任天山电视台第一任台长（1993—1996年），施生田任总编辑、副台长。1996年，天山电视台改名为新疆经济电视台，施生田（1996—1999年）、赵飞（1999—2003年）先后担任台长。

新疆有线广播电视台于1992年始建，1993年9月20日正式开播，拥有维吾尔语、汉语两个自办频道。1994年3月6日哈萨克语自办频道开播。1998年7月1日维吾尔、哈萨克语频道上星。2000年1月1日汉语综合频道上星。共有自办维吾尔语卫视、汉语卫视、哈萨克语卫视、汉语影视、汉语体育、汉语商业6个频道，每天总播出时长120小时以上。传送中央和各省、市及本地节目50多套。乌鲁木齐地区用户达28万户，全疆覆盖户数达200万户。新疆有线电视台台长：李聚祥（1992—2001年），副台长：哈那提·毛林拜（1993—2000年）、阿里木·胡赛因、买买提·阿吾提（1992—2001年）；总编辑：傅暾（1992—1997年）、张福欣（1996—2000年）、周晓影（2000—2001年）、顾贵保。

6月21日

北京中科大洋科技发展股份有限公司承建的新疆电视台大洋虚拟演播室通过验收，投入运行。大洋虚拟演播室承担新疆电视台各栏目主持人出镜的录制任务。

6月22日

由新奥特数字技术股份有限公司承建的新疆电视台非线性节目制作网络系统通过验收。该系统建成后承担新疆电视台维、汉、哈三种语言的节目制作和台内重大宣传任务、晚会、专题片的后期制作。

6月26日

新疆航空公司在发往内地的主要航班上开始播放前一天的《新疆新闻联播》节目。

同日

○ 新疆卫视、新疆有线广播电视台和新疆经济电视台同时播出18集大型历史文献纪录片《党在新疆》，每集30分钟。该片是在建党80周年之际，由自治区党委党史研究室与新疆广电局联合摄制、新疆经济电视台拍摄的大型历史文献纪录片，追述从20世纪20年代马列主义传入新疆，到20世纪末党中央做出西部大开发决策的80年间，中国共产党在新疆各个历史时期的伟大实践活动，其中许多史料是首次披露。

6月27日

新疆电视台、新疆有线广播电视台、新疆经济电视台三台合并庆祝大会在自治区广电局院内举行。自治区党委书记王乐泉、自治区主席阿不来提·阿不都热西提及自治区、兵团领导周声涛、司马义·铁力瓦尔地、陈德敏、买买提明·扎克尔、王汉儒以及原自治区政协副主席沙明出席了大会。自治区党委副书记周声涛、司马义·铁力瓦尔地、自治区广播电影电视局局长肖开提·依明、新疆电视台台长施生田等领导在会上发言。

同日

○ 三台合并后，新疆电视台开始实行频道制管理。

6月28日

经自治区广播电影电视局党组讨论决定（新广局〔2001〕87号文），胡尔西德·吐尔地任新疆电视台维语节目中心文体部主任。

6月29日

新疆维吾尔自治区召开的庆祝建党80周年暨表彰大会上，新疆电视台新闻中心党支部作为自治区100个先进基层党组织受到自治区党委表彰。

同月

○ 新疆电视台配合凤凰卫视和北京电视台完成了以申办奥运会为主题的在疆采访活动。

○ 新疆电视台建党80周年宣传受到好评。三个栏目、节目（晚会）《西部先锋》、《赞歌献给党》、《党在新疆》受到广电总局肯定。同时在自治区党委宣传部召开的建党80周年宣传总结会上，新疆电视台获得了优秀组织奖。

○ 新疆电视台推荐新闻中心主任杨洪新同志为第五届"新疆十大杰出青年"候选人。

7月1日

新疆电视台11个频道统一实行"新疆电视台"呼号。

7月6日

在新疆广播电视论文奖评选中，新疆电视台有3件作品获一等奖。

7月9日

新疆电视台完成中国羽毛球"天王杯"挑战赛的现场直播。

7月11日

新疆电视台重新组合电视剧部。

7月14—15日

新疆电视台完成全国甲B篮球联赛"新疆广汇蓝球队对陕西东胜队"比赛的现场直播任务。

7 月 15 日

新疆电视台录制《奥运之光》文艺晚会。

7 月 19 日

经自治区党委宣传部讨论决定（新党宣干字［2001］15 号文），任命木拉提·吴布力哈斯木为新疆广播电影局人事教育处副处长；霍延敏为新疆电视台总编室主任；免去徐樟梅新疆电视台总编室主任职务。

同日

○ 经自治区广播电影电视局党组讨论决定（新广局［2001］136 号文），任命茹仙古丽为新疆电视台人保部副主任，免去新疆电视台纪检委副处级纪检监察员职务。

7 月 23 日

新疆电视台汉语综艺频道（XJTV—4）白天停止发射机播出无线信号，北京时间 19 ：25 晚间节目开播时间开启发射机播出无线信号至播出结束。

7 月 17—20 日

新疆电视台在伊犁哈萨克自治州完成了 2001 年第十三届阿肯弹唱会的拍摄任务。

7 月 28—8 月 1 日

由新疆电视台主办的中西部省级电视台办公室主任会议暨行政工作研讨会在乌鲁木齐召开。

同月

○ 新疆电视台录制完成由自治区党委宣传部和自治区文明委举办的"党在我心中"大型演讲比赛决赛。

8月6日

《新疆新闻联播》开设《学讲话，促发展——访地州市委书记》栏目。

8月7—14日

由新疆电视台承办的中国广播电视学会对农研究委员会第六届年会在乌鲁木齐召开。新疆电视台12件作品获奖，其中一等奖2件。

8月8日

国家广电总局监察局副局长刘健、监察三室主任阮谷森等一行3人，对新疆电视台"加强职业道德建设，禁止有偿新闻工作"进行全面检查和抽查。

8月20日

新疆电视台与澳门广播电视股份有限公司在乌鲁木齐签约，决定2001年11月在澳门举办"新疆电视节"。

8月27日

新疆电视台完成了250平方米演播室的灯光改造和观众席的安装工程和新闻中心维吾尔、汉、哈萨克语三个新闻演播室的灯光改造工程，并通过验收。

同月

○ 新疆电视台大洋非线性新闻制作网络系统建成验收。之后，开始进行设备调试、人员培训和试运行。2002年8月，新疆电视台新闻中心维、汉、哈三种语言所有新闻栏目同步搬迁至大洋非线性新闻制作网络进行节目制作。由此，新疆电视台新闻中心后期制作完成了由模拟向数字化的过渡。2004年，由于增加了《英语新闻》栏目，对非编网络进行了扩容，增加了两台有卡工作站。

9月3日

新疆电视台党委开展以"学讲话，议党风，反腐败"为主要内容的第三个党风廉政教育月活动。

9 月 5—12 日

在西藏拉萨举行的中国西部地区电视技术协会 2001 年（第 13 届）年会上，新疆电视台申报的电视节目安全播出（播出系统）、安全播出（发射系统）、电视节目图像录制、声音录制和播出技术质量 5 个项目均获二等奖。同时，9 篇技术论文分获二、三等奖。

9 月 21 日

新疆电视台副台长狄力夏提·艾则孜获全国法制教育先进个人；汉语新闻综合频道（XJTV—1）社教部获自治区法制教育先进集体。

9 月 23 日

在全国第八届精神文明建设"五个一工程"奖评选中，新疆电视台与中央电视台联合拍摄的八集电视连续剧《帕米尔医生》（导演：谢晓嵋、编剧：韩素真、韩素云）和新疆电视台拍摄的专题片《亚心与牧羊人》（导演、编剧：宁照宇，摄像：何明）获优秀作品奖。

9 月 25—26 日

中央电视台"心连心"艺术团在乌鲁木齐市人民广场主会场和天池分会场两地演出。新疆电视台进行了现场直播。

同月

〇 新疆电视台推荐副台长伊力汗·奥斯曼同志为全国"十大杰出青年"候选人。

10 月 9 日

国家广播电影电视总局（广计财字 [2001] 351 号文）同意将中央电视台价值 69451282 元固定资产无偿调拨给新疆电视台，用于支持《十二木卡姆》的制作。

10 月 17 日

经自治区党委宣传部讨论决定（新党宣干字 [2001] 20 号文），任命李聚祥为新疆电视台党委委员、副书记、副台长，免去原新疆有线电视台台长职务；赵飞任新疆电视台党委委员、副台长兼汉语经济生活频道总监，免去原新疆经济电视台台长、副总编辑职务；徐樟梅兼任新疆电视台汉语新闻综合频道总监；周晓影任新疆电视台党委委员、副台长兼汉语信息服务频道总监，解聘原新疆有线电视台总编辑、副台长职务；于建海任新疆电视台党委委员、副台长；高天山任新疆电视台党委委员、总工程师，解聘原新疆经济电视台副台长、总工程师职务；林汉光不再担任新疆电视台党委委员、副台长兼总工程师职务，专职履行高级工程师（提高待遇）职责；买买提·阿吾提任新疆电视台维吾尔语综艺频道总监，解聘新疆有线电视台副台长、副总编辑职务；莱买提汗任新疆电视台哈萨克语综艺频道总监，解聘新疆有线电视台副台长、副总编辑职务；张铁龙任新疆电视台汉语体育健康频道总监，解聘新疆广播电视报社副社长职务；吴萍任新疆电视台汉语综艺频道副总监；赵力任新疆电视台汉语影视频道副总监。

同日
○ 中央电视台技术人员来新疆电视台对援助新疆电视台设备进行维修。

10 月 19 日
新疆电视台台长施生田一行 5 人参加四川国际电视节，首次在四川国际电视节独立设展台，将本台制作的 18 部纪录片、7 部电视散文和电视剧投放市场。

10 月 21 日
在全国第五届"金话筒"奖评选中，新疆电视台王芳、玉米提·艾尼获得全国"金话筒"百优电视节目主持人。

10 月 22 日
新疆电视台开办《早间新闻》，该栏目每天 9：00 在汉语新闻综合频道播出，每次 5 分钟。节目以简洁、明快的播报方式，重点对前日区内外及国际重大事件作简要报道，同时以导读方式，将权威媒体报道的国内外重大新闻进行一句话摘要，还及时向观众提供气象、交通等生活服务信息。

10 月 31 日

新疆电视台修订并重新颁发台宣传例会制度。

同月

○ 新疆电视台在新闻栏目中开办《喜迎第六次党代会》栏目。

11 月 1—15 日

新疆电视台党委书记石永强率本台少数民族干部一行 10 人前往上海、江苏、浙江、山东等地考察学习。

11 月 1—4 日

在第 19 届"中国电视金鹰奖"评选中，新疆电视台拍摄的纪录片《野马之死》获短纪录片优秀奖。新疆电视台与中央电视台合作拍摄的 8 集电视连续剧《帕米尔医生》获中篇电视剧提名奖。

11 月 6 日

新疆电视台开始进行各频道节目整合工作。

11 月 8 日

新疆电视台组织三个节目《联唱》、《二胡独奏》、《京剧清唱》参加了自治区记协举办的庆祝第二届中国记者节文艺演出活动。

11 月 9 日

经自治区党委宣传部讨论决定（新党宣干字〔2001〕21 号文），免去任玲新疆电视台人事保卫部主任职务。

11 月 23 日

播出技术部毕强在全国广播电视技术能手(播控中心系统)竞赛中获一等奖、胜利获三等奖，均被国家广电总局授予"全国广播电视技术能手"称号（广发技字〔2001〕1357 号）。

同日

○ 经自治区广播电影电视局党组讨论决定（新广局 [2001] 182 号文），任命木拉提·吴布力哈斯木兼新疆广播电影电视局干部培训中心副主任、新疆广播电视大学新疆广播电影电视局分校校长。

11 月 28 日

经自治区党委宣传部讨论决定（新党宣干字 [2001] 21 号文），任命任玲为新疆音像出版社社长、副总编辑，免去其新疆电视台人事保卫部主任职务。

11 月 29 日—12 月 1 日

新疆电视台与澳门广播电视股份有限公司联合举办"新疆电视节"，新疆电视台台长施生田、副台长徐樟梅、狄力夏提·艾则孜、哈那提·毛林拜等一行七人赴澳门参加电视节开幕式。

同月

○ 新疆电视台开设新栏目《新疆经济报道》，该栏目由原《经视新闻》改版而来，每日播出。

12 月 14 日

中国十大杰出青年评选揭晓，新疆电视台副台长伊力汗·奥斯曼荣获第十二届全国"十大杰出青年"荣誉称号。

12 月 29 日

新疆电视台召开总结表彰大会，对 2001 年各项工作进行总结表彰。2001 年度新疆电视台 9 个先进部室、219 名先进工作者。全年共有 145 件作品获奖，其中 75 件作品获国家级政府奖，70 件作品获新疆维吾尔自治区政府级奖，8 件作品获得国家级单项奖。新疆电视台对 11 个频道的新闻节目进行了改版和调整，全年向中央台传送电视新闻 400 多条，被采用 319 条。

同月

○ 新疆电视台《走进新疆》一书出版。主编施生田、石永强。全书 40 万字，288 篇文章，分"地理资源"、"天山北坡"、"优势特色产业"、"基础设施建设"、"生态环境保护"、"口岸开放"、"社会事业"、"文化民俗"、"风光旅游"和"生产建设兵团"10 个专题，全景式地介绍了新疆的山川地貌、丰富资源、经济发展、社会事业、历史文化和民俗风情。

○ 全国优秀学术成果评选暨大型文献《新时期全国优秀学术成果文献》一书在京出版。新疆电视台党委书记石永强同志撰写的《遵循舆论导向特点，正确把握舆论导向》一文获全国优秀学术成果一等奖。

同年

○ 在第十一届中国新闻奖评选中，新疆电视台选送的《我区向塔里木河下游紧急输水》获三等奖（主创人员：柴学东）。

○ 在 2000 年度中国广播电视新闻奖电视新闻奖评选中，新疆电视台选送的连续报道《裕民壮歌》获二等奖（主创人员：王志明、梁雁、林庆杭）。

○ 三台合并后，新疆电视台建立了技术中心，下设总工办、制作部、播出部，担负新疆电视台电视节目制作、播出发射和设备的维护、技改等任务。

○ 新疆电视台乌石化记者站成立，张英忠任站长。

○ 新疆电视台使用转播车转播了 16 场全国 CUBA 大学生联赛西北赛区的比赛，平均每天转播近 4 个小时。

○ 新疆电视台汉语信息服务频道（XJTV—11）开办了《汽车周刊》栏目。

○ 新疆电视台《农牧天地》栏目增设了《刘红信箱》，搭建起与农牧民沟通互动的平台。这是新疆电视台第一个以主持人名字命名的节目。栏目于 2001 年夏天尝试了较大规模的跨省区合作拍摄，派出记者与浙江台《田野风》栏目共同制作了 6 期节目。2001 年底，新疆电视台《农牧新天地》栏目针对农牧民观众的要求，出版了《农牧天地——农牧科技长廊荟萃》一书。

○《法庭内外》栏目长度延长到 30 分钟，划分出三个子栏目，分别为《法苑短波》、《法庭传真》和《法律顾问》。

○ 新疆电视台与北京电视台连续 15 天联合直播报道大型电视科考系列节目《百年发现　世纪穿越》。

○ 新疆电视台开办了维吾尔语访谈类节目《真心话》。

○ 新疆电视台副台长伊力汗·奥斯曼、徐樟梅当选自治区第六次党代会代表。

○ 新疆电视台总编室主任霍延敏被推选为自治区区直工委党代会代表。

2002 年

1 月 1 日

新疆电视台 11 个频道开始按照全新的节目编排表进行运作。

同日

○ 新疆电视台体育健康频道（XJTV—10）实现全天 18 小时滚动播出，并推出一档自办栏目《生命·运动·健康》。

同日

○ 新疆电视台汉语影视频道（XJTV—6）开办《影视俱乐部》栏目。栏目包含影视咨讯、影视评论、作品赏析、人物生活、观众点播等内容。

同日

○ 新疆电视台经济生活频道（XJTV—7）《生活 2002》栏目开播。

1 月 8 日

经自治区党委宣传部讨论决定（新广局 [2002] 1 号、新党宣干字 [2002] 03 号文），任命石永强为新疆电视台副台长。

1 月 13 日

新疆电视台与连云港电视台联合举办的大型春节联欢晚会《春满陆桥》在连云港电视台 600 平方米的演播厅录制完成。

1月14日

新疆电视台党委讨论决定（新视台字［2001］45号文）《关于定期召开技术例会的决定》，从2002年1月14日开始，每周一下午北京时间16：00，总工程师主持召开由技术中心各部门主任、副主任，全台各频道、中心技术管理科科长参加的技术例会。

1月17日

经自治区广播电影电视局党组讨论决定（新广局［2002］17号文），任命甫拉提·玉素甫为新疆电视台影视剧译制中心副主任（主持工作）；阿德力·乌斯曼为新疆电视台影视剧译制中心副主任；阿克拜尔·阿不力米提为新疆电视台影视剧译制中心副主任；买买提艾力·阿不力孜为新疆电视台维语经济生活频道副总监；艾尼瓦尔·库尔班为新疆电视台维语经济生活频道副总监（主持工作）；哈那提·托列西为新疆电视台哈语综艺频道副总监。

同日

○ 新疆电视台维吾尔语经济生活频道（XJTV—9）成立。

同日

○ 新疆电视台影视剧译制中心成立。

同日

○ 新疆电视台副台长伊力汗·奥斯曼赴京参加"中国十大杰出青年"颁奖典礼。

同日

○ 新疆电视台党委讨论决定（新视台字［2002］2号文），定期召开节目和广告协调例会。

1月18日—2月3日

新疆电视台与陕西电视台、宁夏电视台、青海电视台联合在西安录制《西北大秦腔》戏曲晚会。

1月24日

由自治区党委宣传部、新疆军区政治部、中国歌舞团、新疆电视台联合举办的大型春节联欢晚会《世纪春潮》进行录制。

1月31日

新疆电视台、吉林电视台、安徽电视台、山东电视台、湖南电视台联合在长春录制《满汉全席》春节晚会。

同月

○ 新疆电视艺术家协会第三次会员代表大会召开，新疆电视台台长施生田当选为新疆电视艺术家协会主席、副台长狄力夏提·艾则孜、哈那提·毛林拜当选为副主席，温伟为秘书长。

2月12日

自治区党委副书记司马义·铁力瓦尔地、自治区党委常委、宣传部部长吴敦夫、自治区副主席刘怡一行看望了在春节期间坚守工作岗位的新疆电视台各族干部职工。

2月14日

新疆电视台2002年度维吾尔语、汉语、哈萨克语"古尔邦"节综艺晚会录制完毕。

2月21—28日

新疆电视台订购的第一批D—9格式前后期数字设备到货，日本JVC厂方、香港信兴JVC有限公司和北京JVC技术中心派出8人工作小组赴新疆电视台，协助设备的开箱验收和安装调试工作，并于22日—24日对新闻中心200多名工作人员进行了培训。

2月22日

新疆电视台与自治区公安厅联合开办的《西域警视》栏目播出。栏目重点宣传公安系统动态消息。

3月4—28日

新疆电视台举办四期意识形态领域反分裂斗争再教育学习班。

3月6日

新疆电视台崔安全、古力旦荣获区直机关工委"百名先进女职工"称号。

3月19日

新疆电视台正式使用日本JVC公司生产的D9格式数字设备。

3月28日

新疆电视台科技扶贫人员赴托里县挂职。

同月

○ 新疆电视台开始当日译播中央电视台的《国际时讯》(维吾尔语)节目。

○ 新疆电视台参加自治区记协举办的"西北熔炉杯"乒乓球比赛,获女子团体冠军、男子团体第三名,解灵俊获女子单打冠军。

4月12—20日

新疆电视台举办第四届青年歌手电视大奖赛暨第十届全国青年歌手大奖赛新疆赛区选拔赛决赛。

4月14—21日

新疆电视台举办"众志杯"中学生电视主持人大赛。

4月19日

新疆电视台工会委员会研究审定,同意成立各频道、中心、综合部(室)共

19 个分工会、3 个工会小组。

4 月 20 日
新疆电视台制定并下发《关于播音员、主持人从事社会主持活动的规定》。

4 月 25 日
在 2001 年度新疆广播电视新闻奖评选中，新疆电视台选送的 22 件作品分获一等奖和特别奖。

4 月 27 日
新疆电视台通过自治区巡视组和局再教育办公室进行的意识形态领域反分裂斗争再教育验收工作。

4 月 29 日
自治区党委宣传部、新疆电视台拍摄的 10 集电视系列片《关怀》全部录制完毕。

同月
○ 新疆电视台广告部被评为 2001 年度全国广告行业文明单位。
○ 新疆电视台汉语经济生活频道（XJTV—7）范运招同志参加中华全国新闻工作者协会举办的全国新闻界京剧票友大赛，获得优秀演唱奖和大赛设立的唯一最佳新人奖。

5 月 1 日
新疆电视台维吾尔语经济生活频道（XJTV—9）开播。自治区主席阿不来提·阿不都热西提，自治区党委副书记司马义·铁力瓦尔地，自治区党委常委、宣传部长吴敦夫，自治区副主席买买提明·扎克尔等自治区领导和广电局领导参加了开播仪式。

同日
○ 新疆电视台制定并下发《关于统一使用磁带技术审验章的规定》并正式

启用磁带技术审验章。

5月3日

在全国中学生电视节目主持人大赛评选中，由新疆电视台选送的参赛选手尼格买提获二等奖（全国第三名）。

5月21日

自治区广播电影电视局党组讨论决定（新广局［2002］98号文），任命阿里木·胡赛因为新疆广播电影电视局生活服务中心（后勤部）主任，不再任新疆电视台办公室主任。

同日

○ 在第二十一届全国电视剧"飞天奖"评选中，新疆电视台与中央电视台合拍的八集电视连续剧《帕米尔医生》获得中篇电视剧一等奖。

同日

○ 在第十五届全国电视文艺"星光奖"评选中，新疆电视台与上海电视台合拍的2001年春节联欢晚会《共同的爱》获综艺节目二等奖，新疆电视台与新疆军区联合拍摄的电视散文《穿越卡拉其库》获得文学节目二等奖。

5月27日

新疆电视台汉语综艺频道（XJTV—4）《激情百万》栏目开播。

5月29日

新疆电视台体育健康频道（XJTV—10）开办2002年世界杯特别节目——《畅想世界杯》，共录制14期。

5月31日

新疆电视台体育健康频道（XJTV—10）播出《足球纪事》特别节目——"触摸世界杯"第一期，并现场直播世界杯开幕式与比赛。

同月

○ 新疆电视台推出了一档演播室访谈类栏目《对话经济》，时长30分钟，每周播一次。

○ 新疆电视台选送的电视纪录片《DOREME》（主创人员：纪林、阿吉）入选2002德国国际人类电影影展。

○ 在2001年度新疆新闻奖评选中，新疆电视台选送的7件作品分获特别奖和一等奖。

○ 新疆电视台副台长伊力汗·奥斯曼荣获全国"五一"劳动奖章。

6月18日

经自治区党委宣传部（新党宣干字［2002］11号文）、自治区广播电影电视局党组讨论决定（新广局［2002］108号文），任命陈新勇为新疆电视台人事保卫部副主任（主持工作）。

6月25日—7月25日

新疆电视台与自治区党委组织部联合举办《党旗映天山》展播活动，在黄金时段用维吾尔、汉、哈萨克三种语言同步播出。

6月26日

新疆电视台用维吾尔语、汉语、哈萨克语三种语言对"首届新疆旅游节开幕式"进行了同步现场直播。

6月28日

新疆电视台党委副书记、副台长李聚祥同志因心脏病突发，病逝在工作岗位上。

6月29日

新疆电视台维语新闻综合频道(XJTV—2)综艺类栏目《周末麦西来甫》开播，该栏目旨在传播群众文化、交流民间艺术，汇集歌舞、相声、小品、杂技、魔术等多种艺术形式。

7月4日

新疆电视台与中央电视台合作完成"西气东输"工程开工典礼新疆段现场直播任务。

7月8日

在2001年度新疆广播电视播音与主持作品奖评选中，新疆电视台选送的4件作品获一等奖。

7月13日

新疆电视台影视频道举办首届观众评片活动，观众对新疆电视台最新引进的7部电视剧进行了评选。

7月13—19日

新疆电视台广告节目中心举办首届新片推介，首府百余名电视专家、媒体记者及普通观众参加，会上推介了《少年黄飞鸿》等十几部电视连续剧。

7月31日

新疆电视台召开"深化改革，谋求发展"研讨会。台领导、各频道总监、综合部（室）主任出席研讨会。研讨会对三台合并一年多来新疆电视台整体形势进行评估；对上半年台里制定的各项政策、制度的执行情况、我台现行的政策制度与发展、我台人员岗位设置是否合理、频道定位是否准确，节目的设置是否合理、专业化频道如何发挥其应有的效益、技术部门在管理和服务方面存在的问题，如何改革才能更好地为节目生产服务、目前我台在广告经营方面存在的问题、我台今后如何发展等问题进行了充分的讨论。

8月10日

国家广播电影电视总局副局长张海涛在自治区领导司马义·铁力瓦尔地、吴敦夫、买买提明·扎克尔的陪同下到新疆电视台视察工作。

8 月 17 日

共青团新疆电视台委员会成立，阿里木当选团委书记，这是新疆电视台团员青年选出的第一届团委。

同月

○ 新疆电视台副台长伊力汗·奥斯曼被选为中共十六大代表。

○ 在 2001 年度中国广播电视新闻、电视社教奖评选中，新疆电视台新闻中心系列报道《中科院在慕士塔格山开展世界最高海拔的大规模科考》获二等奖，新闻专题《党的恩情永难忘》获二等奖，系列片《百年发现世纪穿越》获二等奖。

9 月 5 日

澳大利亚公关文化参赞柯胜利来新疆电视台访问。

9 月 9 日

新疆电视台体育健康频道（XJTV—10）开设以体育新闻和专题为主要内容的《新疆体育》栏目，每周两期，每期 15 分钟。

9 月 15 日

新疆电视台党委书记石永强一行赴对口扶贫单位——托里县，向托里县广播局援助了价值 34 万余元的技术设备。

9 月 16 日

国家广播电影电视总局副局长胡占凡来新疆电视台视察工作，参观了新闻中心、播出机房及影视剧译制中心。

9 月 30 日

为确保"国庆"及"十六大"安全工作，我台新设立总值班室。

同月

○ 西部电视集团合作体共同打造日播平台《西部大开发》栏目，在西部 12

家省级卫视统一播出。新疆电视台国际部承担栏目在新疆的制作播出任务。在兰州召开的栏目策划会上，新疆台提供的 4 期样片受到一致好评，被确定为栏目的统一模式。

10 月 1 日

新疆电视台下发《关于实施技术设施、设备有偿服务管理暂行办法的决定》（新视台［2002］24 号文），规定自 2002 年 10 月 1 日起对全台的技术设施设备实施有偿服务管理。实施有偿服务的技术设施设备有：网络编辑设备、转播车、录像车、外录设备、演播室、虚拟演播室、录音棚、音频设备、灯光设备。由编导填写申请单，按程序办理报批手续，并采用内部划账的方法结算。

10 月 15—22 日

在云南昆明举行的中国西部地区电视技术协会 2002 年（第 14 届）年会上，新疆电视台申报的电视节目安全播出奖 2 项、电视节目录制技术质量奖 2 项、电视节目播出技术质量 1 项和技术论文 9 篇分别获奖。

10 月 16 日

新疆电视台新闻中心推出国际新闻杂志栏目《联通国际瞭望》，该栏目集时效性、权威性、知识性为一体，在汉语新闻综合频道（XJTV—1）每晚 21：50 播出。

同日

○ 新闻中心开始译播维吾尔语、哈萨克语《新疆经济报道》。

10 月 18 日

新疆电视台台长施生田、副台长哈那提·毛林拜、影视剧译制中心副主任阿克帕尔·阿不力米提三位同志获第三届"中国百佳电视工作者"荣誉称号。

10 月 23 日

塔吉克斯坦记者团一行 5 人来新疆电视台参观考察。

同月

○ 新疆电视台副台长周晓影获"全国百佳新闻工作者"荣誉称号。

○ 新疆电视台建成了索贝非线性节目制作网络系统，并于当年通过新疆广电局科技委组织的验收。该网络系统是维吾尔、汉、哈萨克三种语言一体的综合制作网络，主要承担全台各频道的日常栏目制作、台内重大宣传任务、晚会、专题片的后期制作。

○ 在第九届全国少数民族题材"骏马奖"评选中，新疆电视台选送的4件作品获奖。其中新疆电视台和中央电视台合拍的8集电视连续剧《帕米尔医生》获一等奖，编剧单项奖。

11月4日

新疆电视台举行仪式，热烈欢送新疆电视台副台长伊力汗·奥斯曼赴京参加中国共产党第十六次全国代表大会。

同月

○ 新疆电视台汉语综艺频道（XJTV—4）开始上星播出，成为我台唯一既上星又地面播出的电视频道。

12月1日

新疆电视台台党委研究决定（新视台〔2002〕28号文），在技术中心制作部增设转播科，并将在全台范围内通过考试公开选拔出的一批技术骨干充实到转播科。

同日

○ 新疆电视台决定在人事保卫部增设劳资科（新视台〔2002〕27号文），负责全台各类人员的工资管理和全台职工的社保管理。

同年

○ 在第十二届中国新闻奖评选中，由新疆电视台选送的《党的恩情永难忘》荣获一等奖（主创人员：石永强、伊力汗·奥斯曼、杨洪新、齐正宇、孙晓青、陈国庆、刘冬）。这是新疆电视台首次获得中国新闻奖一等奖。

○ 在第二十届中国电视金鹰奖评选中，新疆电视台选送的专题电视文艺节目《木卡姆里的故事》、短篇电视纪录片《卡拉麦里的冬天》分获优秀作品和提名奖。

○ 在第四届全国维吾尔语、哈萨克语、柯尔克孜语优秀电视新闻、社教、文艺、播音与主持、优秀论文、优秀译稿评选中，新疆电视台共有 29 件作品分获特别奖和一、二等奖。

○ 新疆电视台与自治区党委组织部合拍 3 集专题片《旗帜》。

○ 新疆电视台新闻中心参加由党委宣传部组织的"西气东输万里行采访团"并开办新闻专栏《气贯神州》。

○ 新疆电视台承办自治区向党的"十六大"献礼大型电视文艺晚会《天山连北京》。

○ 新疆电视台文艺部哈萨克语组推出综艺栏目《丝路综艺》，每月一期、每期 60 分钟。

○ 新疆电视台举办 2002 年上海国际时装模特大赛新疆区选拔赛。

○ 新疆电视台汉语综艺频道（XJTV—4）在全疆各地州落地入网。

○ 新疆电视台汉语信息服务频道（XJTV—11）开办了《信息直通车》栏目。

○ 新疆电视台耗资 2000 多万元购置的 1 台八讯道数字电视转播车和 1 台 3+1 讯道数字卫星采访车顺利地从北京抵达新疆电视台。

○ 在南斯拉夫第 8 届巴尔干国际电影电视节评选中，新疆电视台和中央电视台联合拍摄的 8 集电视连续剧《帕米尔医生》获得银奖（金奖空缺）及单项摄影奖。

○ 新疆电视台广告部被评为 2001 年度全国广告行业文明单位。

○ 新疆电视台汉语影视频道荣获区直机关"青年文明号"称号。

○ 新疆电视台台办室秘书科荣获区直机关"青年文明号"称号。

○ 新疆电视台高天山同志荣立"西新工程"一等功。

○ 新疆电视台刘湘晨同志荣获"新疆十佳新闻工作者"称号。

2003 年

1 月 1 日

新疆电视台汉语综艺频道（XJTV—4）推出《时尚 2003》栏目。此栏目是在原《时尚 2002》基础上改版形成的生活服务类节目，下设 6 个小栏目《家装大擂台》、《美食行动》、《霓裳靓影》、《第四俱乐部》、《科技先锋动力总动员》，每日播出，每次 30 分钟。

1 月 11 日

新疆电视台举办《光荣啊！新疆电视人》迎春职工文艺晚会。

1 月 9 – 15 日

新疆电视台开展"扶贫帮困送温暖"捐助活动，共捐助衣物 1436 件。

1 月 15 日

新疆电视台召开 2002 年度表彰大会，对 2002 年度取得优异成绩的 15 个先进集体、230 名先进个人进行表彰和奖励，对 12 个党支部、31 名优秀党员和 14 名优秀党务工作者进行表彰奖励，对 2002 年 169 件获奖作品（其中 107 件作品获得国家级政府奖、58 件作品获自治区级政府奖，4 件作品获国际奖）和 2002 年度超额完成中央电视台发稿任务的部门给予表彰奖励，对 16 大期间安全播出、安全保卫工作给予表彰。

同日

○ 新疆电视台对 2002 年度先进基层工会组织 10 个、优秀工会干部 24 名、工会活动积极分子 13 名进行表彰。

1 月 20 日

新疆电视台成立卫视落地工作领导小组。

1月23日

新疆电视台扶贫小组到对口扶贫单位托里县进行慰问，送去价值4000元的面粉、清油、茯茶等生活用品。

同月

○ 新疆电视台制定了《频道总监岗位职责》，实行频道、中心、综合部（室）三位一体的管理体制，实行台党委统一领导下的频道总监对台长负责制。

2月1日

新疆维吾尔自治区党委副书记、纪检委书记胡家燕，自治区党委常委努尔·白克力，自治区副主席库热西·买合苏提，党委宣传部副部长祝谦等在广播电影电视局及台领导的陪同下，看望了在节日期间坚守岗位的新疆电视台各族干部职工。

2月24日

新疆喀什地区巴楚—伽师发生6·8级强烈地震，新闻中心在地震发生两个小时后，派出4批共8名记者、主持人、技术人员，包括6台摄像机深入一线灾区。同时在《新疆新闻联播》中开设了《来自灾区的报道》专栏，及时、充分地报道灾区的灾情及抗震救灾、重建家园的进展情况，报道党中央、国务院、自治区党委和人民政府的亲切关怀，以及全疆各族各界和其他省区市干部群众对地震灾区的大力支持。同年，从巴楚—伽师发生地震灾情到10月份灾民全部搬入新居，新疆电视台新闻中心共派出15名记者4次深入灾区，全面报道从震情、抗震救灾，到灾后重建、恢复生产各阶段的情况。新疆电视台所采制的灾区新闻，成为了区内外、海内外电视媒体报道的直接素材，扩大和提升了我台的影响力和知名度。这是新疆电视新闻史上第一次大跨度、大容量、大时段地针对突发灾害事件进行的连续性报道。新疆电视台被自治区党委、政府命名为"抗震救灾先进集体"。

同日

○ 新疆维吾尔自治区副主席库热西·买合苏提在党委宣传部、广播电影电视局领导的陪同下视察新疆电视台，分别对技术中心播出机房、新闻中心网络制作机房、维吾尔语、哈萨克语编译部、影视剧译制中心配音机房进行了考察调研。

同日

○ 新疆电视台召开加强纪律、加强管理工作大会。

2月26日

新疆电视台第二批赴喀什地震灾区采访组出发并向巴楚—伽师地震灾区捐款72406元。

同月

○ 自治区党委副书记、自治区主席司马义·铁力瓦尔地为新疆电视台维吾尔语新闻综合频道（XJTV—2）《沃土》栏目开播百期题词"希望继续办好《沃土》节目，为农村、农业和农牧民提供好服务，为推进自治区农业现代化做出贡献"。

3月1日

新疆电视台制定出台《新疆电视台计划外节目播出管理暂行办法》。

3月10日

新疆电视台信息服务频道（XJTV—11）全面实行电视节目制片人制。

3月11日

根据自治区全疆宣传部长会议精神，新疆电视台成立了卫视节目覆盖办公室。主要负责完成新疆电视台1—12套节目在全疆各地州及兵团各农业师的有效覆盖。疆外主要致力于将新疆卫视送入全国各地的有线电视网络。当年新疆卫视汉语频道共在全国13个省市落地覆盖。

3月13日

新疆电视台设立法制科（新视台［2003］22号）。

3月15日

新疆电视台与中央电视台、陕西电视台联合摄制的反映民族团结的19集电视连续剧《兄弟》开拍。

3月15—27日

新疆电视台台长施生田和总工程师高天山赴法国进行技术交流与设备考察。

3月26日

新疆电视台首次完整直转第8个赛季全国男篮CBA甲A联赛。

4月7日

经自治区广播电影电视局党组讨论决定（新广局［2003］29号文），任命曾健为新疆电视台文艺部主任；任命彭旸为新疆电视台卫视部主任；任命阎亚杰为新疆电视台经济部主任；任命田晓燕为新疆电视台经济部副主任；任命段崇文为新疆电视台国际部副主任（主持工作）；任命张绍雄为新疆电视台国际部副主任；任命赵辉文为新疆电视台广告部主任、法人代表；于建海不再兼任新疆电视台广告部主任、法人代表；任命吐尔洪·阿不力孜为新疆电视台广告部副主任。

4月10日

新疆电视台成立预防"非典"工作领导小组。

4月18日

在2002年度新疆广播电视新闻奖评选中，新疆电视台共有20件作品获一等奖。

4月24日

新疆电视台对奔赴巴楚—伽师地震灾区宣传报道人员27人进行表彰奖励。

4月28日

在第五届全国维吾尔语、哈萨克语、柯尔克孜语电视节目评选中新疆电视台有 31 件作品分获一、二等奖。

同月

○ 新疆电视台在《新疆新闻联播》中开设了《防治非典快讯》专栏，集中报道防治非典的最新动态、医学专家的预防提示和疫情通报，构成全区各地做好防治非典工作过程中不可或缺的重要环节。

5 月 1 日

新疆电视台维吾尔语新闻综合频道（XJTV—2）《公民与法》栏目开播，每周一期，每期 30 分钟。

5 月 17 日

自治区党委、自治区人民政府在新疆人民会堂隆重召开"自治区抗震救灾总结表彰大会"，对在巴楚—伽师地震中涌现出的抗震救灾先进典型进行表彰奖励，新疆电视台获得"抗震救灾先进集体"称号，戴研坤获"抗震救灾先进个人"称号。

5 月 26 日

新疆电视台第三届民族团结职工体育运动会召开。

5 月 27—30 日

新疆电视台技术中心与人保部共同举办了为期 4 天的 JVCD9 格式数字摄像机培训班，对汉语新闻综合频道、维吾尔语新闻综合频道、哈萨克语新闻综合频道的前期摄像人员进行了培训。

同月

○ 新疆电视台设立台安全生产及综合治理办公室。

○ 新疆电视台内部刊物《新视信息》由总编室主办。新出刊的《新视信息》是由原《新视周报》和由台办室主办的原《新视信息》合并而成的。每周一期。

○ 新疆电视台《新疆新闻联播》改版，把 15 分钟的区内新闻延长至 20 分钟，改进片头、背景等方面的包装。

○ 新疆电视台将 3 个卫视频道播控中心部分老化的设备进行更新，同时为

3、5、6、7、8、10 频道播出机房配备了字幕机。

6月9日

新疆电视台汉语影视频道（XJTV—6）进行改版，将以往电视剧、电影进行交叉混播改为全天 24 小时主播电影。

6月26日

在 2002 年度新疆广播电视播音与主持作品评选中，新疆电视台有 4 件作品获得一等奖。

6月29日

在 2001—2002 年度新疆广播电视论文和电视科技论文评选中，新疆电视台有 4 件作品获奖。

7月1日

新疆电视台汉语新闻综合频道（XJTV—1）正式在北京、上海落地覆盖。

7月2日

新疆电视台总编室主任霍延敏被评为区直机关优秀共产党员。

7月7日

新疆电视台录制"首届新疆少数民族票友汉语演唱戏曲卡拉 OK 大奖赛"，这次大赛是由新疆广播电影电视局、新疆广播电视协会等 4 家单位联合举办的，历时两个月，全疆近 500 名各族戏曲爱好者参加了比赛。

同日

○ 经自治区广播电影电视局党组讨论决定（新广局 [2003] 62 号文），任命孟呼春为新疆电视台汉语新闻综合频道汉专部副主任。

7月9日

新疆电视台体育健康频道节目通过全疆广播电视干线网覆盖全疆各地州市

（县）。

7月10日

新疆电视台新闻中心赵晓莉被评为自治区抗非典工作优秀共产党员。

7月20日

经中国电影电视技术学会常务理事会审核通过，新疆电视台成为中国电影电视技术学会团体会员单位。

7月26日

新疆电视台召开贯彻实践"三个代表"重要思想，落实"三贴近"，努力提高电视宣传工作水平研讨会。

7月27日

新疆电视台汉语新闻综合频道（XJTV－1）社教部《法庭内外》栏目获自治区依法治区新闻宣传优秀栏目奖。

同月

○ 新疆电视台《今日访谈》栏目再次被评为中国新闻名专栏。该栏目 2003 年改版后，本着阐释方针政策，评述热点、焦点，关注社会各界，反映群众呼声的宗旨，力求客观、真实、冷静的原则，每天北京时间 21：25 在汉语新闻综合频道（XJTV—1）播出，每次 10 分钟。

8月7日

经自治区广播电影电视局党组讨论决定（新广局〔2003〕73 号文），任命阿孜古丽·艾拜都拉为新疆电视台维语新闻综合频道副总监（挂职）。

8月18日

新疆电视台在北京举办 2003 年媒介推广会。

同月

○ 新疆电视台对 3 个卫视频道播控中心电源供给系统进行改造。

○ 新疆电视台购置了 DVW—790WSP 数字摄录一体机和 DVW—707P 数字摄录一体机各 1 台，提升了前期数字设备的档次。

9 月 1 日

在乌鲁木齐对外经济贸易洽谈会的报道中，新疆电视台新闻中心首次借用技术手段实现了展馆内外联线交叉采访、现场互动。

9 月 10 – 25 日

新疆电视台与自治区党委宣传部外宣办、中央电视台海外中心联合主办了"'龟兹杯'：看新疆——全国电视易地采访活动"。这是新疆电视台首次与中央电视台联合主办大型易地采访活动，共有全国 22 家电视媒体的 29 个摄制组赴疆采访。

9 月 16 日

经自治区党委宣传部讨论决定（新党宣干字〔2003〕13 号文），同意买买提艾力·阿不力孜为新疆电视台维语新闻综合频道总监，解聘其新疆电视台维语经济生活频道副总监职务；莱买提汗为新疆电视台哈语新闻综合频道总监，免去新疆电视台哈语综艺频道总监职务；吴萍为新疆电视台汉语综艺频道总监；袁亚军为新疆电视台汉语综艺频道副总监；赵力为新疆电视台汉语影视频道总监；杨波为新疆电视台汉语影视频道副总监；阎亚杰为新疆电视台汉语经济生活频道总监，免去新疆电视台经济部主任职务；边旭东为新疆电视台汉语经济生活频道副总监；刘永军为新疆电视台汉语体育健康频道副总监；郭越岭为新疆电视台汉语信息服务频道总监，免去新疆电视台汉语新闻综合频道社教部主任职务；解灵俊为新疆电视台汉语信息服务频道副总监。

同日

○ 自治区广播电影电视局党组讨论决定（新广局〔2003〕86 号文），赵飞不再兼任经济生活频道总监职务；哈那提·毛林拜不再兼任频道总监职务；迪力夏提·哈斯木不再兼任频道总监职务；周晓影不再兼任频道总监职务。

9月17日

"西新工程"为新疆电视台配置的1台北京吉兆电子有限公司提供的8频道10千瓦全固态彩色电视发射机投入运行，承担起8频道（XJTV—4）播出工作，原有的10千瓦和5千瓦发射机做备机使用。

同月

○ 在第二十一届中国电视金鹰奖评选中，新疆电视台长篇电视纪录片《回家的路有多长》获优秀作品奖、最佳摄像奖，短篇电视纪录片《阿艾石窟之谜》获优秀作品奖。

10月1日

新疆电视台汉语新闻综合频道（XJTV—1）正式在天津落地覆盖。

10月中旬 – 12月15日

新疆电视台主办"新疆联通杯"第五届新疆青年歌手电视大奖赛活动。

10月22日

经自治区文明委、自治区区直机关文明委、乌鲁木齐市天山区团结路社区联合检查验收，新疆电视台再次获得自治区级文明单位称号。

同日

○ 国家语委会、乌鲁木齐市语委会对新疆电视台进行语言文字工作评估。

同日

○ 新疆电视台在上海举办了"新新疆、新视界"——新疆电视台卫视一套落地上海暨媒介推广会。

10月23日

新疆电视台援助托里县广播局价值17万余元的技术设备。

同日

○ 新疆电视台副台长哈那提·毛林拜携部分节目编创人员赴北疆就哈萨克语节目改进问题征求意见。

10 月 24 日

经自治区广播电影电视局党组讨论决定（新广局 [2003] 99 号文），任命马志为新疆电视台办公室主任；阿克拜尔·阿不力米提为新疆电视台办公室副主任，解聘新疆电视台维语译制部副主任职务；迪里夏提·哈斯木为新疆电视台制作技术部主任；崔安全为新疆电视台副处级纪检监察员；免去阿里木·胡赛因新疆电视台办公室主任职务；免去伊萨克·肉孜新疆电视台维语专题部主任职务；免去薛守恭新疆电视台制作技术部主任职务，专职履行其专业技术职务职责。

10 月 26 日—11 月 2 日

在四川省成都市举行的中国西部地区电视技术协会 2003 年（第 15 届）年会上，新疆电视台申报的 2 项电视节目安全播出奖、2 项电视节目录制技术质量奖、1 项电视节目播出技术质量分别获奖。同时，获 1 项技术成果获 1 等奖、11 篇技术论文分获一、二、三等奖。

10 月 29 日

新疆电视台副台长徐樟梅带队参加第七届四川电视节。

10 月 29 日 － 11 月 10 日

新疆电视台派少数民族干部赴四川、湖北、广东等地进行学习调研考察。

10 月—12 月

"新疆电视台优秀纪录片"展播在阳光卫视的黄金档栏目《杰出纪录片系列》里开播，共有 12 部新疆电视台近年来的精品节目参加这次的展播。

同月

○《新疆新闻联播》与《联通国际瞭望》合并，节目长度达到30分钟。

○ 在第九届"五个一工程奖"评选中，新疆电视台拍摄的电视剧《兄弟》获入围奖。

○ 在第十三届中国新闻奖评选中，新疆电视台选送的专题片《热血铸警魂——人民的好警察赵新民》获一等奖（主创人员：侯朴、许晓娟、秦洪涛、孙莹莹、唐玉琪、郭越岭、徐樟梅）。消息《西气东输工程全线开工》获二等奖（主创人员：张锐敏、孟呼春、王成、梁雁）。

11月9日

新疆电视台与新疆维吾尔自治区团委共同主办的公益性节目《阳光行动》开播，每周一期。

11月24－25日

新疆电视台对部分民语频道总监、副总监实施公开竞聘。

12月6日

新疆电视台首届播音员、主持人"十佳"评选活动开始。

12月12日

新疆电视台汉语新闻综合频道社教部《农牧天地》栏目组、国际部、汉语综艺频道、影视剧译制中心录制部分别荣获区直机关"青年文明号"称号。

12月29日

新疆电视台、新疆经济报以及天地集团共同举办"新疆十佳民警颁奖典礼"，中共中央政治局委员、自治区党委书记王乐泉出席了颁奖典礼。

12月30日

新疆电视台在彩电中心大演播室举行2003年工作总结表彰大会，对2003年工作表现突出的15个先进集体、232名先进个人和荣获其他荣誉称号的8个集体、

9 名个人进行表彰奖励。对 2003 年度工作中 9 个先进工会集体、18 名优秀工会干部、18 名工会活动积极分子予以表彰。对 11 个先进党支部、31 名优秀共产党员和 13 名优秀党务工作者进行表彰和奖励。

同月

○ 在第六届中国儿童音乐电视大赛评选中，新疆电视台选送的作品《小巴郎》获得金奖。

○ 北疆昭苏县发生 6·2 级地震，新闻中心派出杜学群、曾梁 2 名记者深入灾区采访报道。

同年

○ 新疆电视台与世界第二大纪录片公司新西兰自然与历史制作公司合作，对本台摄制纪录片《山玉》、《回家的路有多长》进行改编，并在全球发售。

○ 新疆电视台《真实世界》栏目推出新疆电视台优秀纪录片展播。

○ 新疆电视台《午间新闻》改版，全称更改为《新疆午间新闻》，时长增至 10 分钟，播出时间提前到 14：00，片头和包装都发生了变化。改版后的《新疆午间新闻》，容量增大，内容更加丰富，也更加强调时效。在办栏目的方针上，除强调时效性、知识性、趣味性外，更加重视与其他新闻节目的互补性，处理好依托、呼应关系。

○ 新疆电视台译播节目（维吾尔语）《焦点访谈》、《国际时讯》均由原来的每周五期改为每周六期。

○ 根据国家广电总局的要求，新疆电视台根据本台实际情况，修订完善《安全播出应急预案》，并作为日常操作规程。

○ 新疆电视台汉语新闻综合频道(XJTV—1)《经济在线》栏目进行全新改版，每周二播出，时长 30 分钟。

○ 在 2002 年度中国广播电视新闻、电视社教奖评选中，新疆电视台选送的短片《天池人家》获一等奖，纪录片《湖》获一等奖，经济节目《新疆生态环境启示录》获二等奖。

○ 在第十六、十七届全国电视文艺"星光奖"短片综艺节目评选中，新疆电视台选送的歌舞节目《赞歌献给党——西部七省（区）庆祝建党 80 周年晚会》获一等奖，专题节目《阿寅勒风情》、综艺节目《世纪春潮——2002 年新疆迎春联欢晚会》、综艺节目《2002 年度古尔邦节综合文艺晚会》分获二等奖。

○ 在第六届全国电视节目"金童奖"评选中，新疆电视台选送的《雪莲花》获优秀栏目奖。

○ 广告节目中心获全国广播电影电视系统先进集体荣誉称号。

○ 技术中心播出部、汉语影视频道播控科获 2002 年度"自治区青年安全生产示范岗"称号。

○ 汉语新闻综合频道社教部获 2001 年自治区"优秀青少年维权岗"称号。

○ 热合木霍加获"全国新闻界抗击非典新闻宣传优秀记者"荣誉称号。

○ 茹斯坦木·阿不力孜获 2002 年度"自治区十佳新闻工作者"称号。

2004 年

1 月 1 日

哈萨克语综艺频道（XJTV—8）开办《恰书点播》栏目，周二、周三正播，每期 40 分钟。

1 月 4 日

哈萨克语综艺频道（XJTV—8）开办《综艺舞台》栏目，每周日晚黄金时间播出，每期 20 分钟。

1 月 10 日

中共中央政治局常委李长春在中宣部副部长、国家广电总局局长徐光春，副局长张海涛及中央政治局委员、自治区党委书记王乐泉，自治区主席司马义·铁力瓦尔地等领导的陪同下，来新疆电视台视察工作。李长春视察了新疆电视台影视剧译制中心配音机房和维吾尔语、汉语、哈萨克语播出机房，了解了新疆电视台少数民族译制工作和节目播出覆盖情况。

1 月 20 日

由新疆电视台、湖北电视台联合摄制的 2004 年春节晚会《万里舞春风》播出。

1月21日

由新疆电视台和贵州等西部十二省、市共同完成的晚会《与春天同行》和新疆电视台、上海电视台、阿克苏地区电视台联合制作的《塔河浪，浦江潮》新疆—上海春节联欢晚会播出。

2月1—2日

由自治区广播电影电视局、新疆电视台主办的2004年古尔邦节文艺晚会播出。

2月13—27日

新疆电视台台长施生田随自治区广电局局长肖开提·依明为团长的11人代表团先后赴哈萨克斯坦、吉尔吉斯斯坦、乌兹别克斯坦3国进行考察访问，分别就新疆广播电视节目在以上3国租时段播出等相关事宜达成了十多个意向性协议。这标志着新疆电视"走出去"工程开始启动。

3月1—14日

新疆电视台圆满完成全国"两会"的宣传报道任务。新闻中心在《新疆新闻联播》栏目中开设"两会"专栏《连线北京》通过北京前方的演播室主持人与新疆主演播室连线的形式对全国"两会"进行报道。

3月4日

新疆电视台获自治区妇联举办的"中国人寿"杯女子健美操比赛冠军。

3月7—9日

新疆电视台举办全疆数字电视技术交流会。

3月16—19日

在2003年度新疆广播电视新闻奖评选中，新疆电视台有76件作品获奖，其中23个一等奖。

3 月 31 日

新疆电视台制定出台《新疆电视台高级专业人才培养计划》。

3 月 31 日—4 月 2 日

新疆电视台组织召开 2004 年度全疆电视宣传通联工作会议。新疆维吾尔自治区党委宣传部副部长祝谦、自治区广播电影电视局局长肖开提·依明、自治区广播电影电视局党组副书记、副局长杨连勇等领导及全疆电视宣传干线上的 120 多名代表参加会议。

同月

○ 新疆电视台与自治区劳动和社会保障厅联办《民生之本》栏目，该栏目宣传党和政府对下岗、再就业人员的关心支持及有关政策，引导转变就业观念，营造良好的就业社会氛围，为新疆经济发展服务。

4 月 4 日

新疆电视台汉语综艺频道（XJTV—4）策划组织"首届新疆姑娘电视新秀"大赛。

4 月 9 日

国家广电总局批准新疆电视台开办第十二套节目少儿频道，播出时称"新疆电视台少儿频道"。

4 月 14 日

新疆电视台维吾尔语经济生活频道（XJTV—9）开办了《消费指南》栏目。

4 月 15 日

新疆电视台维吾尔语经济生活频道(XJTV—9) 改版原《信息》为《商桥》栏目，内容涉及政策信息、人才信息、房产信息、文化长廊、新产品信息、价格与服务等。

4月20日

经自治区党委宣传部讨论批复（新党宣干字［2004］14号文），任命陈新勇为新疆广播电视学校党委副书记、校长，免去新疆电视台人事保卫部副主任（主持工作）职务；白民为新疆电视台人事保卫部主任，免去自治区广播电影电视局人事教育处副处长职务；彭旸为新疆电视台汉语新闻综合频道总监，免去新疆电视台卫视部主任职务；木拉提·阿不都拉为新疆电视台维语综艺频道总监；阿斯卡尔·依沙米丁为新疆电视台维语综艺频道副总监；哈那提·托列西为新疆电视台哈语综艺频道总监；杰恩斯·吉英汗为新疆电视台哈语综艺频道副总监；艾尼瓦尔·库尔班为新疆电视台维语经济生活频道总监；艾斯卡尔·艾尔肯为新疆电视台维语经济生活频道副总监；穆尼热·吾甫尔为新疆电视台维语专题部副主任（副处，主持工作）；徐樟梅不再兼任新疆电视台汉语新闻综合频道总监职务。

4月21—22日

新疆电视台举办首届"独石化杯"业余歌手电视大奖赛。

5月1日

新疆电视台《英语新闻》开播，为新疆首档电视英语新闻，节目时长10分钟，在汉语新闻综合频道（XJTV—1）、维吾尔语新闻综合频道（XJTV—2）、哈萨克语新闻综合频道（XJTV—3）播出。

同日

○ 新疆电视台《晚间报道》由10分钟延长至20分钟。

5月13日

自治区广播电影电视局与吉尔吉斯斯坦国家广播电视公司在乌鲁木齐正式签署广播电视节目合作协议。其中，确定每天1小时的新疆电视节目《走进中国》将在吉尔吉斯斯坦落地开播。

5月20日

新疆电视台汉语影视频道开办包装类栏目《电影空间》。

5 月 25 日—6 月 24 日

新疆电视台技术播出部一行 3 人赴吉尔吉斯斯坦，为新疆电视节目将在吉尔吉斯斯坦正式落地开播进行技术设备安装。

5 月—6 月

新疆电视台纪录片部和新疆师范大学联合举办了"刘湘晨、纪林作品大学生观摩交流研讨会"。

同月

○ 在第十四届（2003 年度）"新疆新闻奖"评选中，新疆电视台有 5 件作品获得一等奖。

○ 新疆电视台新闻中心与中央电视台新闻频道合作，对乌鲁木齐特大沙尘暴进行现场直播（时长 8 分钟），这也是新闻中心首次通过新闻直播车与中央电视台合作进行新闻直播。

6 月 1 日

新疆电视台播出由党委宣传部、文明办、团委、教育厅、民委、少工委和新疆电视台联合主办的自治区"民族团结了不起"少儿故事大王演讲比赛。

6 月 2 日

新疆电视台网站筹备组成立。

6 月 8 日

自治区广播电影电视局与乌兹别克斯坦国家广播电视公司在乌鲁木齐正式签署了广播电视节目合作协议。其中，确定每天 15 分钟的新疆电视台节目《走进中国》将在乌兹别克斯坦落地开播。

同日

○ 新疆电视台新闻中心开办首期"地州轮训班"，这是新疆电视台为提高地州通讯员新闻采编水平而采取的一项切实举措。

6月11日

云南电视台代表团来新疆电视台交流座谈。

6月16日

新疆电视台新闻栏目开辟《辉煌五十年》专栏。

6月17日

新疆电视台录制完成以"高唱平凡者之歌，向英雄模范学习"为主题的电视专题晚会——《平凡者之歌》。

6月21日

新疆电视台在汉语新闻综合频道（XJTV—1）举办《辉煌的历程》电视专题片展播。

6月22日

新疆电视台在由中国儿童少年基金会、中国人民对外友好协会、世界华商总会、中国国际跨国公司研究会四家单位共同举办的第三届"中国儿童慈善活动日"表彰活动中荣获"关爱儿童贡献奖"。

7月5日

在2003年度新疆广播电视播音与主持作品评选中，新疆电视台获得2个一等奖。

7月13日

新疆电视台汉语综艺频道（XJTV—4）承办的"阳光行动——创业2004"创业方案大赛现场节目开播。

7月14—16日

新疆电视台首次采用维吾尔、汉两种语言同步直播的方式播出四国男篮巡回赛乌鲁木齐站比赛。

7月23日

新疆电视台"走出去工程"筹备小组成立。

同日

○ 新疆电视台自治区五十周年大庆献礼片《新疆重点工程建设50周年》开拍。

7月28日

新疆电视台开始每天6：30—7：30向乌兹别克斯坦试传维吾尔语节目。

7月30—8月5日

新疆电视台在青海西宁市举行的中国西部地区电视技术协会第2004年（第16届）年会上申报的2项电视节目安全播出奖、2项电视节目录制技术质量奖、1项电视节目播出技术质量分别获奖。同时，选送的5篇技术论文获一等奖、3篇技术论文获二等奖、4篇技术论文获三等奖。

同月

○ 由新疆电视台和乌鲁木齐晚报社共同主办的国际体育赛事——中国、巴西、加拿大、克罗地亚四国男篮邀请赛在乌鲁木齐隆重举行。

8月12日

新疆电视台互联网站（网址：www.xjtvs.com.cn）正式开通。新疆维吾尔自治区党委常委、宣传部长吴敦夫出席开通仪式。新疆电视台互联网站初步建立了新闻、专题栏目、主持人、节目预告、留言板5个专题板块，开始对新疆电视台所属的新闻、专题栏目、节目预告进行发布更新。

8月14日—9月14日

新疆电视台3人赴乌兹别克斯坦为新疆电视节目在乌兹别克斯坦落地播出进行设备安装。

8月15日

新疆电视台维吾尔语节目《走进中国》正式在乌兹别克斯坦落地开播，每天播出15分钟。向乌兹别克斯坦传送播出的15分钟维吾尔语日播节目《走进中国》由《新闻简报》、《走遍中国》、《中国文艺》等版块构成。国内播出：哈萨克语综艺频道（XJTV—8）19：30—19：45。乌兹别克斯坦首播：乌兹别克斯坦国家一套日播栏目6：00《你好，乌兹别克斯坦》栏目；乌兹别克斯坦重播：乌兹别克斯坦国家二套青年频道文艺节目《早安》。

8月20日

24：00，新疆电视台5套、6套、7套、8套、9套、10套、11套电视节目由原来仅仅覆盖乌鲁木齐市扩大到覆盖全疆。

8月22日

新疆维吾尔自治区党委组织部、新疆电视台联合推出三十集电视专题片《人才强新》。

同日

○ 新疆电视台转播、译播中央电视台"邓小平同志诞辰100周年纪念大会"实况。

8月30日

新疆电视台维吾尔语新闻综合频道（XJTV—2）开办《教育园地》栏目。

同月

○ 新疆电视台录制由自治区党委宣传部、自治区团委、自治区妇联、新疆军区政治部、武警新疆总队政治部等7家单位联合举办的自治区首届"十佳军嫂"评选活动。

○ 新疆电视台党委书记石永强、纪检书记李玉新带领节目主持人、播音员、技术人员一行30余人赴托里县，向当地文化广场建设援助了价值6万余元的音频设备，并举行联欢晚会，参观了当地烈士陵园和孔繁森纪念碑。

○ 新疆电视台台长施生田、总工程师高天山等一行3人赴对口扶贫单位——托里县进行调研，重点解决该县部分乡镇群众看电视难的问题。

9月1—5日

新疆电视台对十三届乌洽会进行宣传报道。新疆电视台以新疆最大电视媒体首次亮相乌洽会。

9月12日

由新疆电视台承办的2004年中国西部电视集团第二次策划会议在克拉玛依市召开。

9月23日

新疆电视台与中央电视台联合拍摄的《精彩中国·魅力新疆》专辑在中央电视台播出。

9月27日

经自治区广播电影电视局党组讨论决定（新广局2004［140］号文），任命亚力坤·热合木都拉为新疆电视台计划财务结算中心主任（副处）；免去吴春香新疆电视台计划财务结算中心主任（副处）职务，专职履行专业技术职责；马斌为新疆电视台广告部副主任；孙莹红为新疆电视台广告部副主任；李军为新疆电视台广告部副主任；解聘赵辉文新疆电视台广告部主任职务；免去陈君之新疆电视台社教部副主任职务，专职履行专业技术职务职责；免去魏新生新疆电视台社教部副主任职务，专职履行专业技术职务职责。

9月29日—10月28日

新疆电视台技术中心制作部一行2人赴吉尔吉斯斯坦进行技术设备安装以确保新疆电视台在吉尔吉斯斯坦按时落地开播。

同月

○ 在第十四届中国新闻奖评选中，新疆电视台选送的作品长消息《北京有个总理也是你的亲人》荣获一等奖（主创人员：张华迁、赵武军、王成），同时获得编辑一等奖（主创人员：赵武军）。新疆电视台自第十二届、十三届之后连续三次获得中国新闻一等奖，实现了历史上的突破。

○ 在第十届全国少数民族题材电视"骏马奖"评选中，新疆电视台有12件作品分获一、二等奖。其中获得一等奖的作品为：汉语专题片《牵手》、纪录片《湖》；维吾尔语社教类：《金色之窗》第196期、文艺节目《麦西来甫》第16期和《艾德莱丝之乡的欢歌》；哈萨克语文艺节目《金山的回声》。

○ 新疆电视台国际部在参加中央电视台海外中心、湖南省委联合举办的"走进湖南全国大型易地采访活动"中，拍摄制作的电视专题片《遥想舜帝》荣获中广学会二等奖。

○ 新疆电视台获得自治区卫生红旗单位荣誉称号。

10 月 1 日

在第六届全国"百佳"新闻工作者评比中，新疆电视台吾斯曼·木合买提被评为全国"百佳"新闻工作者。

同日

○ 在第四届全国"百佳"电视艺术工作者评选中，新疆电视台胡尔西德·吐尔地、刘湘晨被评为全国"百佳"电视艺术工作者。

10 月 11 日

新疆电视台承办的第五届 CCTV 服装设计暨模特电视大赛新疆分赛区选拔赛圆满结束。

10 月 15 日

新疆电视台柯尔克孜语电视节目《走进中国》在吉尔吉斯斯坦落地，每天播出 1 小时。向吉尔吉斯斯坦传送播出的 60 分钟柯尔克孜语日播节目《今日中国》由《新闻简报》、《走遍中国》、《商桥》、《影视剧场》、《请您欣赏》等板块构成。国内播出：哈萨克语综艺频道(XJTV—8)18：30—19：30。吉尔吉斯斯坦播出：吉尔吉斯斯坦 KTP 国家电视频道比什凯克时间每天 16：00—17：00。

10 月 24 日

由新疆电视台投资 11 万余元，派出技术中心播出部王建生、杨开国赴托里县具体实施援建"托里县库甫乡电视站工程"通过验收。

11 月 4 日

新疆电视台对外宣传节目中心成立。其人员、编制、经费独立，内设科级机构，承担新疆电视台对乌兹别克斯坦和吉尔吉斯斯坦等国的对外联络、对外宣传节目的组织、采制、编译等职责，负责人赵晓莉。

11 月 4 日

新疆电视台少儿频道筹备组成立。

11 月 6 日

新疆电视台录制 2004 年"肉孜节"电视文艺晚会。

11 月 7 日

在全国第七届"'杜邦杯'环境好新闻"评选中，新疆电视台选送作品电视纪录片《北鲵妈妈》获得一等奖。

11 月 14 日

第十届"中国电视纪录片学术奖颁奖暨中外纪录片论坛"上，新疆电视台选送的作品纪录片《新藏线上》获得二等奖，该片编导刘湘晨被授予为中国纪录片做出贡献的"十年学术奖"特别成就奖。

11 月 24 日

新疆电视台社教部《农牧天地》获自治区"科技好新闻"特别奖。

11 月 26 日

新疆电视台维吾尔、汉、哈萨克三种语言同步直播"向优秀共产党员爱买尔·依明同志学习动员大会"。

同月

○ 党中央和自治区领导对新疆电视台"走出去"工程做出批示：

中央政治局常委李长春批示：云山并光春同志：新疆电视台在中亚播出，迈出了可喜的一步，要不断总结，巩固成果，扩大成果。所遇到的困难，请广电总局会同外宣办研究支持。

新疆维吾尔自治区党委副书记努尔·白克力批示：长春同志的批示非常重要，应鼓励电视台的同志再接再厉，切实做到巩固成果，扩大成果，不辜负中央领导同志的厚望。

新疆维吾尔自治区党委常委、宣传部部长吴敦夫也做出批示：可认真总结经验，从如何扩大范围与成果，还存在什么问题、如何解决等方面着手，要抓住机遇，促进这项工作的开展。

○ 在2003年度中国广播电视新闻、电视社教奖评选中，新疆电视台有3件作品获奖。短纪录片《一个都不能少》获一等奖；长纪录片《新藏线上》、系列片《九月鹰飞》获二等奖。

○ 新疆电视台成立总编室网络科，电视台互联网站归属总编室管理。工作人员5名，设科长一名，由总编室一名副主任分管。

12月5日

新疆电视台获得第六届中国广播电视学会荧屏导视奖。

12月24日

新疆电视台播出部自行设计搭建了少儿频道（第12套节目）播控系统，并成功地在有线网络中进行了一小时试播。

12月26日

新疆电视台开展为印度洋地震海啸灾区捐款活动。

12月30日

新疆电视台第十二套节目—少儿频道于北京时间10：00正式开播，每天用维吾尔、汉、哈萨克三种语言分时段滚动播出少儿节目，自治区党委副书记努尔·白克力，自治区党委常委、宣传部部长吴敦夫出席开播仪式。

同月

○ 新疆电视台开始译播中央电视台综合性节目《世界周刊》（维吾尔语），该节目每周一期，每期45分钟。

同年

○ 新疆电视台汉语信息服务频道（XJTV—11）拟改版为法制频道，自办三档法制类节目《政法报道》、《德信论坛》、《每周119》，同时还兼有《信息直通车》、《汽车周刊》栏目和两个法制剧场。

○ 新疆电视台《新疆新闻联播》在以往栏目改版的基础上，从内容定位、表现形式、编排技巧等方面强化了"三贴近"的要求，栏目的指导性、贴近性、服务性日益增强。内容上，栏目选材更加贴近基层实际，贴近百姓生活，加大了舆论监督类稿件的采用，并适当配发编后、短评等多种新闻体裁；形式上，现场报道、电话连线、演示图表等手段已经日常化，得到广泛采用；编排上，对栏目节奏、过渡、重点、看点等的认识上了一个新台阶，宏观把握栏目的能力日渐提高。

○ 新疆电视台《晚间报道》栏目由10分钟延长到20分钟。

○ 新疆电视台《真实世界》推出100分钟特别节目《岁月流金——新疆电视台纪录片30年》。片中对新疆电视台的纪录片历史作了仔细的梳理和反思，对近30位国内知名纪录片工作者进行了采访。

○ 新疆电视台维吾尔语综艺频道首次译制播出了欧洲杯足球赛的22场比赛。

○ 在第22届全国电视"金鹰奖"评选中，新疆电视台和湖北电视台联合摄制的春节晚会《万里舞春风》获综艺节目优秀节目奖。

○ 总编室获自治区宣传思想工作先进集体。

○ 台办室车队获得区直机关"青年文明号"称号。

○ 李玉新获得自治区宣传思想工作先进个人荣誉称号。

○ 吴萍荣获得自治区"三八红旗手"荣誉称号。

○ 孙昆获得自治区"十佳新闻工作者"荣誉称号。

○ 孙昆获得自治区"青年岗位能手"荣誉称号。

2005 年

1月1日

新疆电视台授权新疆方大国际广告传播中心独家代理新疆电视台十二个频道所有广告业务，并自主处理涉及新疆电视台广告经营的所有事宜。

1月6—7日

新疆电视台维吾尔语古尔邦节专场晚会和综艺晚会录制完成。

1月18日

新疆电视台表彰先进基层工会组织9个、优秀工会干部17名、工会活动积极分子24名。

1月19—31日

新疆电视台举办"澳门电视节目展播"活动。

1月20日

新疆电视台"保持共产党员先进性"教育活动领导小组成立。根据安排，新疆电视台保持共产党员先进性教育活动正式启动。活动分为学习动员、分析评议、整改提高三个阶段进行。

1月31日

新疆电视台召开2004年度工作总结表彰大会。自治区广电局党组副书记杨连勇出席会议。大会对评选出的39个先进集体、245名先进个人和获其他荣誉称号的6个集体、19名个人进行表彰奖励；对11个先进党支部、36名优秀共产党员和13名优秀党务工作者进行表彰。对60个获得国家级政府奖项和20个获得新疆维吾尔自治区级政府奖项的优秀作品进行了表彰，对13个获得技术方面奖项的有关作品进行了表彰。

同月

○ 新疆电视台开办演播室访谈类栏目《新疆故事》，时长 25 分钟，每周五播出。

2 月 5 日

新疆电视台新闻中心在各档新闻栏目开辟了汉、维、哈三种语言《时代先锋》专栏。同年又开辟了《我身边的党员》专栏，共播出消息 577 条，有力地配合了自治区保持共产党员先进性教育活动的开展。

2 月 9 日

自治区领导司马义·铁力瓦尔地、努尔·白克力在自治区广电局和新疆电视台领导的陪同下来到新疆电视台看望慰问节日期间坚守工作岗位的各族干部职工。

2 月 20 日

新疆电视台汉语新闻综合频道（XJTV—1）开办《记者调查》栏目，时长 45 分钟。栏目以反映百姓关注的热点事件和新近发生的大事要事为主要内容。

2 月 21 日

新疆电视台 2003 年至 2005 年古尔邦节文艺晚会优秀节目——《喜庆神州春节特别节目——天山欢歌》播出。

同月

○ 新疆电视台与广东电视台联合举办的 2005 年春节文艺晚会——《珠江潮·天山情》播出。

3 月 9 日

新疆电视台汉语新闻综合频道（XJTV—1）制作"地震灾区中的共产党员"专辑。

同日

○ 中央和新疆维吾尔自治区先进性教育督导组参加新疆电视台汉语经济生活频道（XJTV—7）党支部大讨论。

3 月 28 日

新疆电视台撤销办公室车队，成立新疆电视台车辆管理中心，下设车辆综合管理科和车辆调度科。

3 月 30 日

经自治区党委宣传部讨论决定（新党宣干字〔2005〕04 号文），任命木拉提·吴布力哈斯木为新疆电视台党委委员、副台长，免去新疆广播电影电视局人事教育处副处长职务；马玉霞为新疆电视台总工办主任；帕尔哈提·艾比布拉为新疆电视台维语专题部副主任；刘晔为新疆电视台汉语专题部副主任；阿苏别克为新疆电视台哈语专题部主任；吾斯曼·木合买提为新疆电视台维语编译部主任；艾力尼牙孜·艾力为新疆电视台维语编译部副主任；明爱君为新疆电视台经济部副主任；乌兰·吐汗为新疆电视台文艺部副主任；汪惠春为新疆电视台播出技术部主任；毕强为新疆电视台播出技术部副主任；甫拉提·玉素甫为新疆电视台影视剧译制中心主任；阿合买提江·吾甫尔为新疆电视台影视剧译制中心副主任；卡斯木·热西丁为新疆电视台影视剧译制中心二部主任；冯晓峰为新疆电视台卫视部副主任。

同月

○ 经全国互联网协会新闻协会、自治区党委外宣办审核批准，新疆电视台互联网正式成为国家互联网新闻协会会员单位，并取得全国互联网新闻发布资质。

4 月 4 日

新疆电视台邀请中央电视台《体育人间》栏目制片人、高级编辑师旭平为各频道采编人员进行学术讲座。

4 月 7 日

在 2004 年度新疆广播电视新闻奖评选中，新疆电视台有 25 件作品获得一等奖。

4 月 10 日

新疆电视台录制与自治区党委宣传部等三家单位联合主办的《"西气壮歌"——庆五一大型电视文艺晚会》。

4 月 19 日

新疆电视台与自治区人民政府网站开展合作。政府网站每天的英语新闻由《新疆英语新闻》栏目提供，为新疆的对外宣传又开设了一个新的窗口。

4 月 21—23 日

2005 年全疆电视宣传通联工作会议召开。

4 月 22 日

经自治区广播电影电视局党组讨论决定（新广局 [2005] 42 号文），任命加娜提·克孜尔别克为新疆电视台总编室副主任，免去新疆电视台国际部副主任职务；买买提·阿吾提为新疆电视台研究室副主任，免去新疆电视台维语综艺频道总监职务；阿克帕尔·阿不力米提为新疆电视台影视剧译制中心副主任，免去新疆电视台办公室副主任职务。

同日

○ 新疆电视台制定并实施《新疆电视台综合部门等二线工作人员岗位津贴实施办法》。

4 月 24 日

新疆电视台专访航天英雄杨利伟，录制一期 30 分钟访谈节目《走近杨利伟》。杨利伟 1983—1987 年在位于哈密柳树泉的空军第八航校学习飞行。1992 年在马兰基地工作了一年，这次来新疆是参加 4 月 23 日在新疆国际博览中心举行的"飞向太空——中国载人航天展"开幕式。

4月30日

新疆电视台制定并实施《新疆电视台离退休职工健康疗养规定》。

同月

○ 新疆电视台维吾尔语经济生活频道（XJTV—9）《经济论坛》栏目开播。

○ 在第十五届（2004年度）"新疆新闻奖"评选中，新疆电视台共有8件作品分获一、二等奖。

○ 在国家广电总局科技创新奖评选中，新疆电视台《十讯道全数字转播》获（科技成果应用与技术革新类）三等奖。该项目由高天山、薛守恭、吴江平、马玉霞、迪力夏提·哈斯木完成。

5月8日—9月31日

新疆电视台、新疆维吾尔自治区就业工作领导小组办公室、劳动和社会保障厅、自治区团委联合开展"阳光行动·创业2005活动"。新疆电视台于5月27日开办"阳光行动创业2005"电视大赛。

5月10日

新疆电视台制定并实施《新疆电视台谈话制度和诫勉谈话制度》。

同日

○ 新疆电视台新疆维吾尔自治区50周年大型庆祝活动新闻类节目直播小组和文艺类节目直播小组成立，具体负责自治区50年大庆活动直播工作。

5月16日

经自治区广播电影电视局党组讨论决定（新广局［2005］50号文），任命阎亚杰为新疆广播电影电视局办公室主任，免去新疆电视台汉语经济生活频道总监职务。

5 月 19 日

新疆电视台与中央电视台《中华民族》栏目合作开始启动。

5 月 10—12 日

新疆电视台对在喀什举办的首届南亚中亚交易会盛况进行报道。

5 月 22 日

新疆电视台少儿频道（XJTV—12）获得"自治区关心下一代工作先进集体"称号。

5 月 27 日

新疆电视台与哈萨克斯坦国家电视台《歌与歌星》栏目联合录制"中哈青年歌友会"。

同月

○ 新疆电视台维吾尔语经济生活频道（XJTV—9）开办栏目《饮食文化》。

○ 在第七届全国维、哈、柯语优秀广播电视播音与主持奖评选中，新疆电视台共有 10 件作品分获一、二等奖。

6 月 2 日

新疆电视台电视剧部设立 8 个制片人工作室。

6 月 6 日

新疆电视台制作的庆祝新疆维吾尔自治区成立五十周年大庆 10 集大型文献纪录片《我们新疆好地方》开机拍摄。

6 月 7 日

新疆电视台汉语信息服务频道（XJTV—11）开办交通栏目《一路平安》。

6月13日

新疆电视台各档新闻栏目开辟《树立科学发展观促进西部大开发》专栏。

6月14日

新疆电视台召开"保持共产党员先进性教育活动"总结大会。

新疆电视台保持共产党员先进性教育活动自元月20日全面开展,活动中,台党委严格要求,做到教育活动覆盖面广、参与率高,各级领导率先垂范,全台上下发挥优势,紧密联系实际,认真做好教育工作。从党员、群众的测评情况来看,满意和基本满意度为98.5%,达到了单位满意度测评合格单位的规定指标。通过教育活动,新疆电视台找准了影响新疆电视台事业发展的一些突出问题,明确了今后的整改方向和措施。

在开展保持共产党员先进性教育活动的同时,新疆电视台各频道各部门按照自治区党委的统一要求,认真做好保持共产党员先进性教育活动的宣传,制作专题,开辟专栏,推广各地各单位开展先进性教育活动的成果和经验,宣传介绍了一大批在保持共产党员先进性教育活动中涌现出的优秀党员和先进党组织,为全区保持共产党员先进性教育活动提供了良好的舆论支持和保证。

6月15日

新疆电视台汉语新闻综合频道节目在澳门落地覆盖,澳门有70%的家庭能收看到新疆卫视。

6月16日

新疆电视台举办"魅力新声代"影视歌手大赛新闻发布会暨新疆电视台影视频道媒体推介会。

6月19日

新疆电视台和新疆维吾尔自治区旅游局联合摄制的十二集大型系列旅游文化艺术片《魅力新疆》开播。全片共12集,分别为《亚新之都》《火洲揽胜》《金山银水》《瀚海探秘》《草原牧歌》《湖畔徜徉》《楼兰迷踪》《驼铃丝韵》《龟兹古风》《高原部族》《喀什噶尔》《寻梦乐园》,对新疆的自然风光和人文风貌作了全面的介绍。

6 月 20 日
新疆电视台投拍的八集电视连续剧《情牵那拉提》开机。

6 月 23 日
新疆电视台互联网站成为中国互联网新闻信息服务工作委员会成员单位。

6 月 25 日
新疆维吾尔自治区党委、共青团中央、全国青联共同主办，自治区保持共产党员先进性教育活动领导小组办公室、自治区党委宣传部等 8 家单位与新疆电视台联合承办的大型电视文艺晚会——《党啊，亲爱的母亲》录制。

6 月 27 日
新疆电视台新闻中心各栏目启动"庆祝新疆维吾尔自治区成立五十周年"系列策划报道活动。

6 月 29 日
经自治区广播电影电视局党组讨论决定（新广局 [2005] 76 号文），任命阿合买提江·吾甫尔为新疆广播电影电视局安全监测中心副主任，免去新疆电视台影视剧译制中心副主任职务；阿不力米提·卡德尔为新疆广播电影电视局科技处副处长；胡尔西德·吐尔地为新疆电视台电视剧部主任，免去新疆电视台维语节目中心文体部主任职务。

同月
○ 新疆电视台一档以报道最新财经消息和每日股票动态的节目开播。早间版《股行盛世》时长 20 分；晚间版《财富资讯》时长 15 分钟，每周一至周五播出。

○ 新疆电视台一档以未成年人为主要收视对象的周播栏目《青春有约》开播，时长 30 分钟。这是新疆电视台第一档上星播出的青少年节目。

○ 在 2004 年度新疆广播电视播音与主持作品奖评选中，新疆电视台共有 4 件作品获得一等奖。

7月1日

新疆电视台汉语新闻综合频道（XJTV—1）节目在香港落地，香港地区将有60%的家庭能收看到新疆卫视的节目。

7月1—31日

自治区党委组织部、自治区先进性教育活动领导小组办公室和新疆电视台联合举办《共产党人》专题片展播活动。

7月6—13日

新疆电视台台长施生田作为自治区旅游及新闻考察团副团长赴泰国进行工作访问。

7月10日

新疆电视台互联网站完成服务器托管地址的调整和服务器系统的升级改造工程，成为我区主流新闻媒体网站中唯一一个服务器能够以200兆独享带宽接入互联网干线核心层的互联网站。

7月11日

新疆电视台汉语新闻综合频道（XJTV—1）节目在辽宁省落地。

7月15—17日

由新疆电视台主办的全国少数民族语言电视译制协作体第三届年会召开。

7月18日

经自治区广播电影电视局党组讨论决定（新广局〔2005〕78号文），任命狄里夏提·艾则孜为新疆音像出版社社长，免去新疆电视台党委委员、副台长职务；吐尔洪·阿不力孜为新疆广电网网络股份有限责任公司董事长；李玉新为新疆电视台党委副书记；木拉提·阿不都拉为新疆电视台党委委员、副台长，免去新疆电视台维语综艺频道总监职务；甫拉提·玉素甫为新疆电视台副总工程师，免去新疆电视台影视剧译制中心主任职务；吾斯曼·木合买提为新疆电视台影视剧译制中心主任，免去新疆电视台维语编译部主任职务；帕拉提·苏皮尤夫为新疆电视台办公室副主任；尼加提·尼牙孜为新疆电视台文艺部副主任；帕尔哈提·卡依尔为新疆电视台维语编译部副主任（主持工作）。

7月20日

新疆电视台以《新疆新闻联播》为龙头的汉、维吾尔、哈萨克、英四种语言10档新闻节目全面启动了有关五十年大庆的宣传，分别开辟了《精彩新疆》、《变化》、《数字新疆》、《媒体聚焦》等多个新闻专栏。全面展示了自治区50年来发生的深刻变化和各行各业各条战线取得的巨大成就。

7月25日

新疆电视台汉语新闻综合频道（XJTV—1）实行24小时播出。

7月28日

国家广电总局批复（广局社网字［2005］05号文），同意新疆电视台互联网站开办信息网络传播视听节目业务，自此新疆电视台互联网站取得了全国范围的互联网视听节目传输的许可资格。

同月

○ 在第六届新疆广播电视论文奖评选中，新疆电视台有2件作品获得一等奖。

○ 在第二届"新疆电视文艺星光奖"评选中，新疆电视台共有6件作品获一等奖。

8月1日

新疆各地州市向新疆电视台的新闻节目回传通道正式开通。该项目由新疆广电网络公司、新疆电视台及地州广电局共同投入建成的。全疆电视新闻回传系统的建立，使各地州市通过光缆迅速向新疆电视台直传新闻信号，改变了落后的传输方式，提高了电视新闻宣传的时效性。自治区成立50周年大庆期间，各地广电部门通过新闻回传系统向新疆电视台发回1000多条新闻和专题节目。

同日

○ 新疆电视台开始播出由本台制作的51集电视系列片《新疆重点工程建设50年》。

○ 自治区广电局给蒙古国巴彦吾力盖省发函，同意巴彦吾力盖省转播新疆电视台的哈语节目。

8月4日

由中央电视台主办，新疆电视台承办的大型平民选秀电视活动2005CCTV《非常6+1·梦想中国》新疆赛区总决赛录制。

8月5—11日

由中国电影电视学会主办，新疆电视台承办的2005年中国电影电视技术学会"学会奖"评奖暨数字音频网络制作技术交流会在乌鲁木齐召开。

8月18日

新疆电视台参与摄制的电视连续剧《冰山上的来客》在乌鲁木齐市二道桥大巴扎举行了开机仪式。

8月20日

新疆电视台现场直播在乌鲁木齐召开的"中国科协2005年学术年会"开幕式。

8月21日

新疆电视台选送的小歌手叶尔波力（哈萨克族）喜获"首届全国少儿歌手电视大赛"金奖，新疆电视台获得最佳组织奖。

8月22日

由新疆电视台承办的第六届CCTV模特大赛新疆分赛区决赛录制。

8月24日

新疆电视台与中央电视台中文国际频道联合举办的央视《中国新闻》之《直

播新疆》举行启动仪式。新疆维吾尔自治区党委副书记努尔·白克力、自治区党委宣传部副部长祝谦、自治区广播电影电视局局长伊力汗·奥斯曼等领导参加了启动仪式。

同日

○ 新疆电视台《新疆体育》栏目全程记录拍摄在我区举行的第十届全运会火炬传递活动，并及时在中央电视台播发了活动盛况。

8月25日

新疆电视台对国务院新闻办举办的新疆50年社会发展、经济建设情况新闻发布会进行录播、译播。

8月25日—9月27日

新疆电视台与中央电视台海外中心合作进行大型系列报道《直播新疆》。《直播新疆》采用"行进中的报道方式"，以发现的眼睛，沿着新疆东部、南部、西部、北部30个具有新疆特色的直播点作环状推进，在行走的路上捕捉沿途最有特点或最具典型特质的事物和人物，对新疆的历史文化、地理环境、经济发展、民族风情进行充分的展示和报道。中央电视台中文国际频道从8月25日至9月27日，连续30天在每天12：00的《中国新闻》中现场直播，直播时间近600分钟。

为配合《直播新疆》的顺利完成，新疆电视台从年初就制定报道方案，与中央电视台进行接洽，从5月份开始中央电视台和新疆电视台联合拍摄组就投入了前期拍摄。这次直播，新疆电视台抽调精兵强将，派出由新闻中心主任杨洪新带队的24人直播组，出动四讯道卫星新闻采访车，历时37天，行程16000多公里，穿越戈壁沙漠，跨越天山南北，第一次以集中高密度的播出方式、大容量的丰富内容、现场直播的形式，把新疆50年来翻天覆地的变化和改革开放后所取得的辉煌成就展现在世人面前。

同月

○ 在第十五届中国新闻奖评选中，新疆电视台选送的电视专题：《维吾尔乡村有所汉语小学》荣获一等奖（主创人员：高峰、陈晓鹏、彭旸、田晓燕、秦亚飞、赵晓莉）。新疆电视台连续第四年获此殊荣，实现了四连冠。

9月4日

新疆电视台党委书记石永强等前往和田、喀什等地慰问了参加《直播新疆》活动的工作人员。

9月7日

自治区党委书记王乐泉审看第一部反映我区教育发展的 12 集系列片《洒满阳光》，并为该片题词："跋山涉水走遍全疆各地，为教育事业的发展鼓与呼，值得！"

9月10日

新疆电视台摄制的 10 集电视系列片《见证新疆》在汉语新闻综合频道（XJTV—1）开播。

9月15日

新疆电视台互联网站进行全面扩容升级和改版。

9月16日

自治区党委宣传部等 7 家单位与新疆电视台联合举办"第六届新疆青年歌手电视大奖赛暨第十二届青年歌手电视大奖赛新疆选拔赛"。

9月20—26日

新疆电视台在广西南宁举行的中国西部地区电视技术协会 2005 年(第 17 届)年会上申报的 2 项安全播出奖、2 项电视节目录制技术质量奖、1 项电视节目播出技术质量奖和 12 篇技术论文分别获奖。

9月23日

新疆电视台制作的庆祝新疆维吾尔自治区成立五十周年大庆 10 集大型文献纪录片——《我们新疆好地方》用维吾尔、汉、哈萨克 3 种语言同步播出。10 集大型文献纪录片《我们新疆好地方》，片长 300 分钟，分别以"壮哉新疆"、"阳光新疆"、"多彩新疆"、"活力新疆"、"穿越新疆"、"璀璨新疆""团结新疆"、"智慧新疆"、"神往新疆"、"潜力新疆"为主题，高度概括和总结了自治区五十年来特别是改革开放以来，政治、经济、文化等多方面取得的辉煌成就和积累的宝贵经验。纪录片对发展的新疆进行了全景式的展示。

同日
○ 新疆电视台各档新闻节目及时播发了中央代表团抵达新疆等重点消息。

9 月 24 日
新疆电视台选送的选手热娜喜获第六届 CCTV 模特电视大赛亚军。

9 月 24—25 日
新疆电视台举办的"中美篮球对抗赛"在乌鲁木齐和克拉玛依举行。

9 月 25 日
新疆电视台采制特别节目《新疆印象·维吾尔人》，开始在中央电视台中文国际频道（CCTV—4）播出。

9 月 26 日
中央电视台中文国际频道（CCTV—4）与新疆电视台联合摄制的《神奇新疆》电视系列片在中央电视台中文国际频道（CCTV—4）《走遍中国》栏目播出。

9 月 26—30 日
中央电视台和新疆电视台合作摄制的专栏节目《体育人间》新疆专辑在中央电视台体育频道（CCTV—5）播出。

9 月 28 日—10 月 1 日
新疆电视台用维吾尔、汉、哈萨克 3 种语言完成《中央代表团艺术团来疆慰问演出》、《庆祝新疆维吾尔自治区成立 50 周年干部大会》和《新疆维吾尔自治区成立 50 周年庆祝大会》三场大型直播、译播活动。

9 月 29 日
新疆电视台摄制的十集纪录片《新疆电影五十年》播出。

同月

○ 新疆电视台网站为庆祝新疆维吾尔自治区成立 50 周年设计制作了大型网络宣传专题板块——《魅力新疆》，并在其中开通了《新疆印象》等部分视频在线栏目。栏目开通后新疆电视台网站访问创下了四百万首页点击量，同时也开始尝试为网民提供网络电视视听节目的在线收视。

○ 新疆电视台与中央电视台科学教育频道（CCTV—10）联合拍摄 9 集系列片《天山之水》播出。

○ 中央电视台一套《中华民族》栏目和新疆电视台联合拍摄五期节目。

○ 新疆电视台在原 280 平方米演播室内搭建的虚拟演播室投入使用，主要承担外宣栏目的制作任务。

9 月底—10 月初

新疆维吾尔自治区成立 50 周年大庆期间，新疆电视台依托新疆网络传输有限公司，利用国干网，将 50 周年大庆期间国家领导人、中央慰问团当天活动的新闻便捷、迅速、准确、安全地传送到中央电视台，保证重要新闻节目当天及时播出。

9 月—10 月

新疆电视台与中央电视台新闻中心、海外节目中心等部门联合在中央电视台累计播出关于新疆的新闻类节目近 2000 分钟，中央台先后派出 400 多人次参与了新疆 50 年大庆宣传工作，在央视每天的各时段新闻中都能看到自治区 50 年大庆的有关报道。

新疆电视台与中央电视台合作拍摄的 8 项新疆五十年大庆宣传节目在央视 1 套、2 套、3 套等主要频道黄金时段推出，分别是：1. 大型直播报道"新疆维吾尔自治区成立 50 周年系列报道——直播新疆"。2. 与中央台新闻中心社会新闻部合作，在五十年大庆预热阶段宣传中，在《新闻联播》累计播发以动态性消息为主的新闻 30 多篇；大庆前夕，在《新闻联播》播出了八集系列报道"辉煌 50 年"，并配套播出了系列报道"魅力新疆"。3. 与中央台新闻中心新闻评论部合作，在《焦点访谈》栏目播出 13 分钟反映自治区成立 50 年成就的专题片。4. 与中央台新闻中心社会新闻部合作，在《新闻 30 分》栏目挂标播出 30 集系列报道《看新疆》。5. 与中央台新闻中心社会新闻部合作，在新闻栏目《今天》中挂标播出 30 集反映新疆变化的系列报道《新疆新名片》。6. 与中央台新闻中心合作，先后完成了"和田开玉"、"开学了"两个各 30 分钟的直播报道。7. 与中央台新闻中心合作，圆满完成了中央代表团和中央艺术团在新疆活动的报道，得到中央领导的高度评价。8. 与中央台新闻中心社会新闻部合作完成了庆祝自治区成立五十周年干部大会、庆祝自治区成立五十周年群众大会和庆祝自治区成立五十周年文艺演出《绚丽天山》三场大型庆祝活动在央视新闻频道的直播。

10 月 8 日

由新疆电视台制作的 10 集大型纪录片《见证新疆 50 年》在中央电视台连续播出。

10 月 13 日

新疆电视台与全国多家体育电视媒体联合推出大型专题节目《联合十运》。

10 月 16 日

新疆电视台采制的反映新疆地质 50 年发展的系列片《光荣与梦想》播出。

10 月 17 日

新疆电视台召开哈萨克语节目开办 20 周年庆祝大会并举办专场文艺晚会。自治区党委副书记、政协主席艾斯海提·克里木拜，自治区党委副书记努尔·白克力等自治区及广电局领导参加。

10 月 19 日

新疆电视台塔里木油田记者站成立。

10 月 20 日

新疆电视台召开自治区成立 50 周年大庆宣传总结表彰大会，对在庆祝自治区成立 50 周年宣传报道工作中表现突出的 37 个先进集体和 102 名先进个人予以表彰。

10 月 29 日

新疆电视台获得新疆维吾尔自治区广电局"50 年大庆宣传"先进集体荣誉称号。

同月

○ 新疆电视台在 600 平方米演播室安装了 LED 大屏幕。

11 月 11 日

经自治区党委宣传部讨论决定（新党宣干字 [2005] 25 号文），任命徐樟梅为新疆人民广播电台党委委员、副书记，免去新疆电视台党委委员、副台长职务。

11 月 12 日

新疆电视台完成了配电系统改造工程，为安全播出提供了良好的电力保障平台。

11 月 14 日

新疆电视台党委书记石永强等一行 7 人赴澳门参加第二届新疆电视节。

11 月 15 日

新疆电视台柯尔克孜语《走进中国》改版，改名为《今日中国》，在以往《中国新闻》、《专题》、《影视剧场》的基础上新增了《商桥》、《魅力新疆》、《请您欣赏》等栏目。

同月

○ 在第七届全国维、哈、柯语优秀电视新闻、社教、文艺节目评选中，新疆电视台共有 18 件作品分获一、二等奖。

12 月 5 日

新疆电视台维吾尔语新闻综合频道（XJTV—2）《真心话》栏目改版。

12 月 8—11 日

新疆电视台参加首届"中国西部文化产业博览会"。

12 月 14 日

《农牧新天地》栏目召开政府涉农部门支持栏目扩容协调会，自治区气象局等十几家单位的领导参会。

12 月 25 日

新疆卫视播出由本台制作的反映新疆财政 50 年发展的 6 集电视系列片《与新疆同行》。

同年

○ 由新疆电视台选送的作品《1943·驮工日记》获第十一届上海电视节"白玉兰"奖入围奖、四川国际电视节"金熊猫"奖国际纪录片亚洲制作提名奖、中国广播影视大奖 2004 年度广播电视节目大奖（主创人员：宁照宇、何明、达力、李耘、彭旸）。

○ 在 2005 年美国阿拉斯加安克雷奇电影节上，新疆电视台选送的作品《野马回归中国》获评委会大奖、最佳音效奖（主创人员：孙昆、石峰、聂向晨、彭旸）。

○ 在自治区 50 年大庆宣传评选中，新疆电视台大型系列报道《直播新疆》等 6 件作品获十佳创新栏目奖。

○ 新疆电视台汉语综艺频道《激情创业》一书出版，吴萍主编。该书是"新疆电视台精品栏目丛书"中的第一本，书中介绍了新疆电视台录制播出的"阳光行动·创业 2005 电视大赛"。

○ 新疆电视台兵团记者站成立。主要领导人：张力生、曾智。

○ 新疆电视台维语经济生活频道（XJTV—9）推出《经济论坛》、《饮食文化》和《交通与安全》三档自办栏目。

○ 新疆电视台《新疆新闻联播》从节目编排的宏观把握到具体消息的细节处理能力都不断提升，权威性、综合性、指导性的节目定位更加鲜明，节目时效性日益增强，质量稳步提高。

○ 2005 年自治区成立 50 周年，《晚间报道》栏目及早动手，详细策划了 20

集系列报道《变化》，从老百姓的视角反映了自治区改革开放以来各族老百姓物质生活与精神面貌的变化，受到好评。

○ 广告中心获得全国广告行业文明单位。

○ 汉语综艺频道获得自治区妇联"巾帼文明号"荣誉称号。

○ 总编室获得自治区妇联"巾帼文明号"荣誉称号。

○ 汉语影视频道获得自治区"青年文明号"荣誉称号。

○ 许晓娟荣获自治区先进工作者、自治区十佳新闻工作者。

○ 张文彦荣获中国广播电视协会优秀信息资料工作者。

2006 年

1 月 2—5 日

新疆电视台少儿频道与南方电视台少儿频道联合举办的"第四届亚太地区少儿模特大赛暨新疆首届少儿模特大赛"进入决赛阶段。

1 月 6 日

新疆电视台哈萨克语新闻综合频道（XJTV—3）节目在哈萨克斯坦 DJTV 电视有限公司有线网内成功实现了整频道的试播出。

1 月 7 日

新疆电视台哈萨克语新闻综合频道（XJTV—3）开办《法制与道德》栏目。

1 月 9 日

新疆电视台 2006 年古尔邦节文艺晚会播出。为适应多语种播出的实际情况，晚会分为 3 台，5 个版本，包括 3 种语言的综合晚会和维吾尔语、哈萨克语专场晚会。

1 月 14 日

中共中央政治局委员、书记处书记、中宣部部长刘云山在中共中央政治局委员、自治区党委书记王乐泉，自治区党委副书记、自治区主席司马义·铁力瓦尔地等领导的陪同下，到新疆电视台看望在一线工作的干部职工，先后视察了新疆电视台新闻中心演播室、编译中心、播控中心机房等。

1月14—18日

新疆电视台举行"新疆电信杯"第六届新疆青年歌手电视大奖赛暨第十二届全国青年歌手电视大奖赛新疆选拔赛五场决赛。

1月15日

北京时间22：00，柯尔克孜语电视新闻——新闻简报在新疆电视台少儿频道（XJTV—12）开播，由此，新疆电视台每天播出的新闻节目语种增加到5种。柯尔克孜语新闻简报时长5分钟，以报道我区区内新闻为主，隔日正播。

1月17日

新疆电视台汉语新闻综合频道成立通联组。

同日

○ 新疆电视台新闻中心成立策划部、采访二部，并将原采访部更名为采访一部。

1月18日

新疆电视台少儿频道承办的2006年新疆首届少儿春节联欢晚会——"手拉手走向春天"在乌市人民剧场举行。

1月19日

新疆电视台拍摄的纪录片《新藏线上》（上集）在国家广电总局2005年度电视节目技术质量奖（金帆奖）评选中获得声音制作技术质量奖（专题纪录片类）一等奖。

1月20日

新疆电视台2005年工作总结表彰大会在新疆广电局五楼会议厅召开。会上表彰奖励了2005年工作中产生的43个先进集体、247名先进个人和荣获其他各类荣誉称号的 10 个集体、35 名个人；11 个先进党支部和 12 名优秀党务工作者、33 名优秀共产党员；9 个先进基层工会组织、12 名优秀工会干部、33 名工会活动积极分子；以及 2005 年度的获奖作品及个人和 2005 年百日消防安全专项治理中获得优胜的 7 个单位。

1 月 16—23 日

新疆电视台首次采用前方记者连线串联新闻的方式，对 2006 年自治区"两会"进行报道，并在《新疆新闻联播》中开辟"两会快讯"、"回顾十五展望十一五——两会代表委员"、"两会代表委员支新招"三个专版。

1 月 23—24 日

新疆电视台副台长哈那提·毛林拜等一行 5 人给托里县库甫乡 13 个自然村的 40 多户特困农牧民送去面粉、清油等生活必需品，总价值约 6000 余元。

1 月 29 日

新疆电视台汉语综艺频道（XJTV—4）《精彩剧情坊》正式开播。

1 月 30 日

新疆电视台与阿克苏地区联合摄制的《塔河欢歌贺新春》晚会播出。

同月

○ 在第八届共青团精神文明建设"五个一工程"奖评选中，新疆电视台选送的作品《一个都不能少》、《阳光行动·创业 2005》获得优秀文化作品奖。

2 月 10 日

新疆电视台干部人事制度改革领导小组成立。

同日

○ 新疆电视台技术中心获 2005 年度全国广播电视技术维护先进台站。

2月21日

新疆电视台吴萍同志荣获"自治区促进就业和再就业工作先进个人"称号。

2月23日

新疆电视台录制完成"银兔杯"《阳光行动·创业2005》创业计划大赛颁奖晚会。

同月

○ 新疆电视台《今日访谈》栏目对栏目标识进行了重新设计,并申请国家商标局注册登记。这是继《真实世界》之后新疆电视台第二个申请商标注册的栏目。《今日访谈》是一档新闻评述类栏目,在新疆新闻界迄今为止唯一两度获得"中国新闻名专栏"称号。

3月2日

新疆电视台录制完成哈萨克语2006年"纳吾肉孜节"文艺晚会。

3月15日

新疆电视台首次对"3·15国际消费者权益日"进行大型新闻直播报道。

3月17日

新疆电视台在演播厅召开新疆电视台精神文明动员大会暨全国"三八红旗集体"授牌仪式。会上,对汉语综艺频道(XJTV—4)荣获全国"三八红旗集体"荣誉称号进行表彰。

3月20日

新疆维吾尔自治区先进教育活动领导小组办公室、人民日报和新疆日报、新疆人民广播电台、新疆电视台、新疆经济报等中央及自治区9家新闻媒体单位参加的自治区先进性教育万里行采访活动拉开帷幕。

3月21日

新疆电视台录制维吾尔语《纳吾肉孜节文艺晚会》。

3月22日

新疆电视台建立《新疆电视台节目引进审查制度》。

同月

○ 由自治区人民政府、新疆电视台等8家单位联合主办的"新汶矿业杯·超级童声"新疆原创歌曲大赛拉开帷幕。

○ 受哈萨克斯坦国家电视台邀请，新疆电视台副台长哈那提·毛林拜等一行7人赴哈萨克斯坦，参加双方共同举办的大型综合文艺晚会——"诺肉孜"节文艺晚会。

4月1日

新疆电视台与北京明合世纪广告有限公司签订了新疆电视台汉语新闻综合频道（XJTV—1）广告承包经营合同，并于5月24日签署了正式交接确认文件。

4月6日

新疆电视台制定下发《关于加强各频道、中心自办栏目特约、联办等广告经营管理的规定》。

4月30日

新疆电视台维吾尔语综艺频道（XJTV—5）开办《幸运之星》栏目。

同月

○ 新疆电视台外宣中心为中亚国家观众制作专题节目《传向中亚都是情》。

○ 由自治区文明办公室、自治区广播电影电视局联合主办、新疆人民广播电台、新疆电视台共同承办的"全球通"杯2005感动新疆十大人物评选活动进入候选人物事迹推介宣传阶段。

○ 在新疆维吾尔自治区成立50周年好新闻评选中，新疆电视台选送的《我们新疆好地方》、《见证新疆五十年》获得一等奖。

5月9日

新疆电视台和中央电视台经济生活频道（CCTV—2）在乌鲁木齐二道桥国际大巴扎联合录制了"全家总动员"新疆赛区海选比赛。

5月10日

新疆电视台和多家单位共同举办全国第五届"新苗杯"普通话中学生电视节目主持人新疆赛区比赛、自治区第二届维吾尔语、汉、哈萨克语广播电视青年节目主持人大赛。

5月15日

新疆电视台党委讨论通过（新视台〔2006〕29号文）《关于成立新疆电视台编译中心的决定》，新疆电视台成立编译中心。

5月25日

新疆电视台决定每周召开节目编排、收视率分析会。

5月26日

新疆电视台与新疆广电网络有限责任公司举行2006年节目传输合同的签字仪式。新疆广播电影电视局局长伊力汗·奥斯曼，广播电影电视局党组成员、局长助理潘大光，新疆电视台台长施生田，新疆广电网络有线责任公司董事长吐尔洪·阿不力孜等出席了签字仪式。

5月29日—6月2日

新疆电视台汉语影视频道（XJTV—6）开展"童心童趣"儿童电影展播活动。

同月

○ 新疆电视台《政法报道》开展平安建设宣传。

○ 在第十六届（2005年度）"新疆新闻奖"评选中，新疆电视台15件作品和论文分获一、二、三等奖。在2005年度新疆广播电视新闻奖评选中，新疆电视台共有76件作品分获一、二、三等奖。

6月1日

新疆电视台《欢乐儿童》栏目在乌鲁木齐人民广场推出"六一"特别节目——"快乐童年·六一奉献"。

同日

○ 新疆卫视播出维吾尔、汉、哈萨克语大型六一晚会《阳光灿烂》。

6月2日

新疆电视台对现有维吾尔语、哈萨克语编译中央电视台新闻、专题类节目的生产制作机构进行整合，成立新疆电视台编译中心。

新疆电视台对现有少儿频道进行整合，将汉语新闻综合频道的《雪莲花》、维语新闻综合频道的《天山花朵》、哈语新闻综合频道的《蓓蕾》等三个少儿节目及栏目组划归少儿频道，由少儿频道统一进行少儿节目的生产制作。

同日

○ 新疆电视台现场直播"全球通"杯2005感动新疆十大人物颁奖典礼。颁奖典礼上揭晓评选结果，卡德尔·巴克、庄仕华、胡筱龙、艾尼·居买尔、布茹玛汗·毛勒朵、姜炜、郭斌、阿不力孜·努来克、康玉柱、阿西木江·色来当选为"全球通"杯2005感动新疆十大人物。这十大人物是由全疆各族群众通过网上投票、手机短信、小灵通短信投票以及电话、信件投票等方式评选出来的，具有广泛的代表性。

6月6日

新疆电视台推出大型主题直播报道——《天山南北新农村》特别节目。

6月7日

新疆电视台哈萨克语新闻综合频道（XJTV—3）哈萨克语节目正式转播新闻发布会在哈萨克斯坦阿拉木图市社会科学院举行，新疆广播电影电视局派出代表团参加。新疆广播电影电视局副局长依德力希，新疆电视台台长施生田、总工程师高天山，中国驻哈萨克斯坦领事馆秘书张宏伟，哈萨克斯坦DJTV电视有线网络公司副总经理卡依尔江·库江勒、副经理古丽江·阿合巴依、沙吾列·阿巴索娃出席了新闻发布会。阿拉木图电视台、哈萨克国家广播电台、阿拉木图快报、阿拉木图晚报等当地12家新闻媒体的记者参加了新闻发布会。新疆电视台哈萨克语新闻综合频道的电视节目每天播出时间为17小时，在阿拉木图的收看用户已经超过 7000 户。

6 月 9 日—7 月 10 日

新疆电视台首次采用维吾尔语直播的形式与中央电视台同步直播 2006 年德国世界杯足球赛全部 56 场比赛，这是新疆电视台成立以来首次用维吾尔语直播大型体育赛事。

6 月 17 日

新疆电视台与自治区体育局、新疆电信公司联合举办"2006 年新疆自治区'灵机 e 族杯'三人篮球对抗赛"。

6 月 19 日

新疆电视台汉语新闻综合频道（XJTV—1）开办新栏目——《天天民生》。

6 月 21—23 日

新疆电视台录制播出塔城地区阿肯弹唱会——《塔城欢歌》。

6 月 24 日

新疆电视台汉语新闻综合频道（XJTV—1）开办综艺类栏目——《综艺新疆行》。

6 月 28 日

新疆电视台《新疆英语新闻》栏目采制的关于"旅游双节"的新闻第一次上中央电视台英文国际频道（CCTV—9）的提要。

6 月 29 日

新疆电视台举行纪念建党 85 周年知识竞赛。

同月

○ 新疆电视台施生田、石永强主编的《我们新疆好地方》一书出版。自治区党委常委、宣传部长李屹为该书作序。该书是"新疆电视台精品栏目丛书"之一，全书共分为十篇：分别为壮哉新疆、阳光新疆、多彩新疆、活力新疆、穿越新疆、璀璨新疆、团结新疆、智慧新疆、神往新疆、潜力新疆和附录：情凝新疆。该书全面介绍了新疆电视台庆祝新疆维吾尔自治区成立五十周年大庆10集大型文献纪录片《我们新疆好地方》的拍摄情况并汇编了工作人员的采编感悟。

○ 新疆电视台推出"激情夏日相约荧屏"系列活动，活动包括观众互动会、明星见面会、有奖收视问答等内容。

○ 兵团各农业师的电视观众开始免费收看新疆电视台汉语综艺频道（XJTV—4）、维吾尔语综艺频道（XJTV—5）、哈萨克语综艺频道（XJTV—8）三套电视节目。

○ 新疆电视台汉语信息服务频道（XJTV—11）开办《特殊的双方》栏目。

7 月 1—31 日

新疆电视台与自治区党委组织部联合举办《党旗飘扬》电视专题片展播活动。展播活动历时一个月，参展片采用维吾尔、汉、哈萨克三种语言播出。

7 月 10 日—10 月 20 日

新疆电视台开展"百日安全生产集中整治活动"。

7 月 12 日

新疆电视台组织全体党员干部在台大演播室观看中央纪委摄制的警示教育片《忏悔录》。

7 月 14 日

新疆电视台节目编排、收视率分析会制度正式启动。

7 月 18—20 日

新疆电视台先后举办了两期领导干部学习班，对党员领导干部进行党的组织、作风、制度和纪律集中培训教育，全面提高党员领导干部的综合素质，全台70多名领导干部参加了学习。

7 月 19—22 日

新疆电视台录制伊犁哈萨克自治州第二届阿肯弹唱会。

7 月 20 日

新疆电视台收视率研究报告会在台综合楼会议室举行。

7 月 28—29 日

共青团新疆电视台第二次代表大会召开。

7 月 29—31 日

新疆电视台汉语综艺频道（XJTV—4）播控机房搬迁至原有线台播出机房。自此，XJTV—4 的无线信号停止播出。

同月

○ 新疆电视台参与摄制的电视连续剧《冰山上的来客》播出。

○ 新疆电视台和武警兵团指挥部联合举办了"军歌嘹亮——武警兵团指挥部战士电视歌手大赛"。

○ 新疆电视台摄制的首部数字电视电影《最后的小站》在全国上映。《最后的小站》被国家广电总局电影局评为本年度的优秀数字电影，作为建党 85 周年重点影片在全国数字院线展映。在全国范围展开的优秀影片展映中，《最后的小站》被列为 7 部优秀数字电影中的第 1 部。

○ 新疆电视台少儿频道（XJTV—12）《雪莲花》全新改版。

○ 新疆电视台维吾尔语经济生活频道（XJTV—9）《桥》栏目进行改版。

○ 在第十六届中国新闻奖评选中，新疆电视台选送的作品《生命的奇迹》获二等奖（主创人员：任博、刘晔、彭旸、朝龙）。

8 月 7 日

新疆电视台举办第一期全疆社教类节目培训班。

8 月 9 日

新疆电视台录制"第七届新疆广告作品展"颁奖晚会。

8 月 17 日

中央电视台、新疆电视台共同主办黄金搭档杯 CCTV 第七届模特大赛新疆赛区决赛。

8 月 19 日

由新疆电视台、中国传媒大学、新疆人民广播电台、新疆艺术学院、新疆播音主持研究会、新疆广播电视报主办的 2006 "盖瑞益生菌酸牛奶杯"新疆主持人大赛暨第五届全国中学生"新苗杯"和新疆青年十佳节目主持人大赛结束。本次比赛从 2006 年 3 月开始，全疆报名参加人数突破 2000 人，历时近 5 个月，最终评出 40 位优秀播音员、主持人。

8 月 22—25 日

新疆电视台全面关注和报道"阿拉木图—乌鲁木齐"文化周。

8 月 25 日—9 月 7 日

新疆电视台播出阿勒泰地区第 16 届阿肯弹唱会。

8 月 26 日

新疆电视台维吾尔语新闻综合频道（XJTV—2）《麦西来甫》栏目全新改版。

同日

○ 新疆电视台、中央电视台和宁夏广播电视总台联合推出的《回到恐龙时代》大型直播节目对位于奇台县境内的恐龙沟和宁夏灵武南磁湾两个地点的恐龙化石挖掘进行现场直播。

同月

○ 新疆电视台网站在国内权威互联网传播期刊——《网络传播》对国内 5

类新闻网站的统计调查中，月度访问量和浏览量排名跃升至全国第 19 位，是自治区唯一一家进入本次 5 类调查排名 20 强的互联网站。

○ 在第七届全国少儿电视节目"金童奖"评选中，新疆电视台选送的 MTV 节目《小巴郎》获得二等奖，《雪莲花》获得优秀栏目奖。在 2006 年全国少数民族语言电视节目纪录片奖评选中，新疆电视台选送的维吾尔语纪录片《高空骄子麦军》获得金奖。主创人员：木扎帕。

○ 在 2005 年度新疆播音主持节目奖评选中，新疆电视台 15 件作品分获一、二、三等奖。

○ 在第二届"天山文艺奖"评选中，新疆电视台 16 件作品获得各类奖项。

9 月 5 日

新疆电视台与全国七家电视台在吐鲁番火焰山前隆重举行了《走进新疆——多彩吐鲁番》大型丝绸之路文化电视易地采访活动的开机仪式。

9 月 10 日

新疆电视台新闻中心开设专栏《展示新成就 喜迎党代会》，用维、汉、哈、英四种语言进行宣传。

9 月 11 日

新疆电视台播出大型专题片《洒满阳光》。这部教育专题片共 12 集，每集 30 分钟，每一集都有一个主题，由集中办学、素质教育、双语热潮等组成，以 50 年来新疆教育发展的重大事件为主线，以事实和教育实践为依托，该片以教育体系和相关环节为基础，通过情节的串联，对新疆教育 50 年进行了全面盘点。

9 月 15 日

新疆电视台编译中心维吾尔语、哈萨克语译播《新闻联播》的时间从当日北京时间 23：00 提前到 21：30 播出，比以前提前了一个半小时，《焦点访谈》提前了四个小时，《国际时讯》提前了三个小时，《世界周刊》提前了整一天。

同日

○ 新疆电视台维吾尔语新闻综合频道（XJTV—2）和哈萨克语新闻综合频

道（XJTV—3）开始按照新节目表运行。

9月17—24日

由新疆电视台承办中国电影电视技术学会节目制作与传输专业委员会2006年年会在新疆乌鲁木齐举行。中国电影电视技术学会节目制作与传输专业委员会是2005年11月经国家民政部正式批准由中国西部地区电视技术协会更名而来。在本届年会上，新疆电视台获得电视节目播出技术质量奖、声音录制技术质量奖、安全播出（发射系统）一等奖，电视节目图像录制技术质量奖、安全播出（播出系统）二等奖。同时，3篇技术论文获一等奖、3篇技术论文获二等奖、6篇技术论文获三等奖。

9月18日

新疆电视台与CCTV《大风车》栏目联合评选录制的全国"非凡少年"选拔赛新疆赛区决赛在新疆电视台演播大厅落下帷幕。中央电视台著名少儿节目主持人董浩参与节目录制。

9月19日

新疆电视台获第七届新疆新闻界记者登山比赛团体冠军。

9月21日

新疆电视台拍摄的我国首部反映哈萨克族生活的8集电视连续剧《情牵那拉提》在中央电视台8套播出。

9月21—24日

中国视协纪录片学术委员会和新疆电视艺术家协会、新疆生产建设兵团电视台主办，新疆电视台承办的"2006·中国电视纪实专题节目论坛暨2006·中国电视纪录片优秀作品赏析活动"在乌鲁木齐召开，来自国内外影视传媒机构、纪录片学界的200多位专家、学者和各地代表参加。这次论坛主要是探讨纪实专题节目和纪录片的核心竞争力，同时将进行大型纪录片创作、社会人文类纪录片创作、自然动物类纪录片创作、栏目的创新与挖潜、栏目管理与规范、国际电视节目创作与交易6大主题的探讨。新疆电视台《我们新疆好地方》、《胡杨》、《迟来的割礼》、《再说长江》、《印在人民币上的女拖拉机手》等作品获得全国"十佳"奖。

9 月 24 日

新疆电视台与乌鲁木齐市关心下一代工作委员会、乌鲁木齐教育局等各单位组织的"心桥计划"在乌鲁木齐市人民广场启动。

9 月 26—29 日

哈萨克斯坦 DTV 电视有限公司副总经理安德烈·申一行 3 人对新疆进行工作访问，自治区广电局局长伊力汗·奥斯曼于 9 月 27 日在乌鲁木齐与其签署了(XJTV—3)哈萨克语电视节目整频道在该国落地播出合作协议。

9 月 27 日

自治区广电局与哈萨克斯坦 DTV 电视有限公司在乌鲁木齐正式签署了新疆电视台哈萨克语新闻综合频道（XJTV—3）电视节目整频道在该国各地播出的合作协议。

9 月 28 日

新疆电视台在彩电中心举行新疆电视台维吾尔语、哈萨克语提前译播中央电视台《新闻联播》节目开播仪式。自治区党委党委、宣传部部长李屹，自治区副主席库热西·买合苏提共同开启开播按钮。自治区党委副书记努尔·白克力在开播仪式上说，新疆电视台作为自治区主要的新闻媒体和电视行业的排头兵，在围绕党的中心工作开展新闻宣传、丰富各族群众精神文化生活方面发挥着不可替代的重要作用。他希望广大电视工作者不断为新疆各族群众奉献更多、更精彩的电视节目，为推动自治区改革发展稳定提供强有力的精神动力和舆论支持。当年，在自治区党委、自治区人民政府及自治区广电局的大力支持下，新疆电视台与中央电视台协调解决了译播文稿的传送问题，并完善了译播系统，对维吾尔、哈萨克语编译实行统一管理，维吾尔、哈萨克语新闻节目已于 9 月 15 日提前到 21：30 播出。

同日

○ 新疆电视台安全生产办公室成立。安全生产办公室为新疆电视台安全生产、安全播出领导小组常设机构，由新疆电视台直属管理。

9 月 28 日
新疆电视台 8 频道设备拆迁，将北京吉兆电子有限公司生产的合放式全固态彩色电视发射机 1 部和相关备件移交给新疆广电局节目传输中心 841 台。

9 月 29 日
新疆电视台播出第七届"新疆十大杰出青年"评选活动颁奖典礼。此次活动由自治区团委、自治区青联和我区部分新闻单位共同举办，评选活动经过单位推荐、各地州推荐、群众公开投票、评委会无记名投票等方式，最终评选出中国科学院、国家天文台、乌鲁木齐天文站站长、首席科学家王娜，新疆大学学生艾尼·居买尔、中国石油塔里木勘探开发研究院院长汪同文等 10 名在我区各行各业作出巨大贡献的青年为第七届"新疆十大杰出青年"。

9 月 30 日
国家广电总局批准，新疆电视台开办维吾尔语《娱乐巴扎》、《天山剧场》、《教育在线》3 个付费电视频道。

同日
○ 新疆电视台加大前期新闻采访设备的投入，购置 SONYDSR—PD190P 摄像机 21 台。

同月
○ 新疆电视台承办"第十二届全国电视法制节目年会"。
○ 在 2006 "中国·玉溪"国际环保纪录片周节目评选中，新疆电视台《北鲵妈妈》获三等奖，《野马重返中国》、《餐厨垃圾哪里去了》获提名奖。

10 月 10 日
新疆电视台《新疆新闻联播》及早、午、晚新闻，《英语新闻》开辟"展示新成就，迎接党代会"为主题的新闻节目，《今日访谈》栏目播出自治区第七次党代会系列节目。

10 月 15 日

新疆广播电影电视局、新疆电视台主办的"节日的欢乐"肉孜节文艺晚会在新疆电视台大演播厅举行。

10 月 16 日

○ 新疆电视台举办全疆社教节目采编人员第二期培训班开课。

同日

新疆电视台大型直播节目《天山南北新农村》结束。此次直播活动由新疆电视台新闻中心牵头，技术中心、总编室、计划财务结算中心等单位共同参与。《天山南北新农村》直播活动以新农村建设的"生产发展、生活富裕、乡风文明、村容整洁、管理民主"的 20 字方针为准绳，广泛深入地宣传了我区在发展生产、促进农民增收、推动农村全面进步等方面取得的实效。《天山南北新农村》直播活动历时半年，共计 18 场，节目时长 490 分钟，直播报道组先后走进昌吉州、塔城地区和南疆三个地州，行程三万余公里。直播节目采用"现场主持人＋嘉宾＋外景记者＋短片"的生动形式和亮点突出的特色报道，真实地反映了我区各地建设社会主义新农村的有益探索和实践成果。新疆电视台维吾尔、汉、哈萨克 3 种语言 5 个频道直播、转播、译播了这次大型直播活动。

10 月 21 日

新疆电视台录制纪念中国工农红军长征胜利 70 周年大型音乐会《永恒的丰碑》。

10 月 24 日

新疆电视台维吾尔语新闻综合频道（XJTV—2）开办新的社教类节目《科技与教育》。

10 月 26 日

新疆电视台承办的"希望的田野"——新疆首届乡村青年歌手大赛举行颁奖，17 名选手分获全疆一、二、三等奖，优秀歌手奖及最佳词曲奖。

同月

○ 新疆电视台译制中心和新疆天山电影厂译制部合并，成立了新疆广播影视译制中心，专门从事译制电影电视剧的工作。

○ 新疆电视台记录片《我们的生活》获得"神采飞扬·中国郎"2006年度中国纪录片国际选片会十大优秀纪录片。

○ 为满足新疆电视台新闻时政节目拍摄的需要，新疆电视台购置了松下AJ—D913MC数字摄录一体机10台。

11月7日

新疆电视台录制"双满意"（让党委满意、让人民满意）演讲比赛决赛。

11月8日

自治区区直机关文明委、乌鲁木齐市天山区文明委等单位组成的精神文明建设检查验收组对新疆电视台2004—2006年精神文明建设工作进行了检查验收，新疆电视台顺利通过验收。

11月11日

新疆电视台《西域警视》和《农牧天地》栏目联合推出的"送法下乡"活动在新疆昌吉市大渠镇正式拉开帷幕。

11月13日

新疆电视台电视发射钢塔拆卸完毕后，正式移交给阿勒泰广播电视局。

11月16日

自治区广播电影电视局与吉尔吉斯斯坦国家广播电视公司续签了双方电视项目合作协议。

11月16—20日

新疆电视台直播中国篮球亚运热身赛。

11 月 19 日

新疆电视台播出部毕强在 2006 年全国广播电视技术（中心系统）能手竞赛中获二等奖，播出部茆宇庆在全国广播电视技术（电视制作专业）能手竞赛中获二等奖，均被国家广电总局授予"全国广播电视技术能手"称号。

11 月 23 日

新疆电视台承办的 2007CCTV"美食冠军"乌鲁木齐赛区比赛结束。

11 月 30 日

新疆电视台"12·1"世界艾滋病日公益晚会《飘动的红丝带》在新疆大学录制完成。

12 月 14 日

新疆电视台录制新疆首届"爱我中华少数民族少儿双语口语大赛"颁奖晚会。自治区党委书记王乐泉、自治区党委副书记司马义·铁力瓦尔地等出席晚会并为获奖人员进行了颁奖。此次大赛以"爱我中华、赞美新疆"为主题，切合了自治区的重大战略部署，在全区掀起新一轮双语学习高潮，全疆共有 39528 名 5—15 岁的 8 个少数民族选手参加比赛，最后 95 名选手进入总决赛。

12 月 21 日

新疆电视台对外节目宣传中心柯尔克孜语《今日中国》栏目观众见面会在乌鲁木齐举行。5 名来自吉国的观众和 10 多名现在乌鲁木齐留学、经商、生活的吉国观众参加见面会。

同月

○ 新疆电视台影视频道推出首家新疆方言电视栏目剧《新疆羊肉串》。这是新疆首个以弘扬主旋律和具有教育意义题材为主的新疆方言影视剧类栏目，影视频道将向社会募集演员和剧本，真正做到老百姓演老百姓自己的故事，提高大众参与性的同时，丰富群众的业余文化生活。

○ 新疆电视台汉语影视频道（XJTV—6）《看电影》栏目全新改版。

同年

○ 新疆电视台利用国家投资的 2830 万元资金，实施了《新疆广电局译制中心影视剧译制制作网络项目》。该项目由北京中科大洋科技发展股份有限公司承建，于 2006 年 3 月开始实施，同年 5 月 31 日完成，使新疆广电局译制中心的年译制生产能力达到 2500—3000 集，形成了从剧本的抄写到最终的混录合成实现网络数字化的工作模式，其规模和技术含量均为全国之最，使新疆拥有了全国第一大影视音频制作网。

○ 新疆电视台维、哈语新闻编译制作网络系统项目由北京中科大洋科技发展股份有限公司承建，总投资 341 万元。2006 年 5 月开始机房装修，6 月 15 日开始施工，包括网络布线、硬件搭建和软件调试。同时对编译工作人员进行培训。8 月 15 日施工完毕。8 月 16 日至 9 月 10 日试运行。9 月 15 日，正式投入运行和使用。该项目的完成，彻底改变了以往基于录音带进行听、抄、译的工作流程，实现了维吾尔、哈萨克新闻编译中心的全业务流程的数字化、无纸化和流程化，提高了工作效率，改善了节目信号质量。

○ 2006 年 5 月，集全国省级电视台语种最多（维、汉、哈、柯、英）、播出频道最多（12 个频道），并具一定规模的《新疆电视台数字硬盘播出系统项目》工程动工建设，总投资 4500 万元。5 月 1 日，进行机房土建装修。同年 7 月，进行系统的设备安装，同年 11 月，系统施工调试完成，同时全面开展人员培训工作。

新疆电视台数字硬盘播出系统是按照 12 个频道的播出需求进行设计施工的，安全性极高，可存储 660 小时节目，提供 12 个频道 3 天的播出需求，同时可存储 5000 小时的播出节目素材，在节目资源共享的同时，解决了新疆电视台各频道尤其是民语频道节目重播的问题。新疆电视台数字硬盘播出系统全部采用进口设备，具有完善的应急切换措施和信号监视手段，在提高系统稳定性和安全性的同时，也有效地提高了节目的播出质量，实现了全台播出系统的数字化。

○ 新疆电视台维吾尔语经济生活频道（XJTV—9）开办了《天气·资讯》栏目。

○ 新疆电视台 50 部作品分获第八届全国维、哈、柯语优秀电视作品各类奖项。

○ 新疆电视台汉语综艺频道（XJTV—4）荣获全国三八红旗集体荣誉称号。

○ 新疆电视台新闻中心荣获全国优秀青少年维权岗。

○ 新疆电视台汉语综艺频道（XJTV—4）荣获自治区级青年文明号。

○ 新疆电视台汉语影视频道（XJTV—6）区直机关"巾帼文明岗"。

○ 新疆电视台广告部获得新疆广告二十年十佳广告媒体。

○ 赵武军荣获第八届共青团精神文明建设"五个一工程"优秀文化新人提名奖。

○ 苏新获得2005年中国经济女性年度突出成就人物。

○ 乌兰·吐汗获得自治区十佳新闻工作者。

○ 李玉新获得2006年度自治区直属机关优秀党务工作者。

○ 吴萍获得自治区促进就业和再就业工作先进工作者。

2007 年

1 月 13 日

新疆电视台汉语影视频道（XJTV—6）筹拍的"新疆方言栏目剧"举办了演员见面会，最终确定了首批新疆方言栏目剧的演员名单。

1 月 20 日

自治区党委宣传部、自治区直属机关工作委员会、自治区文化厅、自治区文联、新疆电视台共同举办的"知荣辱树新风"新疆小品曲艺大赛举行决赛。

1 月 25 日

自治区党委宣传部、自治区文化厅、自治区广电局、自治区旅游局联合举办，自治区党委外宣办承办，新疆电视台、新疆天山网、新疆电信公司协办的"互联星空杯"首届"魅力新疆"MV网络电视大赛举行颁奖典礼。自治区党委常委、宣传部部长李屹、自治区党委副秘书长景海燕等领导出席了颁奖典礼并为获奖选手颁奖。新疆电视台获得最佳组织奖。

1 月 27 日

新疆电视台与南方电视台联合举办的"第五届亚太少儿模特大赛新疆区分赛

暨第二届新疆少儿模特大赛"举行决赛暨颁奖晚会。

同月

○ 在国家广电总局 2006 年度电视节目技术质量奖（金帆奖）评选中，新疆电视台选送的纪录片《水来了》获声音制作技术质量奖（纪录片类）二等奖。

○ 新疆电视台《天山南北新农村——2006 年大型主题直播报道实录》一书出版。施生田、石永强主编，全书分为第一部分（直播纪实）：昌吉篇、塔城篇、南疆篇，第二部分：专业篇、感悟篇，这是《新疆电视精品节目丛书》之一。

2 月 1—14 日

新疆维吾尔自治区妇联、妇女儿童发展中心、新疆电视台联合举办"爱在新疆——牵手困境儿童，建设和谐家园"大型系列公益活动。

2 月 8 日

新疆电视台召开 2006 年度总结表彰大会。自治区党委宣传部副部长祝谦、自治区广电局党组书记安思国出席了大会。施生田台长做了 2006 年新疆电视台工作总结报告。副台长赵飞、纪检书记李玉新分别宣读了新疆电视台《关于表彰奖励 2006 年度先进集体、先进个人及获得荣誉称号的集体和个人的决定》、《关于表彰 2006 年度"五好党支部"、优秀共产党员和优秀党务工作者的决定》、《关于表彰奖励 2006 年度获奖作品的决定》，并向 2006 年度 106 件（集）优秀作品、37 个先进单位、245 个先进个人、11 个五好党支部、40 名优秀共产党员、19 名优秀党务工作者，以及获得其他各类荣誉称号的 7 个集体和 19 名个人代表颁发了荣誉证书及奖金。自治区党委宣传部副部长祝谦、自治区广电局党组书记安思国对新疆电视台 2006 年取得的工作成绩给予了充分肯定。台党委书记石永强作了总结发言。

2 月 16 日

新疆电视台与海口电视台联合录制的新疆、海南 2007 春节联欢晚会《海之南·天之北》在两地同步播出。

2 月 18 日

自治区党委副书记努尔·白克力，自治区党委常委、宣传部长李屹，自治区副主席库热西·买合苏提等一行来到新疆电视台，代表自治区党委、自治区人民政府慰问新疆电视台各族干部职工。

2 月 25 日—3 月 2 日

蒙古国巴彦乌力盖省 GCMM 公司总经理米拉一行 4 人来访，自治区广播电影电视局与其签署协议。至此，新疆电视台 1 套、2 套、3 套、8 套节目在蒙古国整频道落地播出。

2 月 28 日

凌晨 2 时许，由乌鲁木齐开往阿克苏的 5807 次列车在行驶到吐鲁番地区珍珠泉车站附近时，突遭 13 级狂风袭击，11 节车厢被大风刮翻，1800 多名旅客和司乘人员的生命财产安全受到严重威胁。

新疆电视台记者宿传义、肖洪斌当时因去南疆采访乘坐 5807 次列车，他们在第一时间参与了抢险，组织乘客自救并借助一名乘客携带的手电筒第一时间记录了事故发生现场情况，记录下了迄今为止全国范围内规模最大的火车颠覆事件。他们在第一时间将险情向自治区党委、政府及各有关部门和中央媒体报告，为自治区在第一时间组织抢救争取了宝贵的时间。

当晚新疆电视台又紧急派出徐浩宇、周光磊、秦拓、阿不力孜、李然、黄黎、童江南等火速赶往事发现场，对此次事故进行了全面采访报道，在全疆最早播报了事故发生及自治区党委政府、各有关部门及时救援等方面的情况。同时向中央电视台、新华社和区内外几十家媒体提供了新闻素材、与全国 40 多家媒体开展了连线报道。

3 月 2 日

自治区广播电影电视局研究决定（新广局 [2007] 26 文），蒋焕文任新疆电视台总编室副主任（挂职）。

3 月 22 日

新疆电视台召开 2·28 事件新闻报道先进个人表彰大会，对在"2·28"列车脱轨事故报道中表现突出的宿传义、肖洪斌等 9 名先进个人进行了表彰。

3 月 23 日

新疆电视台成立设备技术鉴定小组。

同月

○ 在中国电影电视技术学会 2006 年度评选中，新疆电视台选送的纪录片《水来了》获声音制作（专题类）优秀作品一等奖。

4 月 1 日

新疆电视台汉语新闻综合频道（XJTV—1）新版节目正式开播。全新改版的节目有《财富资讯》、《社会全接触》、《丝路新发现》、《农牧新天地》、《记者调查》、《综艺丝路行》。

4 月 5 日

由新疆电视台和新疆广电网络公司共同合作开办的 2 个新疆电视台维吾尔语数字电视频道试播，每日 14：00—16：00 正播，21：30—23：30 重播。其中影视剧频道《天山剧场》播出国内外经典影片和电视剧；文艺频道《娱乐巴扎》播出木卡姆、麦西莱甫等具有新疆民族特色的文艺节目以及国内外优秀文娱节目。这 2 个数字频道的开办对于解决和改善我区维吾尔语电视节目频道少，尤其是影视剧综艺类节目少的现状将具有积极的意义。

4 月 12 日

新疆电视台总工办甫力东获 2006 年度全国广播电视技术维护（电视类）先进个人三等奖。

4 月 16 日

新疆电视台汉语影视频道（XJTV—6）方言栏目剧《新疆羊肉串》开播。

4月25日

新疆电视台采取12个频道分步实现硬盘播出的稳妥安全的试播方案，从2007年1月24日8：00起，正式开始数字硬盘播出系统的试播。首先试播的是新疆电视台汉语影视频道（XJTV—6）的节目，随即陆续在硬盘播出系统上开播其它11个频道，于同年4月25日，新疆电视台五种语言12个频道全部实现了硬盘播出。

4月29日

经自治区党委宣传部讨论决定（新党宣干字[2007] 06号文），吾买尔江·穆罕默德任新疆广播电视学校党委副书记、校长，免去其新疆电视台新闻部副主任职务；（新党宣干字[2007] 07号文）于建海不再担任新疆电视台党委委员、副台长职务。

同月

○ 新疆电视台正式通过中广网向中央电视台传送新疆新闻，结束了新疆电视台利用总参网向中央电视台传送新闻的历史，改变了新疆电视台新闻节目长期不能有效快捷传送的局面。

5月4日

新疆电视台录制播出纪念中国共青团建团85周年暨第八届新疆青年五四奖章颁奖晚会《青春新疆》。

5月8日

经自治区广电局党组讨论决定（新广局[2007] 54号文），齐正宇任新疆电视台新闻部主任；戴研坤任新疆电视台新闻部副主任；阿不都外力·阿不力米提任新疆电视台新闻部副主任。

5月26日

由新疆电视台、中央电视台联办的"花儿朵朵爱中华"庆"六·一"大型电视文艺晚会录制，自治区党委常委、自治区党委宣传部部长李屹出席晚会。

5 月 30 日

新疆维吾尔自治区机构编制委员会（新机办 [2007] 187 号文）《关于新疆电视台机构编制方案的批复》批复了新疆电视台机构编制方案。新疆电视台人事保卫部分设为人事部、保卫部。新闻部更名为新闻中心，电视制片中心更名为"电视剧制作中心"。增设计划财务部、网络部、节目落地覆盖办公室、对外宣传节目中心、离退休职工管理服务中心。精简全额预算管理事业编制 28 名。

新疆电视台下设 27 个内设机构，并明确了各机构的主要职责任务。新疆电视台核定事业编制 836 名（全额预算管理事业编制 549 名、自收自支事业编制 287 名），台领导职数 8 名（含纪检委书记），其中副厅级 2 名；内设机构领导职数 79 名，专业技术人员比例 80% 以上。电视剧制作中心、离退休职工管理服务中心为附属机构。

同月

○ 共青团中央、国家广播电影电视总局授予新疆电视台汉语影视频道（XJTV—6）国家级"青年文明号"称号。

○ 在 2006 年度新疆新闻奖评选中，新疆电视台 5 件作品分获一、二等奖。

○ 在 2006 年度新疆广播电视新闻奖评选中，新疆电视台 93 件作品获奖。

○ 在 2006 年度新疆广播电视播音主持节目奖评选中，新疆电视台 11 件作品获奖。

○ 在第七届新疆广播电视论文奖评选中，新疆电视台 7 件作品获奖。

○ 在第三届"天山文艺奖"评选中，新疆电视台 32 件作品获奖。

6 月 1 日

新疆电视台哈萨克语综艺频道（XJTV—8）创办《名歌故事》栏目，两周一期，每期 40 分钟。

6 月 29 日

由自治区文明办、自治区广播电影电视局、自治区文化厅联合举办，新疆电视台承办的"唱响三爱、构建和谐社会"——自治区城市、社区文艺竞赛展演活动在全疆范围内正式启动。

同月

○ 在第九届全国少数民族语言电视维、哈、柯语优秀作品奖评选中，新疆电视台 62 件作品获奖。

7 月 11 日

新疆电视台与新疆军区部队共同举行"守我边疆 筑我长城——军营万里行"大型直播活动新闻发布会。自治区党委宣传部副部长祝谦、自治区广电局党组书记安思国出席发布会。

7 月 13 日

实施数字硬盘播出后，根据新的工作流程和管理工作需要，新疆电视台对技术中心播出部内部机构及职责进行了调整，将原来的 XJTV—1，XJTV—2，XJTV—3，XJTV—4，XJTV—6，XJTV—8，XJTV—5、XJTV—9，XJTV—7、XJTV—10、XJTV—11 八个播控科合并，成立新的播控科，将原传录科更名为收录科，增设上载科、总控科、综合维护科，共设 5 个科(新视台 [2007] 16 号)。

7 月 16 日

新疆电视台与中央电视台联合组织策划的《平安中国——平安新疆》在新疆电视台录制完成。新疆维吾尔自治区党委副书记、自治区主席司马义·铁力瓦尔地、自治区党委常委、政法委书记朱海仑、"平安志愿者"、央视《实话实说》主持人和晶参加了节目录制。

7 月 19 日

由新疆电视台承建的《新疆广电局译制中心影视剧译制制作网络项目》、《新疆电视台维、哈语新闻编译制作网络系统项目》通过新疆广电局科技委组织的验收和技术鉴定。

7 月 21 日—8 月 14 日

新疆军区和新疆电视台联合进行"守我边疆筑我长城——军营万里行"大型直播活动，向中国人民解放军建军 80 周年献礼。这次直播活动主要围绕新疆军区部队的光荣历史以及新疆军区部队的军事训练、军民鱼水情等 10 个直播主题展开，生动展现广大边防官兵胸怀祖国、心系人民的崇高思想境界，大力宣传部队官兵与新疆各族群众在双拥工作中发生的动人心弦的故事，为观众展示一个立体的全方位多角度的军营世界。

与以往不同的是，新疆电视台在这次直播活动中首次在台内设置新闻演播室，与新闻直播现场产生互动，增加直播节目的现场感和可视性。7 月 21 日至 8 月 14 日每天上午北京时间 12：30 分进行直播，直播场次为 10 场，每场 30 分钟，当天在汉语新闻综合频道（XJTV—1）正播、次日重播，维吾尔语、哈萨克语次日译播。

7 月 27 日

新疆电视台举行自治区直属机关"巾帼文明岗"创建工作经验交流现场会，自治区直属机关各厅局的 60 多位代表参会。

7 月 31 日

新疆电视台录制黄金搭档杯 CCTV 第八届模特大赛新疆赛区决赛。

8 月 1 日

由自治区党委宣传部、自治区文化厅、自治区广播电影电视局、新疆生产建设兵团党委宣传部和新疆军区政治部联合举办，新疆电视台联合录制的庆祝中国人民解放军建军 80 周年大型文艺演出《千里边关铸军魂》在我台播出。

同日

○ 新疆电视台为建军八十周年大型直播活动搭建的"三讯道全数字新闻演播室系统改造工程"通过验收。

8 月 7 日

自治区人民政府决定（新政任字［2007］31 号文），石永强任自治区广播电影电视局副局长。

自治区人民政府决定（新政任字［2007］39 号文），施生田不再担任新疆电视台台长职务。

8月14日

新疆电视台举行第十七届中国新闻奖讲评活动，第十七届中国新闻奖评委、副台长赵飞做了题为"坚持围绕开拓协调更上层楼"的专题讲座。全台各频道、中心200余名采编人员参加了讲座活动。

8月19日

由自治区党委宣传部指导，新疆维吾尔自治区广播电视协会、新疆电视台主办，全疆15个地州市宣传部和电视台协办的"喜迎十七大 美丽城市 和谐新疆——全疆电视媒体大型异地采访暨作品大赛"在乌鲁木齐举行开机仪式。这次活动是新疆电视台首次承办的全疆范围内的异地采访活动。新疆电视台与全疆15地州市的电视媒体联合、通过各台异地采访，拍摄制作15部，每部15分钟的纪实专题片，以全疆最具代表性的15座城市为拍摄对象，展示十六大以来新疆城市建设取得的辉煌成就，诠释新疆各族人民热爱党、热爱祖国、热爱社会主义的精神信念以及谛造美好生活、共建和谐家园的人文情怀，弘扬构建和谐社会的主题。自治区党委宣传部副部长祝谦、新闻处处长杨洪新等领导参加了开机仪式。

8月20日

新疆电视台各档新闻栏目开辟专栏"创造新业绩喜迎十七大"，正式启动十七大宣传报道。

8月21日

新疆电视台成立维吾尔语、哈萨克语译播类节目评审小组。

同月

○ 在第十七届中国新闻奖评选中，新疆电视台选送的专题《大漠胡杨》获一等奖（主创人员：潘智云、张林熙、莫争名、张苏军、彭旸、田晓燕、明月）；消息《祖国在我心中》获二等奖（主创人员：蒙根、吴涛、陈晨、蔡志刚、彭旸、田晓燕、霍延敏）。这是新疆电视台在历次中国新闻奖参评活动中取得的最好成绩，也是新疆电视台第五次获得中国新闻奖一等奖。

○ 在全国第十届"五个一工程"奖评选中，新疆电视台选送的电视连续剧《冰山上的来客》荣获中国第十届"五个一工程"入选作品奖，这是新疆电视台自2001年以来连续三届获此殊荣。

○ 在第二届全国少儿歌曲电视演唱大赛评选中，新疆电视台少儿频道（XJTV—12）获得"最佳组织奖"。

○ 在2007年度中国电影电视技术学会影视科技优秀论文评选中，新疆电视台有2件作品获奖。

○ 新疆电视台哈萨克语综合频道（XJTV—3）乌兰·吐汗同志荣获第五届"全国德艺双馨电视艺术工作者"称号。

○ 按照新疆广电局"安播工程"的部署和安排，新疆电视台进行了上星信号编码器系统的安装改造，将原来在331机房的新疆电视台上星编码系统全部移至新疆电视台播出机房，由新疆电视台管理。新疆电视台编码器系统采用了1+1热备方式，使上星信号的传输更加安全可靠。

9月3—9日

在由甘肃电视台承办的中国电影电视技术学会节目制作与传输专业委员会2007年年会上，新疆电视台申报的电视节目播出技术质量奖、电视节目录制技术质量奖、安全播出奖5个奖项均获二等奖。同时，选送的6篇论文分获一、二、三等奖。

9月11日

当日北京时间18：00在新疆电视台彩电中心14楼播控机房举行了新疆电视台数字硬盘播出系统开播仪式。自治区党委副书记努尔·白克力等领导出席了开播仪式，向新疆电视台实现数字化硬盘播出表示祝贺，并向为新疆广电事业发展而付出辛勤劳动的广大干部表示慰问。

新疆电视台数字硬盘播出系统是全国省级电视台中规模最大、数量和语种最多的全硬盘数字播出系统。它的正式开播，标志着新疆电视台播出技术迈入全新的数字时代。

9月11—27日

新疆电视台新闻中心对搜救6名俄罗斯漂流爱好者进行报道，并协助和田电视台、中央电视台，为俄罗斯国内传输了全过程的影像资料共计 330 分钟。

9 月 24 日

自治区广播电影电视局党组讨论决定（新广局 [2007] 133 号文），吴江平任新疆电视台制作部副主任。

同月

○ 新疆电视台大型系列报道《在希望的田野上》播出。该系列报道对十六大以来我区"三农"工作尤其是新农村建设所取得的巨大成就做重点报道，突出南疆五地州农牧民的生活、生产、医疗、教育等方面的改善情况，通过现场访谈和短片拍摄组合的形式，用鲜活的事例、通俗的语言反映我区新农村建设取得的成果。节目从 4 月底开始筹备，8 月 12 日正式进行摄制，历时四个多月。

○ 在第 20 届"星光奖"评选中，新疆电视台选送的《"爱我中华"——新疆首届少数民族少儿双语大赛颁奖晚会》获得提名荣誉奖。

○ 在 2007 年度中国纪录片国际选片会评选中，新疆电视台选送的作品《我们的生活》获得十优纪录片。

○ 集选题管理、文稿处理、画面编辑、成片送审、网络论坛等功能为一体的新疆电视台新闻节目制作网络系统投入运行。该网络系统投资 650 万元，由索贝数码科技股份有限公司承建，当年 6 月开始实施，7 月建成。新疆电视台新闻中心所有栏目均在该网制作。新闻节目制作网络系统的建成极大方便了新闻中心的工作，尤其是全疆新闻交流平台系统能够满足疆内各地州、市、县电视台的远程异地写稿，远程节目上传、下传和节目交换的需求，同时也方便各兄弟省台和台内出差记者交流节目。

10 月 1 日

新疆、辽宁、江苏、山东、湖北五省(区) 电视台的体育频道联合制作的《体育新闻》栏目正式播出，标志着合作平台（CSPN）正式开始运行。

10 月 1 日—12 月 2 日

新疆电视台利用原有线电视台 470 平方米演播室拆除的旧灯光设备，完成了 600 平方米演播室灯光改造工程。

10月10日

新疆维吾尔自治区获第十届精神文明建设"五个一工程"奖表彰大会举行，包括新疆电视台选送的《冰山上的来客》等7部获奖作品在会上受到表彰，新疆电视台获得奖金40万元。新疆维吾尔自治区党委副书记努尔·白克力，自治区党委常委、宣传部部长李屹，自治区副主席库热西·买合苏提等领导出席会议。

10月11日

新疆视讯传媒有限责任公司一届一次董事会在新疆电视台召开，经全体董事表决通过选石永强为董事长。

经广电局批准，由新疆电视台和网络公司共同组建新视传媒公司，该公司属股份制公司，采取市场化运作方式，负责维吾尔语数字电视的运作。

10月15日

新疆电视台成功实现了汉语新闻综合频道（XJTV—1）、维吾尔语新闻综合频道（XJTV—2）、哈萨克语新闻综合频道（XJTV—3）并机直转、维吾尔语、哈萨克语当日译播中央电视台中国共产党第十七次全国代表大会（以下简称十七大）开幕式。

党的十七大是在我国改革发展关键阶段召开的一次十分重要的大会，这次直转、译播工作也是新疆电视台全面实现数字化硬盘播出系统后的第一次重大直转、译播任务。台编委会研究部署提出了"认真做好大会开幕式等重要内容的直转、译播工作"的宣传要求。之后，台里又专门组织技术中心、总编室、编译中心等相关部门负责人召开紧急协调会，要求各语种、各部门责任到人、措施到位、全面保障。直转期间，在不知道会议准确时长的情况下，三种语言节目科值班人员8点多即守候在机房，随时根据大会开幕式进行节目调整，保障了当日重要节目的准点播出。为了保障直转期间的播出安全，技术中心提前对干线网和卫星信号传输采取了多路备份措施并制定了播出应急预案。直转当天适逢穆斯林群众传统节日诺肉孜节，编译中心90余名工作人员集体上阵，连续作战，在现场直转结束短短一个半小时的时间里，即实现了维吾尔、哈萨克语译播。

同日

○ 新疆维吾尔自治区文明办、新疆维吾尔自治区广播电影电视局、新疆维吾尔自治区文化厅联合举办，新疆电视台承办的"唱响三爱、构建和谐社会"——自治区城市社区文艺竞赛展演活动决赛结束。

为深入开展"爱党、爱祖国、爱社会主义"主体宣传活动，切实加强社区文化建设，构建和谐社区，迎接党的十七大的胜利召开，这次活动充分展示了我区各大中城市社区切实加强社区文化建设的成果。6 月 29 日，该活动在全疆范围内正式启动。这次活动还开设即时投票系统，使观众投票与当日播出同步进行。

同日

○ 自治区党委宣传部讨论决定（新党宣干字〔2007〕14 号文），叶明·昂达玛斯任新疆人民广播电台副台长，免去其新疆电视台新闻中心哈编部主任职务。（新党宣干字〔2007〕15 号文）阎亚杰任新疆电视台汉语经济生活频道总监，免去其新疆广播电影电视局办公室主任职务；窦永芳任新疆电视台监察室主任，免去其新疆电视台纪检委副书记职务。

○ 自治区广播电影电视局党组讨论决定（新广局〔2007〕13 号文），亚力坤·热合木都拉任新疆电视台计划财务部主任。

10 月 20 日

新疆电视台播出由新疆维吾尔自治区党委宣传部和自治区直属机关工委联合主办，新疆电视台承办的以"和谐新疆美好家园"为主题的庆祝十七大召开的大型文艺晚会《和谐颂》。

11 月 5 日

新疆维吾尔自治区党委宣传部、自治区广播电影电视局、自治区文化厅、自治区音乐家协会、新疆电视台共同主办的第七届新疆青年歌手电视大奖赛开赛。

同月

○ 在国家广播电影电视总局主办的优秀少儿频道、少儿节目精品及动画精品评选活动中，新疆电视台分别获得 2005、2006 年度全国优秀少儿电视栏目鼓励奖、2006 年度全国优秀少儿电视栏目三等奖，制作的《爱我中华——少数民族双语口语大赛颁奖晚会》荣获 2005 年度全国优秀原创少儿电视节目二等奖。

○ 在第二届全国电视栏目剧评选中，新疆电视台选送的汉语影视频道（XJTV—6）百姓栏目剧《新疆羊肉串》获三等奖。

12 月 22—24 日

在 2005—2006 年度中国广播影视大奖广播电视节目奖评选中，新疆电视台选送 9 部作品获得提名奖，新闻综合频道（XJTV—1）《记者调查》栏目获得优秀电视栏目奖。

同年

○ 在 2007 中国播音主持"金话筒奖"评选中，新疆电视台选送的《爱在新疆》、《我们是英雄》获得荣誉奖。

○ 新疆电视台与新疆广播电视协会联合举办了"光辉的印记——庆祝建军 80 周年全疆电视专题节目展播"活动。

○ 新疆电视台汉语影视频道（XJTV—6）荣获全国巾帼文明岗。

○ 新疆电视台总工办荣获 2006 年度全疆广播电视技术维护先进集体荣誉称号。

○ 新闻中心《今日访谈》栏目组荣获 2006 年度区直机关青年文明号荣誉称号。

○ 方大广告中心荣获 2007 年度区直机关青年文明号荣誉称号。

○ 汉语新闻综合频道（XJTV—1）《社会全接触》栏目荣获 2007 年度区直机关"巾帼文明岗"荣誉称号。

○ 哈那提·毛林拜获全国优秀新闻工作者称号。

○ 赵飞获全国百优理论人才称号。

○ 阿布都拉·尤里瓦斯获全国百优理论人才称号。

○ 苏新荣获 2006 年度全国广电系统青年岗位能手荣誉称号。

○ 曾健荣获第二届中国青少年社会教育银杏奖特别贡献奖。

○ 帕尔哈提·卡依尔荣获自治区十佳新闻工作者荣誉称号。

○ 吴萍获自治区"巾帼建功"标兵荣誉称号。

○ 赵辉文荣获新疆优秀青年企业家称号。

○ 汗克孜·亚生荣获新疆首届十大经济女性人物提名奖、自治区城镇妇女"巾帼建功"标兵荣誉称号。

2008 年

1 月 1 日

新疆电视台汉语综合频道（XJTV—1）实现"无缝链接"。新疆电视台总编室改进编排策略，对新疆电视台汉语综合频道晚间时段的节目进行"无缝式编排"。即将两档节目之间的"破口"缩小，甚至化为零，让第一档节目无缝隙地过渡到下一档节目。此次无缝链接是新疆电视台总编室在台里的统一部署下改进节目编排方式的一次新的尝试，也是对频道包装理念的一次大胆实践和对硬盘播出技术给节目播出带来的便捷、实惠的有效运作。

1 月 2 日

乌鲁木齐德汇国际广场发生重大火灾，新疆电视台新闻节目快速反应，在第一时间派出几组骨干记者，在新闻现场与消防官兵共同见证了灭火的全过程，取得了第一手资料，及时、准确、全面、客观地发回了一系列关于火灾的报道。

1 月 10 日

在 2007 年度全国广播影视系统优秀科技论文评选中，新疆电视台有 2 件作品获奖。

1 月 11 日

新疆电视台进行第七届新疆青年歌手电视大奖赛直播，总共九场比赛。

1 月 12—16 日

自治区广播电影电视局与吉尔吉斯斯坦国家广播电视公司续签电视节目合作协议。

1 月 14 日

新疆电视台《新疆英语新闻》全新改版。

1月16日

新疆电视台2007年度工作总结表彰大会召开，台党委书记石永强作2007年工作总结报告，副台长赵飞宣读了表彰奖励决定，新疆电视台台领导及全台各频道、中心、部室干部职工约300余人参加了会议。自治区党委宣传部副部长祝谦、自治区广播电影电视局党组书记安思国出席会议并对新疆电视台2007年取得的成绩表示了充分的肯定。大会对新疆电视台2007年119部获得国家及新疆维吾尔自治区级奖项的作品予以表彰奖励；对236名先进个人、39个先进集体和获得全国及自治区各类荣誉称号的集体和个人进行表彰奖励；对11个五好党支部，43名优秀共产党员和17名优秀党务工作者进行表彰；对配合中央电视台赴哈萨克斯坦协助完成胡锦涛总书记访问报道工作组7人进行表彰。

1月17日

新疆电视台新闻中心被评为全国广播电影电视系统先进集体。

1月18日

新疆电视台播出部毕强获国家广电总局"十七大"安全播出先进个人一等功，总工办马玉霞获国家广电总局"十七大"安全播出先进个人二等功。

1月23日

新疆电视台少儿频道（XJTV—12）录制第三届新疆少儿模特电视大赛决赛暨颁奖晚会。

2月5日

新疆电视台与深圳广播电影电视集团、西藏电视台、香港亚洲电视台有限责任公司共同举办的春节联欢晚会——"盛世和谐中国年"在四地同步播出。

2月7日

自治区领导艾力更·依明巴海、李屹、努尔兰·阿不都满金、靳诺、栗智等一行，在自治区广电局领导陪同下，来到新疆电视台慰问坚守工作岗位的干部职工。

2 月 18 日

新疆电视台新闻栏目《晚间报道》全新改版。改版后节目时长 20 分钟，于每日零点播出。改版后的《晚间报道》栏目聚焦老百姓的日常生活，以"说新闻"贯穿节目始终，既有报道深度，又有大量的动态社会新闻，既有快速出击的现场新闻，又有感人的真情故事。

2 月 23 日

新疆电视台派出新闻中心记者周光磊奔赴南方冰冻雨雪灾害一线湖南省进行新闻报道。我台通过现场报道、连线的方式及时、生动地发回了我区电力、铁路、公安等部门参加南方抗击冰冻雨雪灾害工作的感人事迹，并对自治区各级政府、各族人民支援灾区的行动给予持续报道。

3 月 3—5 日

新疆电视台维、汉、哈三种语言卫视频道圆满完成全国政协第十一届一次会议和第十一届全国人大一次会议开幕式等 5 场重要现场直播的直转、直译、译播任务。其中，第一次实现了维吾尔语、哈萨克语与中央电视台新闻频道并机同步直接译播，使全疆维吾尔族、哈萨克族观众第一时间用本民族语言收听收看了全国"两会"开幕式。

3 月 3 日

新疆电视台录制"和谐新疆 魅力巾帼"2008 年自治区庆祝"三·八"国际劳动妇女节电视文艺晚会。

3 月 12 日

2008 年新疆电视台大型直播活动组成立。

同日

○ 新疆电视台数字频道《教育在线》开通试播。《教育在线》主要播出各类教学性和服务性节目。

3月13日

新疆电视台体育健康频道（XJTV—10）《新疆体育》栏目首次实现直播，在第一时间为全疆体育观众提供本土体育新闻资讯，在降低制作成本和提高时效性的同时以更快捷的方式和各族观众一同感受鲜活的新疆体育。

3月14日

新疆电视台维吾尔语、哈萨克语2008年"3·15电视专题文艺晚会"播出。

3月24日

新疆电视台举行南方抗灾报道表彰大会，对在赴湖南抗灾抢险报道中做出突出贡献的新闻中心记者周光磊进行表彰奖励。

3月28日

新疆电视台在600平方米演播室举办了高清技术业务培训活动。日本SONY公司的高层管理人员进行了高清电视应用发展、高清电视技术、IMX设备使用维护等内容的授课，还进行了高清杯作品赏析。我台台党委中心组成员、各频道、中心栏目制片人、摄像人员及全台技术人员300余人参加了这次业务培训活动。

同日

○ 新疆电视台维吾尔语综艺频道（XJTV—5）开办新译制栏目《奥林匹克》。

同月

○ 新疆电视台对方大国际广告传播中心负责的九个频道的广告经营重新做了分段招标。

○ 新疆电视台举办春季招商会，维吾尔语、哈萨克语广告首次由内部承包经营变革为由独立法人的公司承包经营，将维吾尔语、哈萨克语五个频道的广告创收业务彻底推向市场。

4月1日

新疆电视台数字虚拟演播室正式投入运行。它由80平方米的1号双机位演播室和60平方米的2号单机位演播室组成，采用北京新奥特硅谷视频技术有限责任公司开发的NASET真三维虚拟演播室系统，该系统由高精度实时摄像机跟踪系统、高质量虚拟场景生成系统及高精度视频色键合成系统三部分组成。整个系统采用数字链路，功能完善，具有很好的实用性、稳定性和可靠性，同时具备先进性、兼容性和可扩展性。自投入使用以来，承担了新疆电视台每日多档节目的录制、主持人出镜、节目直播等工作任务，丰富了新疆电视台的节目制作手段。

4月2日

经自治区人民政府批准（新政任 [2008] 49号文），任命杨洪新为新疆电视台台长。杨洪新，男，满族，1962年11月生，吉林九台人，中共党员，1986年毕业于北京广播学院（现中国传媒大学）电视新闻摄影专业，获法学学士学位，毕业后分配到新疆电视台从事新闻采访工作，1996年8月任新闻部副主任，2001年4月任新疆电视台新闻中心主任。2003年12月评为高级记者。2006年7月任自治区党委宣传部新闻出版处处长。2008年4月任新疆电视台台长。2002年7月—9月在自治区党校接受培训，获得结业证书。2008年4月至今担任自治区新闻工作者协会副主席。曾荣获自治区人民政府授予的"自治区先进工作者"。自工作以来一直从事新闻工作，多次荣获中国新闻奖一等奖和新疆新闻奖一等奖。独著的《策划在重大事件中的作用》、《真情源于真实》、《谈突发事件中的快速反应和策划》、《震灾无情——新闻有情》、《抗非典中的新闻舆论引导作用》、《电视时空连线报道的优势》等论文，在《当代传播》等专刊中发表。

4月14—15日

新疆电视台在乌鲁木齐对来访的巴基斯坦伊斯兰共和国总统佩尔韦兹·穆沙拉夫总统进行独家专访。《今日访谈》栏目采取英语原声配字幕的形式播出《专访巴基斯坦总统穆沙拉夫》节目。

同月

○ 在2007年度国家广电总局科技创新奖评选中，新疆电视台《新疆广电局影视剧译制制作网络项目》获三等奖。

5月4日

新疆电视台《新疆新闻联播》栏目设置《火炬手的故事》专栏，共播出52期，介绍了在新疆传递奥运火炬的52名火炬手。

5月8日

新疆维吾尔自治区青联七届四次常委（扩大）会议同意增补新疆电视台阿不都外力·阿不力米提同志为新疆维吾尔自治区青年联合会第七届委员会委员。

5月12—22日

5·12汶川特大地震发生，新疆电视台新闻中心启动重大突发事件应急预案，派出抗震救灾报道小组随同新疆赴四川医疗救援队采访，从第一线发回消息并多次通过电话连线向各族观众介绍现场救援情况。《新疆新闻联播》、《晚间报道》、《午间新闻》和《英语新闻》各档栏目紧紧围绕抗震救灾，在第一时间用维吾尔、汉、哈萨克、英4种语言全面播发灾区最新情况和我区各族群众心系灾区捐款捐物的相关消息，每天向中央台传送3—4次有关新疆各界向地震灾区献爱心的消息。

5月19—21日全国哀悼日期间，根据中央和自治区的指示精神，新疆电视台对12个频道的节目编排进行了全面调整，汉语新闻综合频道（XJTV—1）从5月17日10：47开始至22日12：30，其他各频道从5月19日至22日除保留本台新闻节目播出外，全部直转中央电视台综合频道（CCTV—1）抗震救灾节目。

5月14日

新疆电视台举行为汶川地震灾区捐款仪式，共捐款175020元。

5月15日

新疆电视台对2007年度安全生产10个先进集体、22个先进个人以及负责安全生产工作的台领导和各频道、中心、综合部(室）第一负责人进行表彰奖励。

5 月 18 日

新疆电视台在党员中开展"交特殊党费"活动，以支援地震灾区，共缴纳特殊党费 4.5 万余元。

5 月 18 日

新疆电视台联合中央电视台、上海东方卫视、广东电视台、四川电视台、山东电视台、内蒙古电视台、天津电视台、河南电视台共同举办"携手童年，共筑梦想"——2008 年庆"六一"大型电视文艺晚会。

5 月 23 日

"我们万众一心"自治区支援四川汶川地震灾区爱心行动晚会在新疆电视台分别用维吾尔、汉、哈萨克 3 种语言同步直播。现场共募集资金达 1600 多万元，赈灾物资价值 283 万元。这次晚会由自治区党委宣传部、新疆军区政治部、自治区广播电影电视局、自治区文化厅、自治区文联、自治区民政厅、新疆人民广播电台、新疆电视台、新疆慈善总会、中国红十字会新疆分会联合主办。

同月

○ 在 2007 年度新疆广播电视新闻奖评选中，新疆电视台 89 件作品获奖。

○ 在第十八届（2007 年度）"新疆新闻奖"评选中，新疆电视台 5 件作品获一、二等奖。

○ 在新疆广播电视播音主持节目奖评选中，新疆电视台 11 件作品获奖。

○ 为满足奥运火炬传递直播工作的需要，新疆电视台购置了一辆数字二讯道微波中继车。微波中继车的车体是在原军用依维柯越野车的基础上改装而成，内部机柜按功能划分有微波接收发射区、导播切换区、音频及录像区。配有全向天线和八木定向天线；接受半径可达 20 公里左右，基本覆盖火炬传递全程。该车内部布局合理，外部简洁美观，不仅符合奥组委火炬传递的相关要求，同时也为今后新疆电视台现场直播和突发事件实时报道创造了条件。

6 月 3 日

新疆电视台播出新疆首届道德模范揭晓颁奖典礼，此次活动由新疆维吾尔自治区文明办、自治区总工会、自治区团委、自治区妇联、自治区民（宗）委、新疆日报社、新疆人民广播电台、新疆电视台联合举办。这是自治区首次进行的道德模范评选活动，此次活动全疆选出了40位道德模范候选人。新疆电视台对40位道德模范候选人的先进事迹进行了拍摄和展播。

这次颁奖典礼活动分为"助人为乐"、"见义勇为"、"诚实守信"、"敬业奉献"、"孝老爱亲"、"团结友爱"6个章节，每个章节通过播放电视短片、主持人访谈、颁奖礼等多种形式交错进行，充分展现了新疆道德模范的感人事迹和崇高品德。

6月4—18日

新疆电视台对在乌鲁木齐举办的首届中国新疆国际民族舞蹈节进行了全面报道。新疆电视台各档新闻和专题节目积极关注舞蹈节的进展情况，及时播发相关消息和报道。

6月6日

新疆电视台制定《新疆电视台应对突发事件防暴实施方案》。

同日

○ 新疆电视台举办的首期全疆汉语社教节目摄像培训班结业，全疆各地州七家电视台的10名摄像人员进行了为期一个月的摄像培训。

6月7—30日

新疆电视台维吾尔语综艺频道（XJTV—5）用维吾尔语直播了第十三届欧洲足球锦标赛，这是新疆电视台实现硬盘播出以来，首次与中央电视台体育频道同步直播欧洲足球锦标赛。

6月15日

新疆电视台网站向国际网络平台进行了汉语综合频道（XJTV—1）、维吾尔语综合频道（XJTV—2）两个频道的24小时无删减节目直播。

6月16日

新疆电视台网站开辟奥运火炬传递视频专栏。

6月17日

新疆电视台体育健康频道总监张铁龙作为火炬手参加了乌鲁木齐市站的奥运火炬传递。

6月17—19日

奥运火炬17日在乌鲁木齐市进行传递。中共中央政治局委员、自治区党委书记王乐泉，北京奥组委委员、原北京市政协副主席万嗣铨，自治区党委副书记、自治区主席努尔·白克力，自治区人大常委会主任艾力更·依明巴海，自治区政协主席艾斯海提·克里木拜等领导出席起跑仪式。自治区党委常委、宣传部长、北京奥运会火炬接力新疆工作委员会副主任李屹主持起跑仪式。

新疆电视台以"圣火行天山"为主题，用3种语言、12个频道对奥运火炬的传递进行直播、录播和重播（乌鲁木齐市、石河子市和昌吉市的传递进行了全程直播、对喀什市的传递进行了录播）。3天中共播出节目4场，播出时长达9小时30分钟。这次直播规模大、难度高，涉及全台多语种、多频道、多部门，是新疆电视台历年来完成的最繁重、最复杂的宣传任务。6月17日乌鲁木齐市火炬传递直播节目收视率达到6.62%。新疆电视台网站也对这次火炬传递的全过程进行了网络视频直播，6月17日同一时间最高在线人数达到10597人，超过网站日常访问最高在线人数的10倍。

此次直播距离跨度之大、直播时间之长、技术复杂程度在新疆电视台均尚属首次，直播中使用了多辆转播车、多辆卫星车、多路光缆、多路微波，并采用演播室多级切换、多点连线以及有线与无线传输相结合的方式对奥运火炬传递盛况进行全方位、多层次的展现。

6月19日

新疆电视台直播由中宣部、中组部、解放军总政治部、中共四川省委联合组织的抗震救灾英模事迹报告会。

6月30日

新疆电视台推出少儿双语栏目《跟我学》。

同月

○ 方大国际广告传播中心编审科划归广告部统一管理。

7月1日

新疆电视台安全生产表彰奖励暨责任书签订大会召开，台长杨洪新与各频道、中心、综合部（室）负责人签订了《2008年新疆电视台安全生产目标管理责任书》。会上表彰奖励了2007年度新疆电视台安全生产工作中涌现出的10个先进集体、22个先进个人。

7月1日—30日

新疆维吾尔自治区党委组织部和新疆电视台联合举办《天山先锋》电视专题片展播。

7月7日

新疆电视台组织本台和厂家工程技术人员对由北京永兴众智科技有限公司集成安装的数字二讯道微波车进行了验收。

7月22日—28日

新疆电视台承办的全国电视台合作体财务工作会议在乌鲁木齐召开。

7月24日

经自治区党委宣传部讨论决定（新党宣干字 [2008] 08号文），批准杨洪新同志任新疆电视台党委委员、副书记。

7月25日

新疆电视台举办彩电大楼灭火应急疏散演习。

7月28日

新疆电视台演播制作中心开工建设。新疆维吾尔自治区党委常委、宣传部部长李屹，自治区副主席铁力瓦尔迪·阿不都热西提出席开工典礼并为工程开工奠基。新疆电视台演播制作中心总投资近 1 亿 2 千万元，其中新疆维吾尔自治区财政安排专项资金 6000 万元。工程总建筑面积 10942.58 平方米，其中演播大厅 1800 平方米，包括节目演播制作中心的摄录、视频、音频、灯光等技术设施和设备。新疆电视台演播制作中心工程是新疆电视台建台以来投资规模最大的一个工程，建设年限为两年。

同月

○ 在 2007 年度中国纪录片奖评选中，新疆电视台选送的长纪录片《刀郎乐人》、短纪录片《寻找第一只鸟》获得十佳作品奖。

○ 在第十届全国少数民族语言电视维、哈、柯语优秀作品奖评选中，新疆电视台 60 件作品获奖，《真心话》获得优秀栏目奖。

8 月 1 日

北京时间 17 ∶ 20 新疆电视台汉语综合频道（XJTV—1）、维吾尔语综合频道（XJTV—2）、哈萨克语综合频道（XJTV—3）和少儿频道（XJTV—12）并机现场直播"直击日全食——21 世纪中国首次日全食观测"活动，直播活动历时 3 个多小时，这是新疆电视台首次对科普活动进行现场直播。此次直播分别在伊吾县、阿勒泰、乌鲁木齐设立直播点，除了对天文现象进行全程直播之外，还穿插科普知识、背景介绍等内容。

8 月 8—24 日

新疆电视台圆满完成第 29 届奥林匹克运动会的宣传任务。在为期 17 天的奥运会期间，新疆电视台 7 个汉语频道并机直转北京奥运会开幕式。奥运期间，各档新闻节目对全区喜迎奥运和欢庆奥运会开幕式作了重点关注，采制播发了大量消息，各专栏节目采制了大量奥运专题节目。新疆电视台首次使用维吾尔语、哈萨克语同步译播了北京奥运会开、闭幕式和部分赛事节目的直译、译播工作。

同月

○ 在第 24 届中国电视金鹰奖评选中，新疆电视台选送的电视纪录片《寻找第一只鸟》（主创人员：石峰、孙昆、丛力）、《刀郎乐人》（主创人员：宁照宇、何明）获得优秀奖。

9月1日—9月5日

第17届乌洽会升格为国家级的区域性展会，在展会规模和办会层次上都创历史新高，新疆电视台圆满完成2008年乌洽会宣传报道工作，采制并播发了系列报道《开放繁荣的乌洽会》，反映了16年来乌洽会给新疆经济建设带来的巨大变化。

9月17日

"大写30年——全疆电视媒体大型易地采访暨作品大赛"举行开机仪式，新疆维吾尔自治区党委宣传部副部长孙新刚、新疆广播电影电视局党组书记安思国参加会议。本次易地采访活动有全疆18个地、州、市、县申报选题，自治区广电协会抽签确定异地拍摄的单位，拍摄单位要在规定时间内制作一部15分钟的纪实专题片，集中展示改革开放30年来全疆各地的沧桑巨变。节目由新疆电视台统一打包制作后，安排在参加活动的各地州市电视台和新疆卫视统一时间播出。节目播出后，由自治区党委宣传部、自治区广电协会、新疆电视台联合组织节目评奖。

9月18日—24日

新疆电视台承办的中国电影艺术家协会全国影视频道委员会2008年合作与发展研讨会暨优秀宣传片、短剧及论文颁奖大会在乌鲁木齐召开。新疆电视台选送的短剧《我丢了羊》获得2007年度优秀电视形象宣传片、短剧、论文评选一等奖，电视形象宣传片《"反法西斯"主题电影周宣传片》、论文《方言栏目剧的魅力与市场前景》获二等奖。

9月22日—24日

新疆电视台举行第八届民族团结职工体育运动会。

同日

○ 新疆电视台组织拍摄反映改革开放三十年成就的42集系列片《团结奋进共铸辉煌》。该系列片仅用两个月就完成了21小时的成片，全方位反映了新疆改革开放30年的辉煌成就，为今冬明春自治区广大农牧区开展反分裂斗争再教育提供了丰富、直观的学习参考资料。

同月

○ 在 2008 首届中国（青海）世界山地纪录片节"玉昆仑"奖评选中，新疆电视台短纪录片《燕子》获最佳提名奖，纪录片《刀郎乐人》获得最佳导演奖。

10 月 6 日

新闻中心各档栏目开设《畅谈辉煌成就携手团结奋进》专栏，正式启动改革开放 30 年宣传。后开设《老记忆新故事》专栏，维吾尔、汉、哈萨克、英 4 种语言共播发播出近 600 个专题，194 条消息，维吾尔、汉、哈萨克访谈节目 24 期，从宏观、微观，多角度、多侧面反映改革开放 30 年来，自治区经济社会发展、人民生活改善等方面发生的巨变，报道贴近生活、贴近百姓，为凝聚力量、推动自治区各项事业不断发展营造了奋进的氛围。

10 月 12—15 日

在河南洛阳举行的中国电影电视技术学会节目制作与传输专业委员会 2008 年年会上，新疆电视台申报的电视节目录制技术质量奖 2 项、电视节目播出技术质量奖 1 项和安全播出奖 1 项分获一、二等奖。同时，12 篇技术论文分获一、二、三等奖。

10 月 15 日

新疆电视台深入学习实践科学发展观活动动员大会召开。大会由新疆电视台党委副书记、台长、台学习实践科学发展观领导小组副组长杨洪新主持，自治区广播电影电视局副局长、新疆电视台党委书记、台学习实践科学发展观领导小组组长石永强代表台党委对学习实践科学发展观活动作了全面动员，台领导、全台近 300 名党员参加了动员大会。台党委副书记、纪检书记、台学习实践科学发展观领导小组办公室主任李玉新宣读了《新疆电视台开展深入学习实践科学发展观活动实施方案》。

10 月 20—31 日

新疆电视台联合新疆广播电视协会举办"走过 30 年——纪念改革开放 30 年

全疆电视社教专题节目展播"活动拍摄的社教专题节目播出，共播出 12 部各地州选送的节目。

10 月 22 日

新疆电视台召开"解放思想 科学发展"副处以上党员干部座谈会。

10 月 25—27 日

新疆电视台开展"送温暖、献爱心"社会捐助活动，共捐款 29620 元，各种衣物棉被 947 件。

同月

○ 为了更方便快捷地进行新闻回传和新闻节目制作，新疆电视台将位于彩电中心 1 楼的新闻网络回传系统搬迁至 4 楼，并入新闻节目制作网络系统中。

○ 由新疆电视台举办的第四届新疆少儿模特电视大赛拉开帷幕。参与此次活动的小选手们按年龄划分为幼儿组（2—6 岁）和少儿组（7—10 岁），最终选拔的优秀小选手，将于今年 12 月初代表新疆前往广州参加第七届漂亮宝贝总决赛。新疆电视台少儿频道从 2005 年开始，与广东南方电视台合作，参与了第四届、第五届及第六届南方少儿模特大赛暨亚太少儿模特大赛，并在新疆分赛区分别成功的举办了第一届（2005 年）、第二届（2006 年）和（2007 年）选拔赛。

11 月 2 日—12 月 8 日

新疆电视台播出《改革开放 30 年·纵横新疆》大型高端访谈节目。《纵横新疆——大型高端访谈》系列节目共 16 篇 32 集，每篇分上下两集。节目邀请了全疆十四个地州（市）和兵团的主要负责人做客演播室，力图通过这些主要负责领导的高端视角和全局眼光，结合各地的地域特色和发展实际，以平实、贴近大众的访谈风格表现改革开放三十年来，新疆各地取得的辉煌成就和人民生活水平的不断提高。与此同时，节目还着力通过主要领导的讲述和今日新疆真实的影像表现当前我区各地州（市）抓住时机应对挑战，贯彻落实科学发展观促进本地经济社会大发展的思路和理念。邀请兵团及各地州市主要负责人专程来到台演播室参与节目，这在新疆电视台尚属首次。

11 月 15 日

新疆电视台外宣中心《轻松学汉语》节目正式在吉尔吉斯斯坦播出。

11 月 26 日

新疆电视台 2009 年推介会举行。

12 月 11—16 日

新疆电视台卫视 1、2、3 套节目播出改革开放 30 年 6 集大型政论片《豪迈新疆》。该片分别通过"大思路"、"大跨越"、"大融合"、"大乐章"、"大民生"、"大腾飞"6 集内容，客观讲述了新疆改革开放 30 年来所发生的巨大变化、伟大成就以及面临的发展机遇和挑战，该片是新疆电视台按照自治区党委及宣传部的要求，为纪念改革开放 30 年专门制作的一部电视政论片，拍摄历时共 8 个月。

12 月 19 日

新疆电视台与自治区食品药品监督管理局联合举办了"新疆第二届食品安全知识大奖赛"决赛。

12 月 21 日

新疆电视台播出新疆维吾尔自治区纪念改革开放 30 年大型综合晚会《天山颂歌》。

12 月 22 日

新疆电视台制作部转播科获国家广电总局 2008 年度全国广播电视技术维护先进集体。新疆电视台制作部吴江平获 2008 年度全国广播电视技术维护（电视类）先进个人三等奖（广发 [2008] 124 号）。

同年

○ 在改革开放 30 年宣传中，新疆电视台各频道还推出了 16 集演播室访谈节目《荣耀新疆——新疆文物 30 年》、9 集系列专题片《光影三十年》、系列片《改革开放三十年回望——见证新疆非公有制经济发展》、《辉煌三十年》、《发展之路——走进新疆上市公司》、《法制新疆三十年》等，这些各具特点的节目和片子，从不同的视角反映了改革开放 30 年的成就。

○ 2008 年，新疆电视台共有 110 部作品获得国家级大奖，24 部作品获得一等奖，34 部获得二等奖。新疆电视台消息《大风刮翻列车　记者亲历抢险》（作者：宿传义、肖洪斌、徐浩宇、周光磊；编辑：张锐敏、秦拓）、新闻专题《阳光洒满上学路》（作者：谢君文、李玲、刘迎春；编辑：谭敏）获得第十八届中国新闻奖三等奖。

○ 纪录片《刀郎乐人》获得 2008 年第 14 届上海电视节最佳亚洲纪录片"白玉兰奖"提名奖。《记者调查》获得第 18 届中国新闻奖新闻专栏复评优秀栏目奖。

○《2007 年"花儿朵朵爱中华"六一晚会》获得 2007 年度全国少儿节目精品、动画精品评审优秀原创少儿电视节目二等奖，少儿频道获得优秀少儿频道、动画频道二等奖。

○ 专题《放映员的故事》（维吾尔语）、文艺专题《勇闯雄关漫道的山峰》（哈萨克语）、MTV《广袤的伊犁》（哈萨克语）获得第三届中国民族语言（民族题材）电视节目"金鹏奖"一等奖，专题《毒品，我恨你》（维吾尔语）、文艺专题《永恒的旋律》（哈萨克语）获得二等奖。

○ 新疆电视台获 2007 年独石化杯新疆新闻奖贡献奖。

○ 少儿频道（XJTV—12）获 2006 年度自治区级"优秀青少年维权岗"。

○ 新闻中心《今日访谈》栏目组荣获 2007 年度自治区"青年文明号"。

○ 汉语影视频道（XJTV—6）荣获自治区"五一女职工文明示范岗"。

○ 吴萍获全国三八红旗手荣誉称号。

○ 齐正宇荣获第十届自治区十佳新闻工作者荣誉称号。

○ 刘湘晨、宁照宇荣获自治区有突出贡献优秀专家荣誉称号。

○ 阿不都外力·阿不力米提荣获自治区十大杰出青年、乌鲁木齐市十大杰出青年荣誉称号。

2009 年

1 月 1 日

新疆电视台党委确定 2009 年为新疆电视台管理年。其核心目标是通过建立和规范讲求实效、操作性强的规章制度，大力提高综合管理水平。以制度为保障，通过建立以宣传为中心的管理机制，使决策、行政、财务、技术、日常管理、后勤服务全面适应宣传工作的需要，保证事业协调有序、可持续、又快又好地发展。

◇新疆电视台12个频道5种语言实行统一编排播出，主要采取了以下措施：1.各频道生产节目由台编委会认定和通过，由总编室统一安排播出；2.控制节目总量，根据频道定位，精心打造自办节目，在提高节目质量上狠下功夫，实行淘汰制；3.对全台不同频道的同质化节目进行整合；4.全台节目播出打破频道界限，由总编室根据需要统一安排在相同语种的频道播出，丰富各频道的节目源。

◇广告经营创收严格执行"五统一"即统一经营、统一管理、统一价格、统一合同、统一入账。通过"五统一"，减少广告播出总量，提高广告资源利用率和单位时间含金量。广告部作为唯一的广告经营管理部门，负责新疆电视台的广告经营创收活动，全程监督广告的入账情况，保证了广告费如期到账，使广告播出量与广告收入达到了统一。

◇严格各项管理，出台了二十多个涉及财务、人事、节目等方面的管理制度，形成了以制度管理、按制度办事的管理保障体系。

1月5日
新疆电视台成立2009年度应急献血队伍。

1月12—15日
新疆电视台和新疆人民广播电台949交通广播共同策划举办了"汶川情、新疆情"活动。

1月15日
新疆电视台2009年春节联欢晚会《欢乐天山》录制。

1月16日
新疆电视台举行2008年度总结表彰大会。自治区广播电影电视局党组成员、副局长、新疆电视台党委书记石永强作了2008年度新疆电视台工作总结。自治区广播电影电视局党组副书记、局长穆合塔尔·买合苏提对2008年新疆电视台取得的成绩给予了充分的肯定。自治区党委宣传部副部长孙新刚作了重要讲话。会议分别对新疆电视台2008年110部获得国家及自治区级奖项的作品、37个先进集体、232名先进个人和获得全国及自治区各类荣誉称号的集体和个人、对9个优秀党支部、41名优秀共产党员、18名优秀党务工作者给予了表彰。

1月19日
新疆电视台录制新疆模特二十年辉煌盛典颁奖晚会。

同月
○ 在2008年度国家广电总局电视节目技术质量奖（金帆奖）评选中，新疆电视台专题片《图瓦女孩窝依扎》获得录制技术质量奖（专题类）一等奖。

○ 新疆电视台在2009年自治区"两会"报道开辟的新闻版块《两会媒体速览》中首次使用字版加解说加背景音乐，对中央和自治区各主要媒体两会中的特色报道进行观点提炼。《今日访谈》栏目也采取主持人与嘉宾（专家及代表委员）现场访谈的形式，紧扣会议主题和议程，集中反映热点话题，播出7期，共请嘉宾12人。

2月6日
经自治区广播电影电视局党组讨论决定（新广局〔2009〕36号文），任命浦力东为新疆电视台总工办副主任；李跃军为新疆电视台保卫部副主任，免去其新疆电视台人事保卫部副主任职务；茹仙古丽·苏皮为新疆电视台保卫部副主任，免去其新疆电视台人事保卫部副主任职务；张绍雄为新疆电视台保卫部副主任，免去其新疆电视台国际部副主任职务；赵彬为新疆电视台播出部副主任，免去其新疆广播电影电视局节目传输中心节传部副主任职务；苏新为新疆电视台新闻中心副主任；赵晓莉为新疆电视台对外宣传节目中心副主任；谢志山为新疆电视台广告部副主任，免去其新疆广播电影电视局机关服务中心副主任职务；拜道列提·努尔阿林为新疆电视台节目编译中心副主任，免去其新疆电视台总编室副主任职务；艾力尼亚孜·艾力为新疆电视台节目编译中心副主任，免去其新疆电视台维语编译部副主任职务；马合木提·买合苏提为新疆电视台节目编译中心副主任；戴研坤为新疆电视台节目落地覆盖办公室副主任；吴洁为新疆电视台节目落地覆盖办公室副主任；田晓燕为新疆电视台汉语综合频道副总监，免去其新疆电视台经济部副主任职务；冯晓峰为新疆电视台汉语综合频道副总监，免去其新疆电视台卫视部副主任职务；许晓娟为新疆电视台汉语综合频道副总监；木尼热·吾甫尔为新疆电视台维语综合频道副总监，免去其新疆电视台维语专题部副主任职务；帕孜来提·达吾提为新疆电视台维语综合频道副总监；乌兰·吐汗为新疆电视台哈语综合频道副总监，免去其新疆电视台文艺部副主任职务；撒哈提·木塔力甫为新疆电视台哈语综合频道副总监；明爱君为新疆电视台汉语综艺频道副总监，免去其新疆电视台经济部副主任职务；唐玉琪为新疆电视台汉语影视频道副总监；刘红为新疆电视台汉语体育健康频道副总监；尼加提·尼亚孜为新疆电视台少儿频道副总监，免去其新疆电视台文艺部副主任职务；沃扎提·卡克拜为新疆电视台少儿频道副总监；孟呼春为新疆电视台机关党委副书记，免去其新疆电视台汉语专题部副主任职务；胡尔西德·吐尔地任新疆电视台电视剧制作中心主任，免去其新疆电视台电视剧部主任（副处）职务；张新安为新疆电视台离退休职工管理服务中心主任，免去其新疆电视台人事保卫部副主任职务；买买提沙吾提·呼达拜尔地不再担任新疆电视台总编室副主任职务，履行专业技术职务职责；马斌不再担任新疆电视台广告部副主任职务；孙莹红不再担任新疆电视台广告部副主任职务；李军不再担任新疆电视台广告部副主任职务；袁亚军不再担任新疆电视台汉语综艺频道副总监职务，履行专业技术职务职责；朱江风不再担任新疆电视台研究室主任职务，履行专业技术职务职责；买买提·阿吾提不再担任新疆电视台研究室副主任职务（正处），履行专业技术职务职责。

2月18—2月24日

新疆电视台组织总编室、广告部、财务结算中心、总工办和台纪检相关领导对《2009年宣传部门工作任务、指标和要求》、《2009年技术部门工作任务、指标和要求》、《2009年综合管理部门工作任务指标和要求》（新视台[2009]1号）（以下简称新疆电视台1号文件）进行8场宣讲。就2009年新疆电视台的1号文件的内容制定、执行规范、监督检查等方面进行详细的解读，全台1200多职工参加了听讲。2009年1号文件是新疆电视台党委开展学习实践科学发展观活动的成果。台党委针对学习实践科学发展观活动中干部群众提出的问题，专门研究了对策，将整改措施落实到2009年1号文件中，并从节目、广告、财务、技术管理几个方面制定了具体的配套文件，确保2009年新疆电视台1号文件科学、规范、公开的实行。

2月23日

新疆电视台举行学习实践活动群众满意度测评。台党委副书记、台长杨洪新主持测评会，并介绍了我台开展学习实践活动以来特别是整改落实阶段制定实施整改措施、启动相关举措促使学习实践活动成果落到实处的具体情况。广电局副局长、台党委书记石永强宣读经过反复征求意见最终确定的《新疆电视台党委深入学习实践科学发展观活动整改落实方案》。台党委副书记、学习实践活动领导小组办公室主任李玉新讲解了投票的相关要求，175名代表参与了测评。

2月24日

新疆电视台召开深入开展学习实践科学发展观活动总结大会。会议由新疆电视台台长杨洪新主持，自治区广播电影电视局副局长、新疆电视台党委书记石永强作了新疆电视台学习实践科学发展观活动总结，全面总结去冬今春新疆电视台开展学习实践科学发展观活动的情况。自治区广播电影电视局机关党委专职副书记、局深入学习实践科学发展观活动领导小组办公室副主任柳宏才、台领导及全台各频道、中心、部（室）近300余名干部职工参加了会议。

新疆电视台在开展学习实践活动的同时还立足本职做好了全区开展学习实践活动、反分裂再教育活动、纪念改革开放三十年、面对当前经济形势，坚定信心迎接挑战、自治区"两会"、古尔邦节、元旦、春节等一系列宣传报道工作。《深入开展学习实践科学发展观》专栏三种语言播发新闻达到1200条次，发挥了积极的舆论引导作用，切实做到了两手抓、两不误、两促进。

2月26日

自治区党委副书记、自治区主席努尔·白克力，自治区党委常委、宣传部部长李屹，自治区副主席库热西·买合苏提、靳诺、铁力瓦尔迪·阿不都热西提在自治区广播电影电视局领导的陪同下，来到新疆电视台慰问春节期间坚守岗位的各族干部职工。

同日

○ 经自治区广播电影电视局党组讨论决定（新广局[2009]37号文），任命高天山为新疆电视台副台长；霍延敏为新疆电视台党委委员、副台长，免去其新疆电视台总编室主任职务；张铁龙为新疆电视台党委委员、副台长；徐效梅为新疆电视台办公室副主任；刘晔为新疆电视台总编室主任，免去其新疆电视台汉语专题部副主任职务；段崇文为新疆电视台人事部主任，免去其新疆电视台国际部副主任职务；荣军为新疆电视台人事部副主任；尼加提·阿不都卡德尔为新疆电视台人事部副主任；白民为新疆电视台保卫部主任，免去其新疆电视台人事保卫部主任职务；迪力夏提·哈斯木为新疆电视台制作部主任，免去其新疆电视台制作技术部主任职务；赵力为新疆电视台广告部主任，免去其新疆电视台汉语影视频道总监职务。帕尔哈提·卡依尔任新疆电视台节目编译中心主任，免去其新疆电视台维语编译部副主任职务；阿斯卡尔·依沙米丁为新疆电视台维语综艺频道总监；杨波为新疆电视台汉语影视频道总监；曾健为新疆电视台少儿频道总监，免去其新疆电视台文艺部主任职务；周晓影不再担任新疆电视台党委委员、副台长职务，履行专业技术职务职责；汪惠春不再担任新疆电视台播出技术部主任职务，履行专业技术职务职责；热合木霍加不再担任新疆电视台哈编部主任职务，履行专业技术职务职责；阿苏别克不再担任新疆电视台哈语专题部主任职务，履行专业技术职务职责。

同月

○ 根据自治区编办《关于新疆电视台机构编制方案的批复》（新编办［2007］187 号），新疆电视台机关党委成立，为正处级，负责全台党建工作，书记为李玉新。

3 月 4 日

新疆电视台召开 2009 年庆"三·八"座谈会。自治区广播电影电视局副局长、局妇女工作委员会主任王淑平，自治区广播电影电视局副局长张玲，新疆电视台党委副书记、台长杨洪新，台党委副书记李玉新和全台各频道、中心、部（室）的女职工代表近 80 人参加了座谈会。

3 月 5—16 日

新疆电视台编译中心获取中央翻译局有关第十一届全国人大二次会议开幕式文稿后，对该场直播节目进行了维吾尔语和哈萨克语的同步直译，其他几场直播节目也在直转结束后 3 小时左右即译制完成，并在维吾尔语新闻综合频道和哈萨克语新闻综合频道安排播出。

3 月 8 日

由自治区妇联、新疆日报、新疆人民广播电台、新疆电视台、新疆经济报主办的首届"新疆十大杰出母亲"评选活动 3 月 8 日圆满落下帷幕。此次活动在全疆引起广泛关注，评选活动组委会办公室共收到各类投票 8087096 张。获得"新疆十大杰出母亲"荣誉称号的是：生动演绎"泉水更清、母爱最真"民族团结感人事迹的 70 岁维吾尔族母亲阿尼帕·阿力玛洪；热心社会公益事业、悉心传递母爱的爱心妈妈苏皮热木汗·玉素甫；燃烧自己、照亮别人，把特殊母爱奉献给五个天南海北贫困孩子的蒙古族母亲娜仁高娃；谱写绿洲赞歌的第一代戈壁母亲和第一代女拖拉机手回族母亲金茂芳；以数十年如一日的挚爱情怀和忘我精神奉献于乡村医疗事业，让维吾尔族乡亲们感恩于心的平凡母亲夏忠惠；以维护民族团结和社会稳定宣传员为己任，爱憎分明、富有激情的大义母亲图拉尼莎·吾舒尔；致力于奉献社会、为广大女性患者守护生命的维吾尔族博爱母亲玛依努尔·尼亚孜；用铁树开花、聋哑儿开口说话的事实创造奇迹的坚强母亲周喜花；为国教子，以德育人，自强不息，艰辛创业的女企业家母亲代表孔玉兰；用执着传承草原文明、用不懈点燃知识火种、用爱心赢得桃李满枝，被称为马背上的少数民族女教师的哈萨克族园丁母亲古丽扎达·阿依达尔汗。

3 月 9 日

根据自治区党委宣传部的统一部署，新疆电视台新闻节目推出"坚定信心迎接挑战——新疆经济形势面面观"专栏节目，节目重点围绕自治区"保增长、调结构、保民生"这一主题展开。

3 月 12 日

新疆电视台调整精神文明建设领导小组及办公室成员。

3 月 18 日

新疆电视台召开 2009 年精神文明动员大会。会议由台长杨洪新主持，自治区广播电影电视局副局长、台党委书记石永强作了精神文明建设工作动员讲话，台党委副书记、纪检书记李玉新就 2009 年新疆电视台精神文明建设工作做了安排部署。会上，台领导与各部门第一负责人签订了《新疆电视台2009年精神文明建设目标责任书》。

3月21日

新疆电视台在汉语新闻综合频道（XJTV—1）开始播出"花儿朵朵"爱中华大型少儿朗诵电视大赛。该活动是少儿频道为纪念新中国成立60周年邀请全疆各地州电视台共同举办的，在南北疆均设有赛区，从3月开始到9月底结束。

3月25日

新疆电视台调整安全生产、安全播出、社会治安综合治理领导小组组织机构人员。

3月29日

由新疆电视台、新疆人民广播电台承办的第二届"感动新疆"十大人物评选活动正式启动。这次活动的主题是"感动公众、感动新疆"，评选2006年以来自治区各地、各行业涌现出来的代表人物，大力宣传他们的感人事迹，弘扬社会正气，推动公民道德建设深入开展，为构建和谐新疆创造良好的舆论氛围。

3月31日

18：30分（北京时间）新疆电视台五种语言十五个频道启用新台标。新疆电视台新台标寓意"和谐之璧"，象征地域特征与文化理念的巧妙结合以及民族大融合。新台标的创意灵感来自新疆和田美玉，设计利用玉璧与玉口造型的艺术构成，将英语"新疆"两个单词的首个字母和汉语拼音的首个字母"XJ"演绎定格，两个半圆的交汇和无限延伸趋势，象征着新疆地处欧亚大陆交汇、东西方文明的交集、民族文化的交融以及兄弟般和谐共处的意义。红橙的颜色搭配既传达了新疆特有的地域情调，又象征着新疆电视台是联络各民族的友谊纽带。整体造型给人以"环环相扣、绵绵不绝、生生不息"的视觉感受，在灵动、充满活力的连接中，象征着新疆各族人民紧密相连、拥抱、共舞的和谐理念。新疆电视台台标全新改版标志着新疆电视台品牌形象的全新出击，这是新疆电视台用科学发展观指导工作，推进改革创新的一大举措。

新疆电视台各频道呼号为：新疆电视台汉语新闻综合频道（XJTV—1）、新疆电视台维吾尔语新闻综合频道（XJTV—2）、新疆电视台哈萨克语新闻综合频道（XJTV—3）、新疆电视台汉语综艺频道（XJTV—4）、新疆电视台维吾尔语综艺频道（XJTV—5）、新疆电视台汉语影视频道（XJTV—6）、新疆电视台汉语经济生活频道（XJTV—7）、新疆电视台哈萨克语综艺频道（XJTV—8）、新疆电视台维吾尔语经济生活频道（XJTV—9）、新疆电视台体育健康频道（XJTV—10）、新疆电视台法制信息频道（XJTV—11）、新疆电视台少儿频道（XJTV—12）、新疆电视台娱乐巴扎频道（XJTV—13）、新疆电视台天山剧场频道（XJTV—14）、新疆电视台教育在线频道（XJTV—15）。

同月

○ 新疆电视台邀请肿瘤医院倪多教授来台为女职工检查身体。

4月2—3日

2009 全疆电视通联会在乌鲁木齐召开。开幕式上，自治区广播电影电视局副局长、新疆电视台党委书记石永强对全疆电视宣传 2008 年通联工作做总结发言，代表们就做好新中国成立 60 周年宣传、建好新闻资源共享平台、加强记者站管理、加强专题节目和少数民族语言节目通联合作等方面进行了充分的交流与研讨。来自全疆各地州市县广电局（电视台），兵团电视台，兵团各师、团广电局（电视台），新疆电视台驻各单位记者站，各企业电视台以及其他通联单位的120 余名代表参加了会议。

4月7日

新疆电视台《英语新闻》栏目在乌鲁木齐专访巴基斯坦驻华大使马苏德·汗。

4月10日

由新疆电视台、新疆人民广播电台承办的自治区第二届少数民族少儿"双语"口语大赛正式启动。本届大赛由自治区教育厅、自治区精神文明建设指导委员会办公室、自治区广播电影电视局、自治区民族语言文字工作委员会主办，主题为"爱祖国、爱家乡、讲团结"。自治区党委常委尔肯江·吐拉洪出席活动启动仪式。

4 月 16 日

新疆电视台举办 2008 年度新疆广播电视新闻奖讲评活动。

4 月 17 日

自治区直属机关"巾帼文明岗"培训班来新疆电视台进行交流活动。

4 月 22 日

为庆祝新中国成立六十周年，新疆电视台联合十五个地、州、市电视台共同推出《家事》DV 作品（原创）大赛活动。《家事》DV 作品大赛以百姓的视角，DV 影像的表现形式，记录新中国成立 60 年，特别是改革开放 30 年来，各族人民共同奋斗、共同繁荣发展的真实事例。《家事》DV 作品大赛包括作品征集、展播、评选三个环节，展播在 8 月—10 月期间推出。

4 月 25 日

新疆电视台现场直转湖南经济电视台综合频道在张家界天门山风景区现场直播的"为荣誉而战——赛买提再战天门山高空钢丝极限坡度"活动。

4 月 26 日

新疆电视台哈萨克语综合频道《青年时代》栏目改版为《星星之约》，时长为 20 分钟，每周一期。

4 月 28 日

中共新疆电视台机关第一次代表大会召开，经差额选举李玉新、孟呼春、姚幼梅、段崇文、赵力、周建雄、帕尔哈提·卡依尔、苏新、曾健、乌兰·吐汗、刘红、吴江平、帕孜莱提·达吾提、张万兴 14 人为中共新疆电视台第一届机关党委委员。

4 月 29 日

新疆电视台召开 2008 年安全工作总结表彰暨 2009 年安全生产责任书签订大会。副台长张铁龙宣读了《关于调整新疆电视台安全生产、安全播出、社会治安综合治理领导小组组织机构人员的通知》、《新疆电视台 2008 年安全工作先进集体和先进个人表彰奖励的决定》；台长杨洪新对 2008 年度我台安全工作进行了总结，并部署了 2009 年安全工作任务；自治区广电局副局长、新疆电视台党委书记石永强做总结发言。会上，按照分级负责制的原则，台安全领导小组成员分别与各频道、中心、综合部（室）第一责任人签订了《2009 年新疆电视台安全生产目标管理责任书》，对 12 个先进集体、46 个先进个人以及负责安全生产工作的台领导和各频道、中心、综合部室第一负责人进行表彰奖励，对 4 个发生事故或违纪违规部门按照台安全生产责任制奖惩办法实行"一票否决"并按事故等级和违规程度给予经济处罚。

5 月 2—21 日

新疆电视台派出技术人员和四讯道数字卫星车前往四川汶川参加纪念 5·12 四川汶川地震一周年特别报道《新家园》现场直播活动，历时 12 天走访了 7 个地区，行程逾万公里。

5 月 6 日

新疆电视台哈萨克语综合频道（XJTV—3）《丝路综艺》改版为《文化导游》。

5 月 11 日

新疆电视台编年史开始编纂。

5 月 17 日

新疆电视台与自治区残联合作开办的周末版手语《午间新闻》在第 19 个全国助残日开播。这是一档新闻综述节目，以一周要闻回顾为主要内容，以新疆电视台现有新闻节目源为依托，采用汉语和手语同时播报，时长 10 分钟，每周日北京时间 14 点在新疆卫视播出。

5 月 18—27 日

新疆电视台召开第九届民族团结职工体育运动会。

5 月 19 日

新疆电视台成立"小金库"专项治理工作领导小组。

5 月 26 日

新疆电视台松下电器广播电视专业设备维修站（简称新疆电视台松下维修站）正式挂牌成立。

5 月 30 日

新疆电视台主办"童心闪耀、爱在今天"——阿尔法慈善全球公益演唱会。

5 月 31 日

经自治区广播电影电视局党组讨论决定（新广人 2009［13］号文），毕强任新疆电视台播出部副主任，免去其新疆电视台播出技术部副主任职务；阿不都外力·阿不力米提任新疆电视台新闻中心副主任，免去其新疆电视台新闻部副主任职务；齐正宇任新疆电视台新闻中心主任，免去其新疆电视台新闻部主任职务；彭旸任新疆电视台汉语综合频道总监，免去其新疆电视台汉语新闻综合频道总监职务；买买提艾力·阿不力孜任新疆电视台维语综合频道总监，免去其新疆电视台维语新闻综合频道总监职务；莱买提汗任新疆电视台哈语综合频道总监，免去其新疆电视台哈语新闻综合频道总监职务。

同日

○ 新疆电视台 2009 年庆六·一电视文艺晚会《在祖国的怀抱里》播出。

同月

○ 在第十九届（2008 年度）"新疆新闻奖"评选中，新疆电视台选送的 8 件作品获奖。

6 月 8 日

第二届感动新疆十大人物评选活动颁奖典礼在新疆卫视播出。自治区及军区领导李屹、乔吉甫、艾尔肯·吐尼亚孜、买买提江·艾买提、邓宁峰出席颁奖典礼。第二届"感动新疆十大人物"评选揭晓，他们是王燕娜、胡曼、马合沙提·扎依甫、托乎提·艾力尼亚孜、阿斯姆古丽·阿卜都克里木、章华生、司马义·阿不都热合曼、汪瑞、吴玉兰、汪澜。活动共收到短信、网络、书信投票255万张。6月9日，晚会维吾尔语、哈萨克语译制播出。

6月8—17日

新疆电视台参加新疆广播电影电视局"三项学习教育"活动第一期培训班。新疆电视台台长杨洪新做《加强新闻宣传纪律努力提高传统媒体舆论引导能力》的报告。

6月11日

以台北新闻公会理事长袁天明为团长的台湾岛内九家媒体相关负责人组成的参访团一行16人来新疆电视台座谈交流。

6月17—21日

中共中央政治局常委、国家副主席习近平在新疆调研，新疆电视台全程进行采访报道。

6月21—23日

由联合国教科文组织北京办事处资助并和中国民族影视艺术发展促进会共同举办、新疆电视台承办的"新疆少数民族女编导短训班"开课，来自中国传媒大学的张晗博士和许行明教授对全疆各地州的21名少数民族女编导做了关于电视节目编辑的讲座。

6月25日

新疆电视台党委会议讨论通过了我台以台办室外事接待科为基础成立新疆电视台旅游公司的决定，并确定了旅游公司的业务范围及负责人。旅游公司主要职责为承接全台出差票务、外事接待、职工休养、会议承办等工作以及其他相关外延项目，业务经营实行公司化运作，同时面向社会承接相关服务项目。

同月

○ 在第十一届全国少数民族语言电视维、哈、柯语奖评选中，新疆电视台选送的 49 件作品获奖。

○ 在 2008 年度新疆广播电视新闻奖评选中，新疆电视台选送的 85 件作品获奖。

○ 在 2008 年度新疆广播电视播音与主持奖评选中，新疆电视台选送的 21 件作品获奖。

○ 在自治区第四届新疆电视文艺奖评选中，新疆电视台选送的 22 件作品获奖。

○ 在第八届新疆广播电视论文奖评选中，新疆电视台选送的 10 件作品获奖。

○ 在第三届"天山文艺奖"评选中，新疆电视台选送的 11 件作品获奖。

○ 新疆电视台《新疆新闻联播》、《今日访谈》（连续三年）、《新疆英语新闻》（连续四年）、《记者调查》（连续四年）获得新疆广播电视优秀栏目奖。

7 月 5 日

乌鲁木齐部分地区发生打砸抢烧严重暴力犯罪事件。得知暴乱讯息，新疆电视台党委副书记、台长杨洪新及台党委成员第一时间冒险赶回处于暴乱中心区域的台里。在局势混乱、信息不畅的情形下，台党委研究决定，立即启动新闻宣传报道应急预案，在自治区党委宣传部和李屹常委的直接领导下开展新闻报道工作。当晚，突发事件应急指挥中心成立，台党委副书记、台长杨洪新担任应急指挥中心总指挥，台党委副书记、纪检书记李玉新，台党委成员、副台长哈那提·毛林拜、木拉提·吾布力哈生木、高天山、霍延敏、张铁龙担任副总指挥。指挥部设在新闻中心 B 区，充分发挥靠前指挥的优势，杨洪新台长和分管宣传、技术的台领导确保全天 24 小时坐镇应急指挥部，应对各种突发情况，指挥宣传报道及全台各项工作顺利进行。

当晚，自治区广电局大院受到暴徒的冲击，就在局势持续恶化的危急时刻，为了使广大群众尽早了解事件真相，新疆电视台突发事件应急指挥中心决定组建特别报道组，冒险前往自治区党委录制自治区党委副书记、自治区主席努尔·白克力关于"7·5"事件的重要电视讲话。新疆电视台台长杨洪新带领马志、拜道列提、戴研坤、阿不都外力·阿不力米提、卫新民、努尔丁、赵武军、张万兴、王建军、张跃明、高波、别尔克波力、何志明等13位各族采编人员赶赴自治区党委。一路上特别报道组乘坐的装甲车受到暴乱分子砖石的不断攻击，采编人员不顾危险冲破暴乱分子围追堵截，及时赶到自治区党委。在录制主席讲话的同时，自治区党委常委、宣传部部长李屹与新疆电视台台长杨洪新研究决定派遣戴研坤、马志、赵武军、张万兴、高波5名同志重返暴乱现场，进行采访报道。他们深入团结路、大湾北路、南湾街、延安路、新华南路等暴乱事件最为严重的区域，冒着生命危险，记录暴力犯罪分子残忍的作案现场，采访安抚惊魂未定的群众，留下了事发第一现场珍贵的画面资料。

7月6日

凌晨4时许，新疆电视台维吾尔语、汉语、哈萨克语多个频道播出了自治区党委副书记、自治区主席努尔·白克力关于"7·5"事件的电视讲话，面向全国及时发布了中国政府针对此次暴力事件的权威信息，最大限度地挤压了负面信息的传播空间，对平息事态、说明真相发挥了至关重要的作用。新疆电视台是唯一一家第一时间面向全国各族观众及时传递事件发生相关情况的新闻媒体。

9时，新疆电视台维吾尔语、汉语、哈萨克语新闻播出新闻《乌鲁木齐发生打砸抢烧严重暴力犯罪事件》，对"7·5"事件进行了全面报道。

新闻中心抽调各栏目编辑人员随时播报有关"7·5"事件的新闻，最直接地让广大群众了解事件的真相，了解国家和自治区对事件处置的进程，了解在党和政府的坚强领导下自治区整体形势逐步向好的情况。

同日

○ 新疆电视台在第一时间召开全体职工大会及时传达通报"7·5"事件情况，要求各族干部职工一定要头脑冷静、认清形势，坚决反对民族分裂主义，切实维护民族团结和祖国统一，坚守岗位，同心协力，做好宣传报道工作。同时，台党委重点抓好副处以上党员领导干部的思想政治工作。杨洪新台长、李玉新副书记与各部门副处以上领导干部谈话。根据干部群众的思想动态，新疆电视台及时出台《应对突发事件思想政治工作预案》，通过有效的政治思想工作，全面掌握各部门党员干部政治思想情况，发现问题及时进行纠正，确保民族团结和各项工作正常进行。《应对突发事件思想政治工作预案》在自治区媒体属首创，成为新疆电视台面临重大突发事件开展思想政治工作的有效方法。

7月7日

12：00，新疆电视台首次实现新闻大时段直播和整点新闻滚动播出。维吾尔语、哈萨克语也在第一时间进行译制播出。

17：00，鉴于局势发展，中共中央政治局委员、自治区党委书记王乐泉决定发表电视讲话。在准备时间只有30分钟的情况下，新疆电视台杨洪新台长带领副台长高天山及直播组成员及时赶到自治区党委，成功完成了王乐泉电视讲话的直播工作，为维护乌鲁木齐社会稳定起到了决定性的作用。

18：00，新疆电视台停止播出新疆卫视、维吾尔语综合频道、哈萨克语综合频道影视剧、广告、专栏和其他节目。

19：00新疆电视台维吾尔语、汉语、哈萨克语三种语言地面频道停止播出影视剧、广告、专栏和其他节目。

当晚播出的《新疆新闻联播》受到中宣部副部长李东生的高度评价，要求中央电视台从7月7日起，每日接收当日《新疆新闻联播》全部内容，进行选取使用。

在网络受限，其他媒体覆盖有限的情况下，新疆电视台成为全国乃至世界观众了解"7·5"事件进展的唯一通道。面对新中国成立以来我区历史上最严重的一次暴力犯罪事件，新疆电视台应急指挥中心决定：发动全台力量，打破常规，形成以"7·5"事件新闻节目为核心的全天候、各频道、大覆盖的节目播出形式。

新疆电视台整合全台采编力量，全天候滚动播出"7·5"事件有关报道，每天实施8小时的电视直播、每小时播出一次整点新闻，维吾尔语、哈萨克语也在第一时间进行译制播出。

深夜，应急指挥中心决定将已经开始采访播出的各民族互助典型集中容纳到一档反映各民族团结的栏目中去，并命名为"民族团结一家亲"。该栏目集中采访报道了在"7·5"事件中用生命捍卫安定团结的武警战士万金刚、冒着生命危险拯救18名各民族群众的哈米提老大爷、用实际行动维护民族团结的艾比布·尼牙孜等先进人物，以及自治区大巴扎、自治区人民剧场等先进集体。新疆电视台"民族团结一家亲"等栏目的成功播出有力地粉碎了"三股势力"企图破坏新疆民族团结，制造更大动乱的阴谋，对于正面引导舆论，减轻社会负面情绪发挥了重要作用。

7月7—31日

新疆电视台大时段直播，新闻节目共完成大时段直播158.5小时，现场直播110场，时长1650分钟。截至8月15日，整点新闻共制作播出500多期。《新疆新闻联播》节目维吾尔、汉、哈萨克三种语言共播发消息1800多条，维、汉、哈三种语言共播出访谈节目160多期。英语新闻和外宣中心还制作了英语、柯语外宣节目，坚持内外有别的原则，进行对外宣传。

7月7日后，自治区重点工作转向维护稳定、民族团结、处理善后事宜工作上。新疆电视台提前策划，迅速进行安排部署，加大对社会秩序趋稳、市场供应充足、干部下社区维稳、善后处理有序进行等工作的宣传报道，将一个人心思稳、团结互助、组织有序的乌鲁木齐新形象介绍给全国人民。

7月8—15日

新疆电视台在新闻中对国务委员孟建柱在疆看望乌鲁木齐"7·5"打砸抢烧严重暴力犯罪事件受伤干部群众和遇害同胞家属的相关消息进行报道。

7月9—14日

新疆电视台在新闻中对中共中央政治局常委周永康来新疆看望各族干部群众，慰问奋战在执勤执法一线的部队官兵、公安民警，实地指导维护稳定工作的相关消息进行报道。

7月10日

新疆电视台《今日访谈》栏目邀请嘉宾推出"团结·稳定·发展"直播报道，新闻中心维吾尔、哈萨克语编译部也开设了访谈节目，进行深度报道。

7月11日

新疆电视台开展向"7·5事件死难家属"、受伤群众紧急救助捐款活动，捐款总额达八万多元。

7月12日

受中共中央政治局委员、中宣部部长刘云山同志的委托，中宣部副部长李东生看望慰问新疆电视台、中央电视台"7·5"事件报道组成员。

同日

○ 自治区党委常委、宣传部部长李屹，副部长祝谦来到新疆电视台慰问采编一线的各族新闻工作者。李屹部长充分肯定了各族电视新闻工作者在危机时刻体现出来的高度政治责任感和强烈的职业精神，他说："7·5"事件后，广大新闻工作者特别是一线采编人员，体现了高度的政治觉悟与政治责任。事件发生后，大家冒着生命危险，第一时间前往事发现场进行采访，把事件的真相、事件的动态及时传递给广大群众，体现出了崇高的职业精神。连日来，新闻战线的同志们全身心投入采编工作，正是大家夜以继日的工作，有效正确地引导了社会舆论，为维护社会稳定作出了突出贡献。

7月24日

国务院新闻办一局局长郭为民，中宣部新闻局助理巡视员张闻祥，自治区党委宣传部副部长、外宣办主任侯汉敏一行到新疆电视台看望慰问奋战在采编一线的各族新闻工作者。

7月30日

经自治区广播电影电视局党组讨论决定（新广党发 [2009] 11号文），石永强不再担任自治区广播电影电视局党组成员、副局长、新疆电视台党委书记职务。

同月

○ 新疆电视台宁照宇、拉扎提·乌拉孜汗获得第六届全国德艺双馨电视艺术工作者称号。

○ 新疆电视台与湖南卫视合作，在新疆喀纳斯景区对"鹰飞喀纳斯——阿迪力喀纳斯高空走钢丝"活动进行了现场直播、译播。新疆电视台由副台长高天山带队，派出技术人员15人，出动五讯道转播车、四讯道数字卫星车和数字二讯道微波中继车各1辆，这是新疆电视台首次在复杂地形情况下完成的直播任务，为今后此类直播工作积累了丰富经验。

8月1日

新疆电视台干部职工与驻乌维稳部队进行联欢，为驻乌维稳武警部队赠送了价值12万元的物品。录制"军民团结心连心、鱼水情深一家亲"——2009年庆"八一"新疆电视台心连心艺术团慰问武警官兵联欢会。新疆电视台心连心艺术团也在本次联欢会上宣告正式成立。

8月3日

自治区党委副书记、自治区主席努尔·白克力在自治区党委常委、宣传部部长李屹，自治区副主席铁力瓦尔迪·阿不都热西提等领导陪同下，来到新疆电视台慰问战斗在维稳宣传一线的全体工作人员。努尔·白克力对新疆电视台给予高度评价，指出，新疆电视台利用多语种的优势，广泛地宣传在"7·5"事件当中出现的各民族互帮互助互救的典型事例，高举民族大团结旗帜，为我们社会的稳控，为人民群众心理的安抚，发挥了重要的、特殊的作用。新疆电视台通过新闻报道，用这种最直观、最形象，也是令老百姓最信服的手段做了很多工作。自治区党委、自治区人民政府对新疆电视台在这次事件当中发挥的特殊作用给予了充分肯定，王乐泉书记几次提出新疆电视台的报道"反应迅速、措施得力、引导有力"，我在这里代表自治区党委、人民政府向同志们表示衷心的感谢和崇高的敬意。

8月11日

新疆电视台举办"维护好我们共有的美丽家园"演讲活动。该活动由新疆电视台机关党委、妇委会、工会共同举办。新闻中心参赛选手辛萍获得一等奖，退休干部、高级编辑傅暾荣获了特别奖。这次主题性演讲活动以乌鲁木齐发生的打砸抢烧严重暴力犯罪事件为背景，旨在结合我台各族干部职工的亲身经历和所见所闻，讴歌民族团结典型，揭批以热比娅为首的境内外"三股势力"的分裂本质。

8月12—20日

新疆电视台邀请党校和社科院的专家进行了4场民族团结讲座。台领导及上千名各族干部职工参加。

8月13日

新疆电视台新闻节目推出了《60年从数字看变化》专栏，用具体的数字对比，真实地反映了新中国成立60年来，新疆经济社会各项事业取得的辉煌成就。

8月19日

新疆电视台召开党委会议，会议研究决定了新疆电视台不再与新疆网络有限责任公司合作开办新疆视讯公司，并将三个维吾尔语数字收费频道收回管理。

8月27日

新疆电视台举办安全生产知识讲座暨安全生产签名活动，全台各族干部职工260余人参加了此次活动，此次讲座由自治区安全生产监督管理局办公室副主任何维讲师主讲。

8月31日—9月11日

新疆电视台在台内部选拔维吾尔、汉、哈萨克语新闻节目主持人。选拔通过文化考试和专业测试、试镜等程序，最后确定五位同志到新闻节目主持人岗位，这次选拔主要是为了配合今年新闻节目改版工作。

8月—10月

新疆电视台庆祝新中国成立60年宣传掀起高潮，各档新闻节目中先后开设了《新疆辉煌60年》、《家事》、《60年从数字看变化》、《迎国庆、讲文明、树新风》、《感恩伟大祖国，建设和谐新疆》、《建设新疆领跑者》等专栏，分阶段递进宣传，并在报道的专栏化、故事化、贴近性方面进行了探索。三种语言的《新闻联播》、《整点新闻》共发大庆稿件2260多条，《今日访谈》播出108期节目。

新疆电视台汉语综合频道《丝路新发现》推出系列片《让历史告诉未来》，从文物保护、文物传承的角度证明，新疆自古以来就是祖国不可分割的一部分。《农牧新天地》推出系列片《谁不说咱家乡好》；维吾尔语综合频道《沃土》、《科技与教育》、《艺苑》，哈萨克语综合频道《夏乐哈尔》、《农牧天地》，汉语综艺频道《百花争艳绚新疆》，维吾尔语综艺频道《新疆体育》、《旅游与世界》，汉语影视频道系列片《新新疆，新电影》、《新疆羊肉串》，哈萨克语综艺频道《女性关注》、《体坛纵横》，维吾尔语经济生活频道《经济》等栏目也结合自身定位，宣传报道新中国成立60年来，我区在政治、经济、文化、科技、教育等领域发生的巨大变化，全面反映了新疆60年来取得的辉煌成就。

9月至10月期间，新疆电视台维吾尔、汉、哈萨克语三种语言卫视频道进行了新中国成立60周年主题影视剧展播活动，播出了《潜伏》、《东方红1949》等一批讴歌党、讴歌社会主义，反映社会主义现代化建设成就的主旋律题材影视剧。

9月1—5日

新疆电视台进行第十八届乌洽会宣传，以"人气"、"魅力"、"开放"、"携手"、"收获"为每天的主题，前后共播发维吾尔、汉、哈萨克语新闻474条，播发英语新闻11条，采制《今日访谈》6期。

9月6日

在乌鲁木齐检查指导维稳工作的国务委员、公安部部长孟建柱看望慰问战斗在一线的新闻宣传工作人员，与自治区和乌鲁木齐市宣传部门和新疆媒体负责人座谈。新疆电视台台长杨洪新参加了座谈会。在听取大家的发言后，孟建柱说，各级新闻宣传部门大局意识强，作风扎实，"7·5"事件发生以来，在维护新疆稳定，尤其是在维护乌鲁木齐市稳定的斗争中发挥了重要的作用。他强调，要充分认识到这场斗争的艰巨性和复杂性。要站在党和国家大局的高度，进一步转变思想观念，遵循现代传播规律，积极主动回应百姓的关切，在全力维护新疆稳定中发挥更大的作用。

9月2—13日

新疆电视台全力做好"针刺事件"报道，正确引导舆论、有力配合了党和政府维护社会稳定的相关工作，维吾尔、汉、哈萨克三种语言共播发新闻252条。

9月7日

中宣部副部长孙志军在自治区党委常委、宣传部部长李屹的陪同下，看望慰问新疆电视台维稳一线的新闻工作者。孙志军说，广电系统广大干部群众在"7·5"事件中坚守岗位、坚持正确的舆论导向，迅速行动，配合党和政府及时揭露事件真相，为维护新疆的大局稳定做出了重要贡献。

9月10日

新疆电视台杨洪新台长到我台两名下派干部所在的幸福路街道办事处天福花园社区和和平南路街道办事处二道桥进行慰问。

9月11日

根据自治区编办《关于新疆电视台机构编制方案的批复》（新编办〔2007〕187号），新疆电视台网络部成立，机构规格为县处级。

同日

○ 新疆电视台成立甲型H1N1流感防控工作领导小组。

9月15日

新疆电视台新闻栏目同步推出《新疆辉煌60年》和《家事》专栏。《新疆辉煌60年》专栏通过集中宣传报道60年来新疆各地、各行业经济、社会发展取得的巨大成就。《家事》专栏则通过大量的百姓生活变迁细节和特定描述，展示60年来我区各族群众生活发生的巨大变化。

9月16日

新疆电视台三种语言12个频道开始全天高频次播出国庆宣传片。

9月29日

新疆电视台召开台党委会议，会议讨论通过了成立新疆电视台新闻传媒平台的决定。新闻传媒平台将整合全台新闻资源，在实现资源共享的前提下，根据新闻宣传的不同需要，制作播出各类新闻及其他节目。平台实行台编委会领导下的总监负责制，下设副总监，负责具体节目的管理。

同日

○ 新疆电视台互联网站——新视网（WWW.XJTVS.COM.CN）完成安全防护平台升级和网站页面播控系统的扩容改造，正式开通运行，新疆电视台对外网络宣传工作全面恢复正常。截至 2009 年 12 月 1 日，新疆电视台互联网年度累计访问量已突破 920 万人次，来访 IP 路径已经覆盖到了世界一百多个国家和地区。

9 月 30 日

新疆电视台承办的自治区庆祝新中国成立六十周年大型电视文艺晚会《天山的祝福》录制。晚会分为《朝霞之曲》（解放篇）、《艳阳之光》（建设篇）、《春风之舞》（改革篇）、《和谐之歌》4 个篇章。

同月

○ 新疆电视台积极配合中央电视台制作"为祖国喝彩——全国大型电视文艺行动"新疆维吾尔自治区特别节目，包括时长 60 分钟的电视文艺片、20 分钟大型文艺节目、反映新疆人文和资源的 3 分钟电视宣传片《新疆之最》。

10 月 1 日

新疆电视台各频道顺利完成了直转中央电视台现场直播国庆阅兵式、首都各界庆祝大会、天安门广场国庆联欢晚会，当日及时译制并在维吾尔、哈萨克语频道播出。"十·一"期间，我台还将这两场庆祝活动分三种语言在各地面频道梯次安排重播。

同日

○ 新疆电视台维吾尔、汉、哈萨克三种语言播出本台制作的纪念新中国成立 60 周年大型献礼片——6 集文献纪录片《辉煌新疆》，该片以时间为线索，十年为一个单元，记录了新中国成立 60 年来新疆历史发展的标志性事件、精彩事件、重大事件。

10 月 9 日

新疆电视台"文明部室"命名大会举行，对全台 30 个部门进行了"文明部室"命名。

10 月 14—28 日

新疆电视台对第十一届全运会进行宣传报道，从 9 月 5 日十一届全运会开赛以来，共直播了 250 多个小时的各类赛事，报道全运会各类新闻、专题 200 余条，播出时长达到近 400 分钟。

10 月 23—28 日

在陕西西安举行的中国电影电视技术学会节目制作与传输专业委员会 2009 年年会上，新疆电视台申报的电视节目播出技术质量奖 1 项和安全播出奖 1 项和 10 篇技术论文分获一、二、三等奖。

同月

○ "十·一"期间，新疆电视台维吾尔、汉、哈萨克三种语言在各频道播出了自治区庆祝新中国成立 60 周年大型电视文艺晚会《天山的祝福》。

11 月 2 日

新疆电视台召开党委会议，会议讨论通过了与自治区电影公司、新疆人民广播电台等四家单位合作投资电影院线的决定。这次投资是新疆电视台涉足新的产业经营领域，拓展经营收入的有益尝试。

11 月 2—14 日

新疆电视台组织全台职工进行健康体检。

11 月 9 日

新疆电视台录制中国移动"校讯通"杯"爱祖国爱家乡讲团结"自治区第二届少儿"双语"口语大赛颁奖典礼暨汇报演出。颁奖典礼上，中共中央政治局委员、自治区党委书记王乐泉，自治区党委副书记、自治区主席努尔·白克力，自治区人大常委会主任艾力更·依明巴海亲自为评选出的 16 位"双语"宝贝、18 位"双语"优秀儿童、18 位"双语"优秀少年，以及 2 所优秀"双语"幼儿园、2 个优秀"双语"班级、2 个优秀"双语"学校颁奖。自治区领导符强、李屹、白志杰、尔肯江·吐拉洪出席颁奖典礼。

本次大赛自 4 月 11 日启动以来，在全疆开展了上千场次的初赛、复赛、分区总决赛和总决赛等各级赛事。与第一届大赛相比，本届大赛首次把母语为汉语的中小学生纳入赛程，增设了集体项目，扩大了比赛参与范围。据统计，第二届少儿"双语"口语大赛参赛人数增长了近 30 倍，达到了 103.7 万人，参赛选手的民族成分涵盖了新疆 13 个主体民族。

11 月 18 日

新疆电视台举办"赢在新疆"——新疆电视台媒介推广暨客户答谢会，会上对新疆电视台汉语综艺频道、汉语影视频道、汉语经济生活频道、法制信息频道的节目及市场资源进行了重点推介。

11 月 24 日

自治区文明委、区直机关工委联合检查组对新疆电视台进行精神文明单位验收。

同月

○ 在 2009 年（第十届）四川电视节"金熊猫"奖国际纪录片评选中，新疆电视台选送的纪录片《刀郎乐人》获得最佳摄影奖提名奖，《燕子》获得人文类短片入围奖，《寻找第一只鸟》获得自然及环境类短片入围奖。

○ 新疆电视台阿米娜·叶尔克西获得全国优秀新闻工作者。

12 月 2 日

中共中央宣传部召开了关于新疆卫视全国落地工作会议，会议决定自 2010 年元月 1 日起对新疆卫视在全国实行免费落地，这是新疆电视事业发展史上具有划时代意义的大事。

12 月 5 日

根据中央电视台的要求，新疆电视台于 2009 年 12 月 5 日派出技术人员 4 人、出动四讯道卫星新闻采访车 1 辆，远赴哈萨克斯坦首都阿斯塔纳，配合中央电视台完成了中国国家主席胡锦涛在哈萨克斯坦进行访问活动的新闻信号回传工作。这是新疆电视台首次在零下 40 多度的严寒气候条件下完成的现场直播信号回传工作，受到中央电视台的高度赞扬。

12 月 11 日

2010 年新疆卫视编排、节目及包装方案论证会召开。

12 月 21 日

新疆电视台顺利通过自治区级精神文明单位复验。

同年

○ 2009 年，新疆电视台共有 163 部作品获得国家和自治区级大奖，85 部作品获得一等奖，37 部获得二等奖。中央台累计播发新疆电视台新闻 928 条，其中《新闻联播》播发 249 条。

○ 在第 19 届（2008 年度）中国新闻奖评选中，新疆电视台选送的作品《农民工买买提明的心愿》（主创人员：杜学群、张华迁、努尔兰、热娜；编辑：段瑞疆）、《姐弟情深》（主创人员：张家笠、王浩然、刘迎春、莫非、刘彭；编辑：田晓燕）获二等奖，现场直播《直击日全食——21 世纪中国首次日全食观测》获三等奖。

○ 在中宣部"五个一"工程奖评选中，新疆电视台选送作品《一家人》获优秀作品奖。

○ 在 2007—2008 年度中国广播影视大奖评选中，新疆电视台选送的作品《姐弟情深》获大奖（主创人员：张家笠、田晓燕、王浩然、刘迎春）。作品《农民工买买提明的心愿》、《大风刮翻列车记者亲历抢险》、《现场直播：直击日全食——21 世纪中国首次日全食观测》、《记者调查》、《刀郎乐人》、《爱在洪峰面前》获得大奖提名奖。

○ 2008 年度国家广电总局全国少儿节目精品及动画精品评审中，新疆电视台维吾尔语优秀原创少儿电视节目：《六·一特别节目》获得一等奖。

○ 新疆电视台汉语综艺频道被评为广电系统全国青年文明号。

○ 新疆电视台少儿频道获得国家广电总局全国优秀少儿频道三等奖。

○ 新疆电视台汉语新闻综合频道《社会全接触》栏目获得 2009 年自治区"巾帼文明岗"和自治区"十佳巾帼文明岗"荣誉称号。

○ 新疆电视台维吾尔语经济生活频道被评为 2008 年度自治区直属机关"青年文明号"。

○ 阿不都外力·阿不力米提获得第十一届自治区十佳新闻工作者。

2010 年

1 月 1 日

根据中共中央宣传部召开的关于新疆卫视全国落地工作会议的决定，2010年元月 1 日起新疆卫视在全国各省会城市实行免费落地，这是新疆电视事业发展史上具有划时代意义的大事。

同日

○ 新疆电视台制定《新疆电视台 2010 年度工作目标及任务》（新视台 [2010] 01 号），提出了 2010 年以"精品建设年"为核心，有效整合宣传资源，狠抓精品建设；以制播分离、产业化发展为思路，努力探索，稳步推进，寻求新的节目运作方式和经济增长方式；坚持管理出效益，不断加强制度建设，强化服务理念，营造科学高效、公正透明的管理体系；认真落实以人为本的理念，让发展成果最大限度地惠及全体职工的总体目标。文件提出了以精品节目建设为核心的频道品牌建设工程、新闻传媒平台建设、新闻改革、卫视改版、提高创收水平、加强制度建设、完成重点工程建设、办好 40 周年台庆、提高职工收入等总体任务和宣传、技术、综合部门的各项具体任务。

○ 新疆电视台全新推出频道视觉包装系统。该系统的范围涵盖频道呼号、频道导视系统、重点新闻栏目、频道日常功能模块等。具体包括呼号、片头、导视、字幕条、节目预告版式、ID 等，同时专门引入了先进的全新在线信息系统，设计了倒计时、动态资讯、滚动字幕等多种表现形式。

○ 新疆电视台的内、外网络建设，统一由网络部管理、执行。

1 月 10 日

新疆电视台体育健康频道开始全程直播非洲国家杯比赛。

1 月 15 日

新疆电视台召开党委会，会议决定将汉语综合频道纳入到新闻传媒平台中，平台内实行中心制，平台下设 5 个中心，分别为新闻中心、社教中心（汉语综合频道社教部）、社会新闻中心（汉语经济生活频道）、专题中心（汉语信息服务频道）、编译中心。

根据新闻传媒平台工作要求，汉语综合频道文艺部不适合在平台管理，会议决定将汉语综合频道文艺部整体划转给四套。

1 月 22 日

新疆电视台召开年终表彰大会。自治区党委宣传部副部长祝谦，自治区广播电影电视局党组副书记、局长穆合塔尔·买合苏提，台领导及各频道、中心、部（室）300 多人参加会议。新疆电视台台长杨洪新作 2009 年工作报告，杨洪新台长回顾总结了 2009 年全台电视宣传、事业发展、队伍建设和创收管理等方面的工作和取得的成绩，对 2010 年新疆电视台的工作任务做了安排部署。会议表彰了新疆电视台 2009 年工作中的 163 件获得国家及自治区级奖项的作品，38 个先进集体、232 名先进个人及 24 个获得全国及自治区各类荣誉称号的集体和个人。10 个党支部荣获先进党支部荣誉称号、45 名同志获得优秀共产党员荣誉称号、18 名同志获得优秀党务工作者荣誉称号。表彰大会还特别对新疆电视台应对 7·5 事件的 17 个先进集体和 181 名先进个人以及广告创收先进集体（广告部）和个人（赵力）进行了表彰奖励。

同月

○ 新疆电视台新闻节目中开设《新疆西部大开发十周年》，全方位、大容量地报道西部大开发战略实施以来，新疆经济快速崛起、基础设施建设、生态环境建设、居民生活等方面的巨大变化。

○ 新疆电视台对阿勒泰、塔城地区抗击 60 年不遇的大雪灾害情况进行了为期一个月的报道，并圆满完成温家宝总理在新疆考察雪灾的宣传报道任务。期间播发大量消息，并且密切配合中央电视台宣传，共向中央电视台报送新闻上百条。新疆电视台被评为自治区抗击冰雪灾害宣传优秀集体，新闻中心关荣被评为抗击冰雪灾害宣传先进个人。

○ 体育健康频道《新疆体育》栏目全新改版，由录播改为直播，在节目播报、节目形式上做了较大改变，增加了评论和深度报道，使体育新闻更具时效性、可视性。

○ 自治区"两会"报道中，《今日访谈》栏目将演播室设在会议现场，并用两辆转播车进行现场录制，共制作6期节目。

2月4—12日

新疆电视台汉语综合频道《社会全接触》栏目推出春节特别节目《回家过年》向社会发出倡议：春节带孤儿和孤寡老人回家过年。

2月8—22日

新疆电视台各档新闻栏目推出春节特别节目《天山南北贺新春》。

2月13日

新疆电视台汉语综合频道播出由自治区党委、自治区文化厅主办、新疆电视台承办的《一家人》晚会，后在其他汉语频道播出并译制成维吾尔、哈萨克语播出。

2月23—26日

新疆电视台承办的第八届新疆青年歌手电视大奖赛举行复赛，四种唱法共有350个节目参加复赛，最终评选出180个节目进入2月25日的半决赛。

2月20—26日

新疆电视台新闻中心四种语言的栏目制片人共33个岗位实行竞争上岗。这是经台党委研究决定，根据台新闻节目改版和人事制度改革的要求，为切实提高新闻节目质量和管理水平推出的举措。竞聘分为报名、资格审查、演讲答辩、民主测评、组织考察等几个阶段，竞争上岗者聘任后，实行任期制，到期重新考核、竞聘。

同月

○ 广播电影电视总局《收听收看》2010年第12期撰文对新疆电视台的《农牧新天地》栏目进行推介。

3月1日

新疆电视台对1—15频道的屏幕整体形象、新闻节目及新疆卫视自办栏目进行了全新改版包装，这是依托新疆卫视全国落地的优势进行的改版实践，也是打造新疆电视台"精品年"的一次重要实践。

3月2日

新疆电视台在广告部设立卫视频道节目科、节目推广科。这两个科室的设立主要是为了加强新疆卫视频道宣传工作。

同日

○ 新疆电视台在人事部设立培训教育科，全面负责、管理各类人员培训、岗位培训及职工教育工作。

○ 新疆电视台根据新闻宣传工作需要，对新闻中心内设科组进行调整，原内设部、科、组全部予以撤销，调整后的新闻中心共设科组14个，分别为：1.节目策划组；2.图文资讯编播组；3.节目评价创优组；4.国际国内资讯编播组；5.新闻采访组；6.新闻编辑组；7.新闻评论组；8.直播组；9.宣传统筹组；10.维语编译组；11.哈语编译组；12.英语新闻组；13.综合科；14.技术科。

3月3—14日

全国"两会"期间，新疆电视台完成"外交部长答记者问"、"吴邦国委员长作全国人大常委会工作报告"、"全国政协十一届三次会议闭幕式"、"全国人大三次会议闭幕式"、"全国人大常委会副委员长王兆国关于选举法修正案的说明"、"温家宝总理会见中外记者"等共6场重要节目在汉语综合频道、维吾尔语综合频道、哈萨克语综合频道直转及7场维吾尔语、哈萨克语译播任务。各档、各语种新闻节目共播发"两会"消息900多条。其中新闻联播210条，整点新闻658条，英语新闻39条。

3月5日

按照自治区党委宣传部的统一部署，新闻中心从3月5日开始，在新闻栏目中推出《以实际行动迎接中央新疆工作座谈会》专栏，全方位报道新疆各地、各行各业把中央的重视、关心和支持，化作巨大动力的信心和决心。

3月8日

新疆电视台网站《整点新闻》实现了新闻播出后20分钟内上线，《新疆新闻联播》保证在北京时间 10 ：00 上线，实现了新疆电视台新闻内容短时、高效、准确地发布。

3 月 14 日

新疆电视台现场直播第八届新疆青年歌手电视大奖赛颁奖晚会。此次比赛直播了民族、美声、流行、原生态、合唱五种唱法的 9 场决赛，还将每场决赛的实况翻译成维吾尔语和哈萨克语播出。此次大赛历时 3 个月，全疆 15 个地州共有近 2000 名选手报名参赛，其中有维吾尔、哈萨克、蒙、柯尔克孜、回、满、土家、锡伯、塔塔尔、俄罗斯、东乡、乌孜别克等十几个少数民族的选手参加比赛。

3 月 15 日

新疆电视台全资公司北京华域创世文化传媒有限公司成立，公司依托北京人才富集、文化产业发达的优势，生产精品节目，引进优质影视剧。成立北京华域创世文化传媒有限公司成为新疆电视台提升品牌形象，开展产业化经营的重要举措。

3 月 16—18 日

新疆电视台举办了前、后期摄录设备实地技术培训活动。授课老师通过现场操作演示和互动交流的方式进行了指导学习，我台从事汉语、维吾尔语、哈萨克语、柯尔克孜语节目制作的相关采录人员 100 余名参加了培训活动。

3 月 17 日

新疆电视台开始对北疆洪水情况做了全面的关注和报道，场面真实直观，三路记者前往阿勒泰、塔城、伊犁地区走进融雪性洪水前线，通过视频实时连线、电话连线等方式进行报道并配合中央台地方部持续跟踪报道，每天都有新层次、新亮点。

3 月 18 日

新疆电视台制定并下发《新疆电视台聘用人员招录办法》（试行）。

3 月 20 日

新疆电视台汉语经济生活频道直播湖南经视"王者对决——中瑞天门山高空

走索道"活动。

3 月 22 日

新疆电视台开设新闻专栏《对口援疆 情暖天山》，专栏主要展现援疆工作开展 13 年来，来自全国的三千多名援疆干部，牢记使命，情系天山，为新疆经济社会的快速发展做出的巨大贡献。

同月

○ 为强化新闻节目的播出效果，新疆电视台对 4 个新闻演播室（3 个 150 平方米、1 个 250 平方米）进行了全新包装。通过引进最先进的巴克背景大屏、LED 光源，同时采用国内先进的在线包装系统。经过全新打造，新疆电视台 4 个新闻演播室的硬件及功能已达到与北京电视台演播室齐平的程度，其中一个 150 平方米的多功能演播室备份手段已相当完善。此外，还从北京邀请专业形象设计人员对本台 4 种语言 35 位新闻播音员形象进行了全新设计和包装。

○《丝路新发现》改版为《丝路·发现》，以新疆历史文化为主要传播内容，通过形象生动、跌宕起伏的传奇故事解读新疆的古迹文物、历史传说、地理地貌、自然奇观等。

○《记者调查》栏目于 3 月初启动"西部大开发十周年"大型系列节目策划会。

○《社会全接触》改版为《真情关注》，节目以"关注弱势群体，展现社会美德，倡导公益行为，提倡人与自然和谐相处，推动社会前进步伐"为宗旨，旨在搭建一个社会公益宣传平台。

4 月 1 日

新疆电视台民生新闻节目《直播民生》顺利开播。这是新疆电视台汉语经济生活频道 60 多位采编播人员经过一年多的准备，精心打造的一档全新的民生新闻节目。节目运用电视直播的手段，第一时间报道百姓关注的新闻事件，节目时长 30 分钟，每晚 20：00 正播，凌晨零点重播。

同日

○ 新疆电视台制定实施宣传管理系列制度。具体分为《新疆电视台编委会议制度》、《新疆电视台栏目准入制度》、《新疆电视台重、特大节目申报审批程序》、《新疆电视台演播室使用管理规定》、《新疆电视台转播车使用管理规定》、《新疆电视台节目总监制、监制、总制片人、制片人署名规范要求》、《新疆电视台节目监播管理制度》、《新疆电视台节目质量评审管理办法》、《新疆电视台聘请学界、业界资深媒体人业务讲座、节目策划劳务费发放办法》、《新疆电视台专家库管理规定》、《新疆电视台节目播出规范及奖惩办法》、《新疆电视台主持人管理规定》、《新疆电视台节目资料素材带入库管理规定（试行）》、《新疆电视台节目资料版权管理规定（试行）》。

4月2日

新疆电视台2009年安全工作总结表彰暨2010年安全生产责任书签订大会举行。新疆电视台安全领导小组组长、台长杨洪新对2009年度我台安全工作进行了全面总结，并部署了2010年安全工作任务。自治区广电局党组成员、总工程师郝军给我台颁发了自治区广电局2009年度安全生产先进单位奖牌，会上对15个先进集体，42个先进个人以及负责安全生产工作的台领导和各频道、中心、部（室）第一责任人进行表彰奖励。会上，按照分级负责制的原则，台安全领导小组成员分别与各频道、中心、综合部（室）第一责任人签订了《2010年新疆电视台安全生产目标管理责任书》。

4月10日

新疆电视台《新闻联播》、《整点新闻》、《今日访谈》栏目开始对全国19省市对口支援新疆，各省代表团来疆调研进行持续、高密度的报道。截至4月24日共播发维吾尔、汉、哈萨克三种语言消息558条。

4月12日

新疆电视台推出一档新闻故事类节目《老毕讲故事》，时长20分钟，每周播出5期。节目立足新疆，面向全国，在对新闻事件"故事化"的挖掘和演绎的基础上，讲述贴近百姓现实生活的故事。

4月14—16日

新疆电视台人事部对2009年1月以来新入台的职工进行了入台培训教育。这是2010年4月《新疆电视台员工培训管理办法》实施以来我台举办的第一期员工培训班。此次培训班针对受训学员入台时间及学历、专业做了系统的课程设计和组织安排，授课内容突出"三项学习教育"的要求，围绕台史台情、宣传纪律、职业道德、新疆历史及民族问题等主题，对新入台职工进行了教育培训。

4月20—21日

新疆电视台汉语综合频道、维吾尔语综合频道、哈萨克语综合频道直转了中央电视台《情系玉树　大爱无疆——抗震救灾大型募捐活动特别节目》。21日全国哀悼日，我台12个频道完整直转了中央电视台综合频道播出的青海玉树县抗震救灾直播节目。

4月20日

新疆电视台及各族职工为青海玉树灾区共捐款20万元。

4月25日

新疆电视台与广州金霆广告传媒有限公司签订广告协议，广州金霆广告传媒有限公司以每年1.8亿元代理新疆电视台卫视频道广告，新疆卫视单频道广告首次突破亿元。

4月29日

新疆电视台对全台摄像人员进行SONY摄像机、JVC摄像机、松下摄像机现场操作演示培训。

同月

○ 青海玉树发生地震后，新闻中心和《直播民生》立即派记者前往灾区采访。

○ 新疆电视台在台内公开选拔维吾尔、汉、哈萨克8名编辑到总编室工作。

○ 新疆电视台新闻节目开设《关注世博　了解世界》专栏。

○ 根据自治区党委宣传部的统一部署，新疆电视台新闻节目开设了《对口支援·我们怎么办》、《对口支援·我们来新疆》、《对口支援·首项工程启动》专栏，重点做好对口援疆的宣传报道。

4月—5月

4月以来，新疆伊犁、塔城、阿勒泰等地连续出现局部融雪性洪水。新疆电视台迅速组织记者前往灾害现场，第一时间发回消息，从不同角度反映了我区各地面对严峻的抗洪形势，迅速启动应急机制，全力以赴抗洪救灾，以及各族干部群众齐心合力、抗洪抢险，抓生产、保民生的积极状态。此次抗洪报道还首次尝试与地州联手，成功利用当地各县光缆设备进行长距离现场直播。

4月30日—5月1日

新疆电视台汉语综合频道、维吾尔语综合频道、哈萨克语综合频道对中央电视台2010年上海世博会开幕式及2010年上海世博会开园仪式两场直播节目进行同步直转。

5月1日

新疆电视台汉语综艺频道推出文化综艺类栏目《在那遥远的地方》。该栏目分为常规版和周末版，常规版周一至周五播出，时长30分钟，周末版周六、周日播出，时长45分钟。

5月6日

新疆电视台评审委员会开始对全台自办栏目、编译栏目进行月度评审。评审分维吾尔、汉、哈萨克三种语言新闻、社教、文艺、编译四类共计9组开展。这次评议按照《新疆电视台节目质量评审管理办法》首次实施，办法规定由台编委会成员和面向社会聘请的特邀评审人员及台内专家组成台评审委员会，评委会办公室设在总编室。

5月9日

新疆电视台代表队在第14届CCTV全国青年歌手大奖赛团体决赛中，以792.527分获得银奖，创新疆队参赛以来历史最好水平。

在本届大奖赛上，由新疆电视台选送的原生态唱法、民族唱法、流行唱法等8组选手成功入围决赛圈。经过5轮，历时1个月的25场高质量、高水平的激烈竞技，新疆电视台代表队多民族、多风格、多体裁的参赛作品以浓郁的民族风情优势最终荣获银奖，成为本次大赛唯一一支晋级三甲的地方电视代表队。

5 月 12—14 日
由新疆电视台和湖南电视台联合举办的"2010 快乐中国男声"新疆唱区晋级赛结束。

5 月 15 日
新疆电视台《农牧新天地》栏目在自治区科技厅、自治区党委宣传部和自治区科协联合召开"2010 年自治区科技活动周开幕式暨自治区科普工作表彰会"上，被授予"新疆维吾尔自治区科普工作标兵单位"称号。

同日
○ 新疆电视台 40 年编年史工作进入修订阶段。

5 月 18 日
新疆电视台汉语综合频道社教中心《丝路·发现》栏目推出系列节目《博物馆之旅》。节目通过对全区 14 座博物馆的探寻，展示博物馆镇馆之宝，挖掘博物馆传奇人物，体现博物馆文化精髓，宣传新疆发展的历史，展现各民族文化。

5 月 20 日
新疆电视台同步播发中央新疆工作座谈会的消息，还及时报道了新疆各地各族干部群众的热烈反应。

同月
○ 由新疆电视台少儿频道承办的"2010 年全国儿童歌曲大赛"新疆赛区的歌曲选拔活动全面展开。
○ 新疆电视台新闻栏目开设《热爱伟大祖国　建设美好新疆》专栏，就民族团结典型集体和先进个人进行宣传。
○ 新疆电视台《新疆新闻联播》中开设《站在新起点　开创新局面》专栏。

6月1日—7月

新疆电视台委托乌鲁木齐市人才服务中心面向社会公开招聘采访、编辑、播音主持、翻译及技术人员95人。此次招聘面向全国，凡符合条件的高等院校应（历）届毕业生、在职人员均可报名，招聘坚持德才兼备的用人标准，贯彻公开、平等、竞争、择优的原则，采取笔试、面试相结合的方法，分为公告、报名、资格审查、考试（分为笔试、播音员主持人岗位增加试镜考试和面试）、体检、背景调查、公示、聘用、监督9个程序。新疆电视台联合乌鲁木齐市人才服务中心在新疆电视台、晨报、新疆电视台网站、乌鲁木齐人才服务中心网站等媒体对此次招聘进行公告、公示。

6月2日

新疆电视台新闻中心在《新疆新闻联播》、《整点新闻》栏目中开设《来自19省市的报道》专栏，播发内地19省市召开的援疆相关工作会议动态消息和对口援疆项目进展、任务落实等消息。

6月5日

新疆电视台举行车管中心主任职位竞聘。

6月13日

由乌鲁木齐市达坂城区人民政府、新疆电视台、乌鲁木齐达坂城酒业有限公司合作摄制的数字电影《情陷达坂城》举行了签约仪式。影片定于6月底在达坂城开机，拍摄周期为20天。

6月17日

经自治区广电局研究决定，任命周一凡为新疆电视台新闻中心副主任。

6月18日

新疆电视台汉语综合频道播出"爱在天山——我身边的民族团结故事"演讲比赛决赛暨颁奖典礼。自治区领导李屹、杜秦瑞、铁力瓦尔迪·阿不都热西提、热孜万·艾拜出席并为获奖者颁奖。此次活动由自治区党委宣传部主办，新疆人民广播电台、新疆电视台、新疆天山网协办，比赛以"热爱伟大祖国，建设美好新疆"为主题，分为初赛、复赛、总决赛三个阶段，从4月份开赛以来，来自全疆的190余名选手报名参加。这次演讲比赛是自治区第28个民族团结教育月活动的一项主要内容，同时也作为"热爱伟大祖国，建设美好家园"主题教育活动的一项内容。

同日

○ 新疆电视台举办安全生产防火知识讲座及观看"血和泪的诉说"警示教育片，255名职工参加此次活动。

6月23日

新疆电视台在新闻节目中开设《百名记者下基层·来自一线的报道》专栏，反映全疆各地贯彻落实两个会议精神采取的新措施、取得的新成效。

6月24—27日

新疆电视台新闻中心集中报道自治区"富民兴牧"水利工程，分为"小水利大民生"、"新疆效率"、"创新思维"、"系统工程"四个小主题。

6月26日

新疆电视台维吾尔语综艺频道开始对2010年南非世界杯16场比赛进行直译播出。

6月27日

新疆电视台联合乌鲁木齐市普瑞眼科医院共同举办"爱心凝'剧'，传递光明"——都市光明行大型公益活动。

6月28日

新疆电视台《新疆羊肉串》栏目开始拍摄28集短剧《我爱新疆》。

6月29日

新疆电视台获得2010年第十一届"记者节"徒步比赛团体冠军。根据台领导的审定和记协主席办公会议的决定，今年由新疆电视台承办"记者节"系列活动，包括：徒步比赛、集体跳绳比赛和篮球比赛等三大项目。

6月30日

新疆电视台新闻节目开设《富民安居》专栏，及时报道自治区"富民安居"工程的实施情况。

同月

○ 新疆电视台入选中国城市电视台新媒体发展战略论坛暨中国城市新媒体联合体副理事长单位。

后　记

站在新的历史起点

　　翻开这部《新疆电视台 40 年·发展史》，我们检索以往；合上这三十七万字的表象性文字，我们重新站在了历史的起点上。

　　四十年前，当天山震荡起第一波电视信号时，中国新疆的新闻传播终于以极其简陋的方式向现代化跟进，翻开了划时代的一页。这四十年，新疆电视台经历了传统式的艰苦奋斗，经历了反复的体制震荡，经历了复杂的观念变革。我们在成长中思索，在成功与失误中自勉，在宣传实践中更新理念，在一次又一次的"否定"中自我完善，依靠不断壮大的从业队伍和超速的技术进步奉献观众，这就是这部《发展史》的内涵。要从被编年了的繁复经历和大大小小的事件中读懂新疆电视台的发展历史，其实不是一件十分容易的事。但，我们终于有了一部可供回味的资料性文字。

　　无论如何，当历史进入四十年的尾声时，新疆电视台已经站在了以卫星传输和数字化制作传播为标志的高技术平台上。关键在于，我们如何来满足这个现代技术平台的承载。在科学发展观的指导下，新疆电视台第一次全面总结以往的得失，系统地提交了以"屏幕品牌建设"为核心的体系性发展规划，并以科学而高度自省的精神改革内部管理，正在勉力打造以专业人才为基础，以新闻制作传播为根本，以新疆特色宣传文化资源为依托，以屏幕现代化为标志的全新的节目体系。我们无法沾沾自喜满足于过去，要做到不辜负党和人民的期待，要满足各族观众日益增长的信息和精神文化需求，要做到让全台员工满意，我们任重而道远。

　　在建台四十周年的历史审视点上，新疆的新闻宣传事业不期然获得了空前的发展机遇。中共中央、国务院新疆工作座谈会召开，全国十九省市对口援疆工作紧锣密鼓地展开和推进，新疆正在迈入跨越式发展和长治久安的崭新历史阶段。社会和经济大发展的机遇，就是新闻媒体大发展的机遇，就是电视传播大发展的机遇。电视事业获得的至关重要的政策扶持，就是新疆卫视节目免费在全国各省会城市落地，这是在市场经济条件下梦寐以求而不得的大喜事。喜从天降之时，我们怀着崇高的感激之情，感谢中宣部、国家广电总局和自治区党委宣传部的关怀，感谢全国兄弟省市及其宣传、广电系统的支持，感谢全国、全疆广大电视观众的支持，同时，也感到了自己肩上的担子比以往任何时候都沉重了。

值得庆幸的是，一切的惊喜都与新疆电视台新的发展思路不谋而合，都与我们正在进行中的努力不谋而合。机会既然属于有准备者，那么，我们是有所准备的。相信新疆电视台能够把握好现在和未来所有的发展机遇，我们会尽全力。

希望新疆电视台全体人员能从《发展史》中真正读懂过去，让它化为五分的激励和五分的借鉴与反思。只有正确对待历史的人，才能正确运筹未来。我想，这正是我们编纂出版这部《新疆电视台40年·发展史》的出发点。

新疆电视台台长　杨洪新

二〇一〇年十月

责任编辑:许运娜

装帧设计:

图书在版编目(CIP)数据

新疆电视台 40 年·发展史/杨洪新 主编. −北京:人民出版社,2010.10

ISBN 978 − 7 − 01 − 009279 − 9

Ⅰ.①新⋯　Ⅱ.①杨⋯　Ⅲ.①电视台-电视史-汇编-新疆- 1970—2010

Ⅳ.①G229.274.5

中国版本图书馆 CIP 数据核字(2010)第 182434 号

新疆电视台 40 年·发展史

XINJIANG DIANSHITAI 40 NIAN FAZHAN SHI

杨洪新　主编

人民出版社 出版发行

(100706　北京朝阳门内大街 166 号)

北京中科印刷有限公司印刷　新华书店经销

2010 年 10 月第 1 版　2010 年 10 月北京第 1 次印刷

开本:880 毫米×1092 毫米 1/16　印张:22.25

字数:372 千字

ISBN 978 − 7 − 01 − 009279 − 9　定价:55.00 元

邮购地址 100706　北京朝阳门内大街 166 号

人民东方图书销售中心　电话 (010)65250042　65289539